AF816628

Regards éthiques sur l'Union européenne

P.I.E. Peter Lang

Bruxelles · Bern · Berlin · Frankfurt am Main · New York · Oxford · Wien

Ignace Berten, Gabriel Fragnière, Philippe D. Grosjean,
Peter Knauer, Daniel Spoel et Frank Turner

Regards éthiques sur l'Union européenne

« Philosophie & Politique »
N° 21

Les auteurs remercient la Représentation de la Commission européenne en Belgique pour le soutien financier qui leur a été accordé.

Toute représentation ou reproduction intégrale ou partielle faite par quelque procédé que ce soit, sans le consentement de l'éditeur ou de ses ayants droit, est illicite. Tous droits réservés.

© P.I.E. PETER LANG S.A.
Éditions scientifiques internationales
Bruxelles, 2011
1 avenue Maurice, B-1050 Bruxelles, Belgique
info@peterlang.com ; www.peterlang.com

ISSN 1376-0920
ISBN 978-90-5201-737-2
D/2011/5678/30

Imprimé en Allemagne

Information bibliographique publiée par « Die Deutsche Nationalbibliothek »

« Die Deutsche Nationalbibliothek » répertorie cette publication dans la « Deutsche Nationalbibliografie » ; les données bibliographiques détaillées sont disponibles sur le site http://dnb.d-nb.de.

Table des matières

Abréviations

BBC	British Broadcasting Corporation
BP	British Petroleum Company
CECA	Communauté européenne du charbon et de l'acier (1951)
CED	Communauté européenne de défense
CMUE	Comité militaire de l'Union européenne
COPS	Comité politique et de sécurité
EMUE	État-major de l'Union européenne
ERT	European Round Table of Industrialists
FEDER	Fonds européen de développement régional
FMI	Fonds monétaire international
FEOGA	Fonds européen d'orientation et de garantie agricole
FSE	Fonds social européen
GATT	General Agreement on Tariffs and Trade
GIECC	Groupe intergouvernemental sur le changement climatique
OMC	Organisation mondiale du commerce
OCDE	Organisation de coopération et de développement économiques
OGM	Organisme génétiquement modifié
ONU	Organisation des Nations unies
OPNI	« Objet Politique Non Identifié »
OTAN	Organisation du Traité de l'Atlantique Nord
PAC	Politique agricole commune
PIB	Produit intérieur brut
PNB	Produit national brut
PNUE	Programme des Nations unies pour l'Environnement
PUF	Presses universitaires françaises
PESC	Politique étrangère et de sécurité commune
PESD	Politique européenne de sécurité et de défense
SDN	Société des Nations
SEBC	Système européen de banques centrales
SIG	Services d'intérêt général

SWIFT	Society for Worldwide Interbank Financial Telecommunication
TABD	Transatlantic Business Dialogue
TCE	Traité constitutionnel (octobre 2004)
TFUE	Traité sur le fonctionnement de l'Union européenne
TL	Traité de Lisbonne (octobre 2007)
TUE	Traité sur l'Union européenne
UE	Union européenne
UN	United Nations
UNICE	Union of Industrial and Employers' Confederations of Europe, now Business Europe
URSS	Union des Républiques socialistes soviétiques

Préface

Les auteurs sont allemands, belges, britanniques et suisses. À ce titre, ils ont une expérience de ce qu'est actuellement la tentative d'européisation en cours par des traités qui, pour l'instant, persistent à n'être conclus que par des États souverains. À leurs yeux, cette tentative est actuellement en panne, faute de parvenir à susciter l'émergence d'un *demos* qui irait au-delà d'un compromis, mal ficelé parce qu'accepté à leur « souveraineté défendant » par des États réticents à vouloir la partager. Cette souveraineté leur a permis, dans le passé, de développer la notion de citoyenneté nationale sans toutefois parvenir à véritablement recouvrir les notions de peuples ou de cultures, à la limite de *démos*. Les exemples d'États rassemblant des peuples et des cultures différentes en leur sein sont nombreux. Qu'il suffise de citer l'exemple de la Belgique, qui est symbolique des problèmes de communautés culturelles devant coexister et où, aux dires de l'historien d'origine polonaise, Krzysztof Pomian, « c'est l'Europe qui se joue » ![1]

Les auteurs sont tous membres du Forum permanent de la société civile européenne[2], une association réunissant des citoyens et des associations qui œuvrent pour la démocratie participative et paritaire et l'amélioration de la gouvernance européenne. Ils expriment des points de vue personnels, qui ne font pas nécessairement consensus, mais qui sont l'expression à la fois des diversités culturelles et philosophiques avec lesquelles l'Union européenne doit compter pour représenter démocratiquement sa diversité culturelle et déboucher sur une conscience de citoyenneté européenne allant au-delà des citoyennetés nationales. Les États font actuellement écran à la naissance de cet espace institutionnel de partage de valeurs, et mieux d'une éthique commune, qui puisse servir de ciment au *demos européen*.

Beaucoup a été écrit à ce propos et au sujet des racines ontologiques et épistémologiques européennes. Beaucoup a été écrit au sujet des racines chrétiennes, des racines romaines, des racines helléniques, etc. Notre propos n'est pas du tout de nier les racines historiques, bien au contraire, mais de leur permettre d'évoluer d'une manière sociale-historique satisfaisante. Notre objectif est d'arriver à dépasser ce qui semble aujourd'hui indépassable, mais dépassé dans les faits, à savoir

---

1 Pomian, K., « En Belgique, c'est l'Europe qui se joue », in *Le Monde* du 20-21 janvier 2008.

2 Voir son site www.forum-civil-society.org.

l'État souverain tel qu'il est né dans les siècles derniers et tel qu'il a conduit aux plus grands conflits du XXe siècle.

Le présent ouvrage est constitué de six « essais » répartis en six chapitres dont chaque auteur assume séparément la responsabilité. L'auteur du premier chapitre propose d'adopter le principe de proportionnalité en tant que critère éthique universel pour fonder le jugement moral d'une action quelconque. Quant aux cinq autres auteurs, ils examinent chacun un domaine-clé dans l'action de l'Union européenne et/ou dans la perspective de son avenir : l'économie et la finance (chapitre 2), la sécurité (chapitre 3), l'environnement et le changement climatique (chapitre 4), la citoyenneté et la démocratie participative (chapitre 5) et la solidarité (chapitre 6).

Les auteurs ont rédigé ensemble l'introduction de cet ouvrage ainsi que ses conclusions. Ils souhaitent susciter un très large débat susceptible de déboucher sur une vision *renouvelée* de l'Union européenne. Leurs parcours individuels sont repris en annexe afin que les lecteurs puissent voir de quel point de vue ils parlent. D'avance ils remercient les lecteurs qui leur feront part de remarques ou suggestions sur le site Internet http://www.forum-civil-society.org.

Introduction

Les auteurs

De guerre lasse, une partie de l'Europe vit depuis plus de soixante ans sans guerre. Quelle que soit la date que chacun donne à sa genèse, le projet d'intégration européenne – ou, plus exactement, le projet d'européisation, comme le définit Ulrich Beck[1] – doit être perçu comme un projet non seulement politique mais également et essentiellement éthique : l'abandon de la violence pour régler les problèmes de cohabitation entre les humains en Europe. C'est la thèse que cet ouvrage ambitionne de montrer. Notre intention n'est pas de refaire l'historique des tentatives avortées, ni des réussites partielles de ce projet. Notre intention est plutôt de montrer que ce projet est toujours en crise (crise aggravée par la crise financière) parce qu'on évite de le percevoir comme étant aussi et surtout un projet éthique : la violence a certes reculé, mais n'a pas été éradiquée.

Un projet éthique relève à la fois de l'ontologie[2] et de l'épistémologie[3]. Si la morale est un ensemble de normes et de jugements dans l'ordre du bien et du mal, l'éthique concerne la réflexion sur les critères dont relèvent ces normes et jugements.

Ce projet éthique ne saurait uniquement être basé sur l'absence de guerre. Les défis du futur nous obligent à une réflexion éthique sur ceux que l'homme a créés lui-même par la surexploitation des ressources naturelles, l'appropriation des biens communs par une minorité d'humains, le développement des techniques et des modes de production et la conception de ce qu'est l'économie. Tous ces éléments sont en complète contradiction avec un monde fini et détruisent le monde, c'est-à-dire l'humanité, le biotope, la nature. Le projet éthique ne consiste plus uniquement à se garder des violences engendrées par des affronte-

---

[1] Beck, U., Grande, E., *Pour un empire européen*, Paris, Aubier-Flammarion, 2007.

[2] Ontologie : réflexion sur l'être en tant qu'être, sur l'être en soi, par opposition à la réflexion ontique qui porte sur l'étant, sur la réalité factuelle. Réflexion sur la représentation qu'a l'homme de lui-même, de ses rapports au cosmos, sur les rapports d'altérité existant entre les hommes et ceux existant entre les hommes et le non-humain dans l'univers.

[3] Épistémologie : réflexion sur les sciences, leur histoire, leurs méthodes et leurs principes.

ments militaires entre les hommes, mais aussi des affrontements entre les acteurs économiques. Notre antique rapport économique au monde est arrivé à un terme que la crise a mis en lumière : il est indispensable de mettre un terme au règne de l'économique et du militaire.

Depuis la fin de la Deuxième Guerre mondiale et la signature des premiers traités, la proportion d'agriculteurs est passée de plus de la moitié à moins de 2 % de la population ; la population urbaine est passée du quart à près de 60 % ; les transports et la mobilité ont explosé ; la démographie progresse d'une manière géométrique ; la vitesse de circulation de l'information se fait à celle de l'électron. Et pourtant nos structures institutionnelles ont peu changé. Les responsables politiques et les fonctionnaires défendent les intérêts de leurs gouvernements respectifs, rarement ceux de l'humanité, ceux du monde ou du biotope. C'est ce qu'a démontré l'échec du sommet de Copenhague. Dans l'Union européenne, le citoyen est largement déterritorialisé dans son travail, dans ses déplacements, dans ses modes de connexion, dans ses accès à l'information, mais les institutions des états et de l'Union européenne défendent toujours des intérêts localisés, pas même européens. Les traités sont une illustration de l'anachronisme des institutions.

L'article 2 du Traité sur l'Union européenne (TUE), tel que modifié par le Traité de Lisbonne[4], énumère une série de valeurs sur lesquelles cette Union est fondée et qui sont déclarées communes aux États membres. Quelle signification faut-il donner à ces « valeurs » ? Sont-ce seulement des normes, que l'Union s'engage à respecter sans nouvelle réflexion sur les critères dont elles relèvent ? Liberté ou respect de la dignité humaine ? État de droit ou justice et solidarité ? Prise en compte des sciences de la vie et de la terre ? Prise en compte des biens communs et des droits et devoirs collectifs ? Etc.

Pour ne pas être stériles, les discussions sur la priorité relative de ces valeurs morales doivent être placées dans le cadre plus large de la recherche collective du vrai. Le manque de clarté et de priorités sont à l'origine de la mort du Traité constitutionnel d'octobre 2004 (TCE) parce qu'on n'a pas voulu aller au fond du débat, du seul débat qui compte, à savoir le débat éthique sur le (ou les) critère(s) dont doit relever l'action future de l'Union.

Mais, avant de s'aventurer à formuler une quelconque évaluation éthique sur une action, sur un projet, il est nécessaire d'en identifier la

---

[4] Le texte proprement dit du Traité de Lisbonne étant difficilement compréhensible par ceux qui ne maîtrisent pas aisément la technique juridique de sa formulation, toutes les citations extraites de ce traité se référeront, systématiquement dans cet ouvrage, aux versions consolidées du Traité sur l'Union européenne (TUE) et du Traité sur le fonctionnement de l'Union européenne (TFUE), telles que publiées dans le *Journal officiel de l'Union européenne* du 9 mai 2008 (Document 2008/C 115).

« raison », c'est-à-dire l'avantage recherché par cette action. Et, sur ce point précis, Ulrich Beck et Edgar Grande observent judicieusement que « l'Europe n'existe pas, seule existe l'européisation, comprise comme un processus institutionnalisé de transformation sur le long terme », que « l'Europe ne peut pas être *trouvée* : il faut l'*inventer* », et – remarque essentielle – que « l'Europe ne doit pas être assimilée à cette forme institutionnelle précise qu'est l'Union européenne (auparavant la Communauté européenne) »[5]. Cette observation judicieuse a incité les auteurs à adopter une règle stricte quant à l'usage des mots « Europe » et « Union européenne ». Lorsque, compte tenu du contexte, le mot « Europe » ne désignera pas le concept strictement géographique de « continent européen », les auteurs conviennent de ne l'utiliser que dans le sens que lui donnent Beck et Grande, à savoir : l'avantage toujours inexistant et continuellement recherché par le processus d'européisation. Ils veilleront à ne pas l'utiliser, comme il l'est trop communément et de manière ambiguë, pour désigner soit la forme institutionnelle provisoire qu'est l'Union européenne telle qu'elle existe aujourd'hui, soit confusément et simultanément l'Union européenne et le rêve de l'européisation.

Si seule existe l'européisation en tant que processus de transformation sur le long terme, quel est l'avantage recherché par ce processus ? Que veut-il transformer sur l'universel ?

1. La raison de l'européisation

L'européisation est un processus qui vise à inventer un nouvel ordre international régissant la souveraineté des États et leurs relations réciproques. L'européisation vise à inventer un ordre dit « post-westphalien ». Il n'est pas certain que cet ordre ait été consciemment voulu par les « Pères fondateurs » même s'ils ont, dès le départ, instauré une structure institutionnelle idoine qui n'était ni fédérale ni confédérale.

Cependant, si l'on examine attentivement le processus intervenu depuis le Traité de la CECA en 1951, il apparaît de plus en plus clairement que sa nature fondamentale est d'être une lente, difficile et graduelle remise en question des principes westphaliens. En effet, la caractéristique commune des étapes les plus marquantes de ce processus nous semble être d'avoir chacune consisté en une mutualisation, entre États, de l'exercice de leur souveraineté sur des *instruments* avec lesquels ils se sont fait la guerre ou sur *la résolution des causes* pour lesquelles ils se sont fait la guerre.

- 1951, Traité CECA : mutualisation de la souveraineté sur l'utilisation du charbon et de l'acier,

[5] Beck, U., Grande, E., *loc. cit.*

- 1957, Traité de Rome : mutualisation de la souveraineté sur l'organisation du commerce et, plus particulièrement dès 1962, en vue d'assurer ensemble une commune autonomie alimentaire (Politique agricole commune),
- 1985, Acte unique : mutualisation de la souveraineté sur l'organisation d'un marché unique,
- 1992, Traité de Maastricht : mutualisation de la souveraineté sur une monnaie unique,
- 2007, Traité de Lisbonne : c'est ce que nous examinons plus en détail dans cet ouvrage.

Mutualiser la souveraineté d'un État c'est l'exercer ensemble avec d'autres États. C'est reconnaître que tous les États rencontrent, dans l'exercice de leur souveraineté nationale, des situations porteuses de risques auxquels tous se reconnaissent également et communément exposés et qu'il devient dès lors légitime[6] que chacun d'eux s'oblige, vis-à-vis des autres, à agir ensemble pour que tous puissent s'en protéger ensemble. Or, pour un État souverain, s'obliger à répondre de ses actes vis-à-vis des autres c'est mettre fin aux 5 principes westphaliens :

- la souveraineté devient partagée,
- l'exercice de la souveraineté a des répercussions en dehors des limites géographiques de l'État et chaque État est tenu d'en répondre,
- il devient nécessaire d'établir un droit qui s'impose à chacun ainsi qu'une autorité de justice qui en fasse respecter les règles sous peine de sanctions,
- la guerre n'est plus un moyen reconnu pour résoudre les différends,
- le gouvernement national n'est plus le « seul maître chez lui » ni comptable devant ses seuls citoyens nationaux car il devient nécessaire d'instaurer des règles devant être démocratiquement approuvées par les « autres » citoyens. D'où la naissance du concept de « citoyens transnationaux ».

Dans leur livre déjà cité, Ulrich Beck et Edgar Grande expliquent d'une manière convaincante que le processus débuté en 1951 est, en fait, le processus qu'ils désignent par le mot « européisation ». C'est une

---

6 Il *devient* légitime. Ceci implique qu'auparavant ce ne l'était pas ! Cette différence provient de ce que, au travers de son histoire et de l'espace qu'elle habite, l'humanité évolue constamment dans la perception, la compréhension et l'interprétation de ce qu'est « la légitimité » c'est-à-dire ce que, dans son *Antigone*, Henry Bauchau désigne par « le sentiment du juste que l'on a sans qu'il soit besoin de l'enseigner ou de l'ordonner ». Bauchau, H., *Antigone*, Arles, Actes Sud, 1997, p. 315.

lente mais réelle remise en cause des principes westphaliens en vue d'inventer un type nouveau de relations *coalescentes* entre des États qui, parce que *l'Union différencie*[7], conservent leur identité et leur souveraineté « nationales ». Les implications de ce processus sont examinées au chapitre 6.

2. L'européisation : un projet éthique ?

Aujourd'hui, les relations internationales sont arrivées dans une impasse parce qu'elles sont encore trop souvent basées uniquement sur des critères militaires et économiques ; c'est particulièrement vrai pour les puissances occidentales, États-Unis et anciennes puissances européennes dont le déclin – ou tout au moins le bouleversement des rapports de force mondiaux à leur détriment – est évident depuis la décolonisation et l'accentuation de la mondialisation des économies. L'échec du sommet de Copenhague sur le réchauffement climatique a montré l'absence de prise en compte des intérêts et des poids respectifs des différentes parties prenantes : le Brésil, la Russie, l'Inde, la Chine, l'Afrique et d'autres pays d'Asie, d'Amérique latine et d'Océanie. Indépendamment de la nature des régimes qui prévalent actuellement dans les États, les fondements éthiques qui président à la manière dont les relations humaines ont tendance à s'établir font l'objet de changements profonds, au moins en ce qui concerne les principes déclarés : droits de l'homme, droits individuels, etc. Il n'en va pas de même dans les faits. Il faut cependant constater que l'Union européenne sert déjà d'exemple pour les aspirations de nombreux peuples dans le monde. Ces peuples regardent l'Union européenne avec envie, en espérant pouvoir « européiser » leur modèle institutionnel pour se rapprocher du modèle européen.

Toutefois, ce modèle européen, tel qu'il est défini par les traités en vigueur, ne répond pas pour autant aux attentes et aux besoins des peuples européens tels qu'ils s'expriment aujourd'hui.

En effet, ces traités sont la résultante d'une évolution lente et de difficiles négociations entre États fondateurs et États des élargissements successifs. Les modifications se sont toujours faites au travers des États et par les États pour les États ; les peuples ont très peu eu la parole. Le rejet du Traité constitutionnel (TCE) par la France et les Pays-Bas, le rejet du Traité de Lisbonne par l'Irlande, la lenteur mise par les derniers pays à le ratifier montrent, si nécessaire, que la méthode employée pour européiser les États européens est pour le moins difficile faute d'une

[7] Teilhard de Chardin, P., *Le Phénomène humain*, Paris, Le Seuil, 1955, p. 291 : « En n'importe quel domaine – qu'il s'agisse des cellules d'un corps, ou des membres d'une société, ou des éléments d'une synthèse spirituelle –, *l'Union différencie*. Les parties se perfectionnent et s'achèvent dans tout ensemble organisé. »

réflexion sur la finalité du projet et parce que la méthode employée manque considérablement de débats et de décisions démocratiques.

En 2004 l'élargissement à 25 États et l'entrée ultérieure de la Bulgarie et de la Roumanie se sont faits sans approfondissement, pour utiliser le jargon communautaire, et sans avoir envisagé les conséquences et pris les dispositions nécessaires. Les écarts entre le revenu moyen par habitant des anciens pays membres et celui des nouveaux entrants étaient considérables ; il aurait fallu prévoir une période transitoire de rattrapage. Cela n'a pas été fait, ce qui explique que les nouveaux États membres ont été durement touchés par la crise financière : la faiblesse tragique des économies des États d'Europe centrale et orientale est un fait qui s'impose bien qu'ils fassent partie de l'Union. Sur ce point, l'Union européenne ne semple pas avoir été en mesure de fédérer les initiatives en tous sens des capitales européennes.

Il faut que les peuples en tirent des conclusions et se dotent de gouvernants en conséquence pour que ceux-ci prennent enfin en compte les déficiences de la gouvernance européenne. En effet, la crise a montré combien l'Union reste politiquement divisée ; le chômage de masse a encore augmenté, le risque systémique des banques a été transféré vers les États, l'impuissance de la politique monétaire a transféré le risque sur l'euro.

Notre réflexion consiste précisément à ouvrir ou rouvrir le débat sur l'intérêt des peuples et des nations, intérêt ne signifiant pas uniquement les besoins et les attentes mais aussi le « faire sens ». Nous tenterons de faire la différence entre, d'une part, les besoins et les attentes et, d'autre part, le « faire sens » parce que les besoins et les attentes s'expriment d'une manière différente et ont des effets et des conséquences différentes lorsqu'on les examine sur un plan éthique.

Le processus d'européisation tel que nous le vivons au jour le jour, ne tient pas assez compte de l'être humain ni de « l'eau, de l'air, du feu, de la terre, de la flore et la faune, de l'ensemble des espèces vivantes [...], ce pays archaïque et nouveau, inerte et vivant » que Michel Serres appelle la « biogée »[8].

L'Union européenne s'est construite sur des concepts de « vieille politique », d'homme à homme, homme maître de la nature, d'État à État, État souverain quel qu'en soient les conséquences et sur des systèmes économiques prédateurs de la nature[9] comme de l'humanité, à la recherche du profit immédiat, maximum et souvent indu.

---

[8] Serres, M., *Temps des crises*, Paris, Le Pommier, 2009.

[9] Dégradation du monde rendant l'air irrespirable, polluant l'eau douce et les mers, gaspillant l'énergie fossile, faisant disparaître les espèces d'une manière foudroyante.

En quoi ce projet est-il éthique ?

3. La raison de l'Union européenne

Si, comme nous l'avons déjà observé ci-avant, l'Union européenne est une forme institutionnelle provisoire dans le cours de l'européisation et du respect de la biogée, elle doit être sujette à modification.

Si on se place sur le seul plan du droit international, il faut noter que, suivant que l'on se réfère au Traité constitutionnel (TCE, octobre 2004) ou au Traité de Lisbonne (TL, octobre 2007), les définitions de l'action entreprise et de la manière de la mettre en œuvre ne sont pas identiques.

Dans le TCE, l'action et sa raison étaient l'une et l'autre explicitement exprimées dans son article I-1 : « Inspirée par la volonté des citoyens et des États d'Europe de bâtir leur avenir commun, la présente Constitution établit l'Union européenne, etc. » Cet article affirmait explicitement que l'action consistait à « établir une Union entre des citoyens et des États », et que sa raison consistait à « construire ensemble leur avenir commun. » Les citoyens en étaient reconnus, du moins dans le texte, comme les premiers acteurs et bénéficiaires. Cette clarté ne se retrouve malheureusement plus dans le Traité de Lisbonne. Le premier article du Traité sur l'Union européenne (TUE) définit l'action comme suit : « Les Hautes Parties Contractantes instituent entre elles une Union européenne à laquelle etc. » Il en résulte que, l'Union européenne y est définie comme étant un projet voulu par les seuls États européens et non plus un projet conjointement voulu par les citoyens et les États européens. Quant à la raison de cette action, elle n'est plus explicitement précisée comme elle l'était dès l'article premier du Traité constitutionnel. Dans le Traité de Lisbonne, l'identification de la raison de l'action nécessite que l'on procède à deux examens distincts : l'examen du préambule du TUE, d'une part, et des objectifs définis en son article 3, d'autre part.

Mais cette analyse purement formelle ne suffit pas si nous voulons examiner quelle union serait possible sur la base de critères éthiques pour répondre à la quête de sens et aux besoins des citoyens européens.

On reproche souvent aux dirigeants politiques de l'Union européenne de ne pas avoir de vision politique. Dans sa Déclaration du 9 mai 1950, Robert Schuman revendiquait-il l'absence de projet politique lorsqu'il affirmait : L'Europe ne se fera pas d'un coup, ni dans une construction d'ensemble : elle se fera par des réalisations concrètes créant d'abord une solidarité de fait ?

Lors de l'établissement du marché unique, les instruments propres à promouvoir une politique commune (politique industrielle, politique de recherche et de développement, politique sociale, politique environnementale, etc.) font défaut. Ce n'est pas pour autant que des politiques ne sont pas mises en œuvre : ces politiques sont définies tacitement par la Commission, avec l'accord implicite des gouvernements des États membres. Ces politiques sont largement inspirées par les groupes de pression et en particulier par les associations patronales (par exemple Business Europe, auparavant appelé UNICE, et la European Round Table of Industrialists ou ERT). La Commission est en permanence sous la pression de ces lobbies pour arrêter ses politiques.

De la même manière, lors de l'établissement de la monnaie unique, l'euro, aucun instrument de régulation et de pilotage adéquat n'a été mis en place, démontrant une fois de plus l'absence de politique explicite.

Ajoutons à cela que le pitoyable budget de l'Union, la myopie volontaire par rapport à la déconnexion entre les milieux financiers et l'économie réelle et l'inefficace méthode ouverte de coordination ne permettent pas aux institutions de « gouverner » un des marchés majeurs de la planète. Ce marché est donc laissé à l'épreuve du temps, à la merci de la mondialisation de l'économie, à la concurrence et aux crises provoquées précisément par les milieux financiers, ainsi qu'aux violences sociales qui en découlent.

S'il n'y a pas de « projet politique » clairement identifié, il y a bien cependant des politiques qui sont mises en œuvres et dont les conséquences se font sentir quotidiennement.

C'est particulièrement vrai dans le domaine social et du droit du travail pour lesquels l'UE n'a, d'après les traités, que des prérogatives limitées. Cependant, par les décisions qu'ils prennent en Conseil de l'UE, les chefs d'États et de gouvernements impulsent, souvent sur proposition de la Commission européenne, des politiques mises en œuvre sur tout le territoire de l'Union par la « méthode ouverte de coordination » ; cette méthode – dite « douce » parce qu'elle n'impose pas l'obligation de formellement légiférer au niveau de l'Union – se fait donc sans débat devant les citoyens européens et revêt un caractère totalement technocratique[10].

La violence interétatique par les armes a effectivement disparu depuis plus de soixante ans, mais d'autres violences subsistent, en particulier la violence sociale et la violence faite à l'environnement. La violence sociale se poursuit au travers du chômage et de l'augmentation des inégalités, de l'exploitation et de l'aliénation. C'est d'abord une violence économique. La violence environnementale a déjà provoqué des

[10] C'est ce qui s'est produit à propos des retraites. Le Conseil européen de Barcelone en mars 2001 a décidé d'augmenter l'âge moyen de départ à la retraite de 5 ans dans chaque pays de l'Union. C'est ce à quoi se sont attachés tous les gouvernements depuis 10 ans.

changements irréversibles par la perte de biodiversité, la disparition de certaines espèces animales et végétales. Ces changements irréversibles pourraient se poursuivre et provoquer en plus des changements climatiques mettant en péril la survie même de l'humanité toute entière. Ils sont aussi la résultante d'une violence économique due à la non-prise en compte des savoirs des sciences de la vie et de la terre.

Il nous semble indispensable d'explorer une autre voie pour analyser et définir ce que devrait être une société meilleure, une « bonne société ». L'Union européenne est-elle sur la bonne voie avec le Traité de Lisbonne pour devenir une société meilleure, une « bonne société » ? Quelle articulation trouver au niveau des compétences et des politiques entre le niveau communautaire et le niveau des États membres ? La fracture sociale entre les riches et les pauvres est aujourd'hui un fait reconnu, elle existe à la fois entre les États et au sein des États. Comment peut-on très concrètement la réduire ? Comment les politiques économiques peuvent-elles contribuer à la réalisation de cet objectif ? Comment protéger notre environnement présent et futur ? En ce qui concerne les « fonctions publiques », comment pourrait-on les redéfinir et les rendre plus équitables et plus efficaces ? Que penser de la démocratie et de la citoyenneté au niveau européen et au niveau des États membres ? Que faire pour mieux partager les biens communs qui sont notre patrimoine terrestre commun ? Que penser de la question de l'immigration et des immigrés par rapport à la citoyenneté et de la démocratie ? Que penser de la question de la sécurité, de la violence de l'État (y compris sur ses citoyens), du pouvoir militaire, de nos relations avec nos voisins et nos partenaires commerciaux, avec les pays les plus pauvres ?

La responsabilité du bien-être social et économique est générale et universelle. Les êtres humains demeurent des êtres humains dans leur existence sociale-historique, c'est pourquoi nous posons les questions au-delà des frontières.

Les souffrances existent et continueront sans doute encore à exister. Notre vocation est d'essayer de montrer des pistes pour les diminuer, en reconnaissant que les questions sont délicates et qu'il est indispensable de différencier entre ce qui est faisable à court et à plus long terme. Notre vocation est aussi de fonctionner comme des individus autonomes. Une société « européisée », qui serait une collectivité européenne autonome, se doit de réunir des organisations autonomes et des individus autonomes.

Une collectivité autonome est une collectivité qui a une attitude lucide, réfléchie et libre par rapport à ses propres institutions et qui n'est pas asservie par celles-ci. Confiante en elle-même, elle se donne le droit, lorsqu'elle en ressent le besoin ou le désir, de changer ses institutions en connaissance de cause et d'une manière démocratique.

Nos propositions et conclusions peuvent ne pas être politiquement populaires et c'est même notre certitude dans un univers, y compris dans l'Union européenne, où les riches sont socialement et politiquement dominants. Ces riches sont même directement responsables, consciemment ou inconsciemment, de la crise financière, économique et sociale actuelle. Ils sont aussi responsables de la crise environnementale.

C'est une raison de plus pour perturber tous les conforts moraux ambiants et pour se placer du point de vue de l'éthique ; lutter contre les situations déficientes et tendre vers une « société équitable », une société mondiale, autonome mais interdépendante !

Septembre 2010

CHAPITRE 1

Une éthique à partir du principe de proportionnalité

Peter KNAUER

Résumé

Une action ne peut être mauvaise que parce qu'elle cause ou permet un dommage (une « charge » pour qui que ce soit). Il ne serait pas possible de définir un mal moral sans référence à un dommage. D'autre part, toute action qui cause ou permet un dommage n'est pas automatiquement moralement mauvaise. Le « principe de proportionnalité » trace la frontière exacte entre les deux cas, c'est-à-dire entre les actions dommageables et pour cela « mauvaises en elles-mêmes » et les actions qui, bien que dommageables en un certain sens, ne sont pas de fait mauvaises. Le critère de cette frontière est la vérification de la « correspondance » universelle de cette action avec la valeur (ou l'ensemble de valeurs) à laquelle elle aspire. Que faut-il d'ailleurs entendre sous « objet », « intention » et « circonstances » comme sources de la moralité ? Pourquoi la fin bonne ne justifie-t-elle pas les moyens mauvais ?

Dans ce qui suit, on entend par « morale » l'ensemble des normes et des jugements dans l'ordre du bien et du mal, et par « éthique » la réflexion sur les critères ultimes dont relèvent ces normes et jugements.

Il n'est pas possible de déduire des normes morales ou des devoirs moraux à partir de la simple constatation de faits. Il faut, pour tirer une conclusion morale, qu'il y ait toujours une prémisse impliquant un désir. C'est pourquoi on ne peut déduire des normes morales à partir de la seule constatation de la « nature » humaine. Même ce qu'on appelle « loi morale naturelle » nécessite une prémisse impliquant un désir, c'est-à-dire la recherche d'un avantage, d'une chose dont il est *de facto* possible pour qui que ce soit (ce qui ne veut pas dire pour tout le monde) de vouloir la rechercher. L'opposé d'un avantage est un « dommage » ou une « charge » ; il est défini inversement par le fait qu'il est *de facto* possible pour qui que ce soit de vouloir l'éviter. Ces deux définitions sont purement formelles ; il se peut que ce que l'un considère comme un avantage, l'autre le considère comme un dommage, une charge.

La question primordiale qui se pose en éthique est de fixer un critère permettant de juger si l'on rend vraiment justice ou non à l'avantage que l'on désire. Y a-t-il, pour répondre à cette question, un critère universellement compréhensible ? « Universellement » s'oppose à ce qui reste « particulier ». L'« universalisation » éthique vise ce qui est vrai dans la durée et dans l'ensemble de la réalité, en tant qu'elle nous est accessible, et « sans acception de personne »[1], sans restriction de l'horizon à quelque personne que ce soit. Ce regard « universalisant », c'est-à-dire sans restriction à soi-même ou à toute autre personne ou groupe de personnes, est le propre de ce qui est éthique.

Nous pensons qu'un tel critère existe : il s'agit du « principe de proportionnalité ». Ce principe est bien connu en jurisprudence, mais les moralistes n'en parlent encore guère. Il devrait pourtant être le principe de base même de toute l'éthique ; tous les principes traditionnels de l'éthique s'y trouvent impliqués, et il est le critère ultime de toutes les affirmations et exigences morales.

On rencontrait ce principe, par exemple, dans le « Projet de traité établissant une Constitution pour l'Europe » (Art. I-11-[4]), et il est maintenu dans le Traité de Lisbonne : « En vertu du principe de proportionnalité, le contenu et la forme de l'action de l'Union n'excèdent pas ce qui est nécessaire pour atteindre les objectifs des traités » (Art. 5, § 4 du TUE). Dans le « Protocole sur l'application des principes de subsidiarité et de proportionnalité » qui a été ajouté au texte principal, il est précisé qu'il faut veiller à ce que « les projets d'actes législatifs européens tiennent compte de la nécessité de faire en sorte que toute charge, financière ou administrative, incombant à l'Union, aux gouvernements nationaux, aux autorités régionales ou locales, aux opérateurs économiques et aux citoyens soit la moins élevée possible et à la mesure de l'objectif à atteindre » (Art. 5). Pour ne pas rester au niveau des seules bonnes intentions, on stipule dans le même article que tout projet d'acte législatif européen devrait comporter une fiche contenant des éléments circonstanciés permettant d'apprécier si les principes de subsidiarité et de proportionnalité ont été respects. Cette dernière stipulation représente d'ailleurs une nouveauté constitutionnelle extraordinaire.

Ce principe pourrait paraître un principe seulement administratif ou économique. Mais du moment où on l'universalise de manière à ce que les charges non seulement pour les institutions de l'Europe et ses ci-

---

1 Pour ce concept, voir la notion biblique de « נָשׂא פּנִים [nāsā pānim]/ προσωποληµψία [prosôpolêmpsía] » : Lev 19,15 ; Jac 2,1 ; Col 3,25 et autres. Il s'agit d'éviter de « privilégier les uns au dépens d'autres ».

toyens mais pour quiconque soient minimisées, il s'avère être le fondement de l'éthique même. On est en droit d'interpréter ainsi ce principe, parce que l'Europe elle-même vise à répandre ses valeurs universellement. Si cette universalisation était exclue, il pourrait au contraire s'agir d'un principe immoral : il dirait que l'Europe ne doit pas s'occuper des dommages qu'elle cause dans le reste du monde pour garantir ses propres avantages.

Prendre le principe de proportionnalité dans sa forme universalisée comme le fondement de toute l'éthique peut paraître « révolutionnaire », parce que c'est mettre en question presque toutes les morales traditionnelles qui ont toujours été plus intuitives et vagues que fondées en raison. Ce principe est pourtant profondément enraciné dans l'héritage européen : il se trouve exprimé déjà dans la maxime « rien de trop » de Solon d'Athènes (ca. 640-ca. 560 av. J.-C.)[2].

Personne ne peut nier qu'une action ne peut être moralement mauvaise que parce qu'elle cause ou permet un dommage (des « charges »). Il n'est pas possible de définir un mal moral sans référence à un dommage. D'autre part, toute action qui cause ou permet un dommage n'est pas automatiquement moralement mauvaise.

C'est le principe de proportionnalité qui trace l'exacte frontière entre les deux cas, c'est-à-dire entre les actions dommageables et donc mauvaises et les actions qui, bien que dommageables en un certain sens, ne sont pas de fait mauvaises. Cette frontière est déterminée par la vérification de la « correspondance » universelle de cette action à l'avantage auquel on aspire. Car une action pourrait causer la réalisation d'un avantage à court terme et d'un point de vue seulement particulier, mais au prix de le miner à la longue et dans l'ensemble de la réalité. Elle pourrait causer ou permettre des dommages inutiles pour obtenir l'avantage recherché. Il n'y a pas d'autre mal moral que celui qui consiste à causer ou permettre un dommage sans « raison proportionnée ». C'est pourquoi il est essentiel de bien comprendre ce que le terme « raison proportionnée » veut dire.

Il s'agit, dans le principe de proportionnalité, de minimiser les dommages qu'une action pourrait infliger à qui que ce soit. On ne doit atteindre un avantage quelconque qu'au prix le plus réduit possible pour quiconque. Le principe de proportionnalité commande donc de considérer toutes les externalités négatives pour quiconque ; il ne suffit pas de considérer seulement celles qui, à la longue, ne concerneraient que l'acteur lui-même, bien que celles-ci doivent également être prises en considération. Pour identifier toutes les externalités possibles d'une

---

[2] Μηδὲν ἄγαν [mêdén ágan, prononciation rhythmique : méden agan], *ne quid nimis*.

action, il faut veiller à la rendre transparente et écouter, au préalable et dans toute la mesure du possible, ceux qui pourraient en être affectés.

Toutes les actions qui respectent le principe de la proportionnalité, sont « morales » et leurs auteurs agissent d'une manière « responsable ». Toutes les actions sont « immorales » – et leurs auteurs agissent d'une manière « irresponsable » – dans la mesure où elles ne respectent pas le principe de proportionnalité. Tout dommage, qu'il soit causé ou permis, sans « raison proportionnée » rend l'action qui le cause ou le permet moralement mauvaise, et même « intrinsèquement mauvaise ». Une telle action ne peut jamais être justifiée.

Le simple fait de ne faire que « permettre » l'occurrence d'un dommage sans « raison proportionnée » – sans l'avoir causé soi-même – doit être envisagé afin de couvrir d'éventuelles causes extérieures au sujet agissant (des causes naturelles ou des actions d'autres acteurs) ; ces causes extérieures à l'auteur d'un acte et les dommages « sans raison proportionnée » qui en résultent, peuvent également influencer la moralité de l'acte en question ou de son omission.

Prenons le cas d'un vote au Parlement. Je vote pour la solution qui me paraît la meilleure, mais dont je prévois avec certitude qu'elle n'a aucune chance de l'emporter, face à une autre solution moyennement acceptable et à une troisième inacceptable. Si je vote de cette manière, au lieu de voter pour la deuxième solution, je peux précisément prévoir que la troisième l'emportera. J'y aurai contribué par mon vote « bien intentionné », mais en réalité immoral et irresponsable.

Le verbe « permettre » doit être compris dans le sens de « ne pas empêcher », et indique l'omission d'une action. Si, après un tremblement de terre, je ne fais rien pour sauver des gens bien que je puisse le faire, je serais coupable de leur mort.

Le principe de proportionnalité pris comme principe fondamental de l'éthique se distingue de l'utilitarisme en ce qu'il ne demande pas le plus grand bien pour le plus grand nombre de gens possible, mais de minimiser les dommages pour quiconque, ce qui n'est pas identique au « plus grand nombre possible ».

Avant de poursuivre notre raisonnement, il nous faut tout d'abord décrire la structure de l'action humaine en abordant la question de la liberté et l'explication plus précise du concept de « proportionnalité ». Nous analyserons ensuite la connexion de plusieurs actions, et l'axiome selon lequel la fin bonne ne peut pas justifier le moyen mauvais. Finalement, nous confronterons brièvement cette compréhension de l'éthique fondée sur le principe de proportionnalité à l'argumentation fondée sur la dignité humaine, et à celle fondée sur des argumentations religieuses.

1. La liberté comme faculté d'autodétermination

Le concept de « responsabilité » de la personne humaine présuppose qu'au moins certaines de ses actions lui sont imputables : elle a pu en décider par un acte conscient et volontaire. Mais pour beaucoup, le concept de « liberté de choix » fait difficulté. Comment concilier le caractère déterminé de notre connaissance par son objet avec la possibilité de choisir librement ? Serait-ce, en réalité, que nous ne sommes libres que par un manque de connaissance ? Il faut répondre à cette question.

Devant tout objet que nous pouvons désirer, nous avons la connaissance de ce qu'il s'agit d'« un avantage ». Le terme « avantage » est ici pris dans le sens très général d'un objet considéré sous le seul angle d'être désiré ou désirable pour quelqu'un. Ici, il n'est pas encore question d'éthique ni de morale.

Le fait qu'il s'agit d'« un avantage » rend possible de dire oui à cet objet et de vouloir l'atteindre effectivement ; mais le fait qu'il ne s'agit que d'« un avantage » rend possible de dire non à cet avantage et de ne pas vouloir le rechercher. Dans les deux cas, la décision s'attache à une connaissance, un savoir (« il s'agit d'un avantage ») et est donc guidée par ce savoir qui pourtant ne détermine pas la décision ; cette décision est, en effet, déterminée par notre faculté d'autodétermination. Dans un cas comme dans l'autre, c'est nous-mêmes qui décidons et qui savons ce que nous faisons. La liberté (faculté d'autodétermination) ne présuppose donc pas, comme certains le prétendent, un manque de connaissance ou de certitude.

Mais la faculté d'autodétermination ne commence pas seulement là où l'on choisit entre deux ou plusieurs avantages différents ; elle concerne déjà notre rapport à tout avantage singulier, pris en lui-même. Le choix entre des avantages différents est le résultat de la combinaison de plusieurs décisions. Si la forme fondamentale de la liberté consistait seulement dans la possibilité de choisir entre plusieurs avantages, l'action de choisir l'avantage moindre ne pourrait plus être comprise comme guidée par la connaissance. Nos actions seraient donc ou déterminées par une connaissance et non libres, ou libres, mais non pas guidées par une connaissance.

Nous ne prétendons nullement que tous nos actes sont autodéterminés. Mais nous prétendons cependant, que ceux pour lesquels, selon le témoignage de notre propre conscience, il nous a été possible de dire oui ou non, sont des actes autodéterminés. La question éthique sera maintenant d'examiner si notre décision aura été « en proportion » avec l'avantage recherché ; pour examiner cela il faut un regard « universalisant ».

2. La structure d'une action prise en elle-même et la « raison proportionnée »

Dans toutes les actions humaines, on veut « atteindre » quelque chose ; on vise quelque chose en tant qu'on y cherche l'obtention d'un avantage. Les scolastiques disaient qu'on ne peut vouloir que « *sub ratione boni* [sous l'angle d'un avantage désiré] ». Nous prenons ici le terme « avantage » dans le sens le plus général possible ; ainsi n'embrasse-t-il pas seulement ce qu'il est convenu d'appeler des valeurs morales comme la solidarité ou la justice, mais – et certainement en premier lieu – également des avantages pré-moraux, ontiques. Car, en dernière analyse, il n'est pas possible de définir le bien et le mal moral sans référence à un bien ou à un mal ontique.

Comme déjà dit précédemment, un avantage se définit par le fait qu'il est *de facto* possible pour du moins quelqu'un ou quelques-uns (ce qui ne veut pas dire pour tout le monde) de vouloir le rechercher. Et l'opposé d'un avantage, c'est-à-dire un « dommage » ou une « charge », est défini inversement par le fait qu'il est *de facto* possible de vouloir l'éviter. Ces deux définitions sont purement formelles, car il se peut que ce que l'un considère comme un avantage, l'autre le prenne pour un dommage.

La « raison » d'une action consiste toujours dans l'avantage ou l'ensemble des avantages recherchés, et/ou dans la prévention d'un dommage ou d'un ensemble de dommages. Il est possible également que la « raison » d'une action se compose à la fois d'un avantage ou d'un ensemble d'avantages auquel on aspire, et d'un dommage ou d'un ensemble de dommages que l'on veut éviter. Toute action (ou omission) a une « raison ». C'est inévitable, et ne serait-ce que la seule « raison » de vouloir se montrer indépendant.

Mais comment une « raison » peut-elle être « proportionnée » ?

Lorsque l'action « correspond » à sa « raison », c'est-à-dire lorsque l'action « rend justice » à sa raison, à la fois sur le long terme et d'une façon universelle, cette « raison » est traditionnellement qualifiée de « raison proportionnée ». Pour être plus exact, il faudrait plutôt dire que c'est l'action elle-même qui doit être proportionnée à sa raison, c'est-à-dire à l'avantage recherché, mais considéré « universellement », sans limitation à telle personne ou tel groupe de personnes. L'action ne doit pas être, en dernière analyse, contre-productive par rapport à sa raison tant sur le long terme que dans une perspective universelle.

Cette « universalisation » de la raison est requise pour fonder l'analyse morale. Il ne s'agit pas seulement d'élargir le regard à un horizon plus vaste, mais plutôt de ne pas le limiter à un quelconque horizon. On peut certes rechercher son propre avantage ; cela ne devient égoïste, au sens mauvais du terme, que lorsque ce même avantage en vient à être détruit lorsqu'il est envisagé dans l'ensemble de la réalité.

Lorsque la « raison » de l'action est « proportionnée », l'action est moralement correcte et son auteur fait preuve de responsabilité. Si la « raison » n'est pas « proportionnée », mais qu'il existe une contradiction interne entre l'action et l'avantage qu'elle vise, l'action est moralement mauvaise et son auteur fait preuve d'irresponsabilité.

La notion de raison « proportionnée » est souvent confondue avec celle de raison « importante » ou « sérieuse ». Il s'agit, en réalité, de bien examiner la relation existant entre l'action et sa « raison ». Il faut considérer l'avantage auquel on aspire, la « raison » de l'action, d'un point de vue universalisant, sans restriction à quelque personne ou groupe de personnes que ce soit. Si je cherche ma richesse, je dois me demander si l'action par laquelle j'obtiens « ma » richesse ne détruit pas « la » richesse. C'est en ce sens que les lois morales valent « sans acception de personne ».

La perte d'un membre du corps représente un dommage qu'on éviterait volontiers, du moins pour soi-même. Mais si des médecins amputent un pied, parce que c'est la seule manière de sauver la vie du patient, alors l'opération est qualifiée moralement comme « sauver la vie », ce qui n'est pas seulement permis, mais peut être même obligatoire. « Sauver la vie » est justement la « raison proportionnée » de l'action. Mais si la raison de l'amputation du pied n'est pas « proportionnée », on traînera les médecins devant la cour pour « mutilation ». Le cas s'est présenté, où des médecins ont amputé le pied d'un moribond seulement pour pouvoir facturer davantage de frais, et il ne s'agissait nullement de vouloir lui sauver la vie.

Des actions dont la raison est « proportionnée »[3] sont évaluées et nommées, en morale, d'après cette raison. La « raison proportionnée » d'une action constitue ce que l'on nomme, traditionnellement, l'« objet [*obiectum, finis operis*] » de cette action, ce qui est visé en elle. Les dommages qu'on cause ou permet avec une « raison proportionnée » ne constituent alors pas l'« objet » de l'action. Bien qu'on ne puisse pas les éviter, ils n'entrent pas dans l'« objet » de l'action. L'« objet » moral de l'action est constitué par sa « raison proportionnée »[4].

---

3 Il serait plus logique de dire « des actions proportionnées à leur raison », mais l'usage reste malheureusement de parler de « raison proportionnée » au lieu « d'actions proportionnées ».

4 Dans l'éthique traditionnelle, le terme « raison proportionnée » se rencontre dans le « principe du double effet ». Ce principe se formulait ainsi : On ne peut permettre ou causer un effet mauvais que si a) l'action n'est pas moralement mauvaise en soi (= intrinsèquement mauvaise) ; b) l'effet mauvais n'est pas intentionnel en lui-même ; c) l'effet mauvais n'est pas le moyen pour obtenir la fin bonne ; d) l'on a une raison pro-

En revanche, des actions dont la raison n'est pas « proportionnée », sont, en morale, nommées et évaluées de manière négative en fonction des dommages causés ou permis par elles. Ces dommages constituent alors le véritable « objet » de l'action à cause duquel cette action est immorale.

En l'absence d'une « raison proportionnée », le dommage causé ou permis constitue « l'objet » de l'action, c'est-à-dire ce qui est voulu « directement » par le sujet agissant, même si celui-ci n'y prête pas grande attention. Si l'action a une « raison proportionnée », le dommage n'est causé ou permis qu'« indirectement » ; il n'entre pas dans ce qui est vraiment voulu.

En d'autres mots, pour faire l'évaluation morale d'une action il faut préalablement procéder à l'examen neutre des dommages causés ou permis par cette action. En morale, l'action n'est évaluée de manière négative et nommée mauvaise en fonction des dommages qu'après la constatation de ce que la raison de l'action n'est pas « proportionnée ».

Par exemple, prendre la propriété d'autrui, si c'est en fin de compte et au vu de toute la réalité, nécessaire pour protéger la propriété ou même pour sauver une vie, est un acte qui a une « raison proportionnée », et pour cela est admis. En revanche prendre la propriété d'autrui sans « raison proportionnée » est un « vol ». C'est alors l'« objet » de l'action.

Tout vol consiste à prendre la propriété d'autrui ; mais toute saisie de la propriété d'autrui n'est pas un vol. Tout mensonge est un discours incorrect ; mais tout discours incorrect (par exemple s'il s'agit de protéger à bon droit un secret) n'est pas un mensonge. Tout meurtre est une mise à mort ; mais toute mise à mort (par exemple lorsqu'il s'agit de la seule possibilité de mettre un tireur fou hors de combat) n'est pas un meurtre.

De manière générale, il faut toujours veiller à utiliser des vocables appropriés différents pour désigner – en toute neutralité – les dommages causés ou permis par une action, et pour désigner, ensuite, le résultat négatif de l'évaluation morale de l'action lorsque sa raison n'est pas « proportionnée ». Mais malheureusement, le langage éthique traditionnel reste encore assez pauvre et utilise parfois le mot « mensonge » pour désigner ce qui moralement ne l'est pas, mais n'est qu'un énoncé faux.

---

portionnée pour accepter ou causer l'effet mauvais. Mais dans la tradition, on ne s'est jamais rendu compte de ce que la dernière condition (d) est le seul critère pour le « mal en soi » dont il est question dans la première condition (a). On a erronément pensé que ce principe ne s'applique qu'à des cas marginaux. En réalité, toutes nos actions sont des actions à double effet, c'est-à-dire que pour tout avantage on doit payer un prix, ne fût-ce que celui de la fatigue inhérente à toute action.

Les actions mauvaises ont toujours la structure d'une exploitation démesurée (« *Raubbau* » en allemand). Elles sont, à moyen ou à long terme, et dans l'ensemble de la réalité, entreprises pour le bien d'une personne ou d'un groupe de personnes, mais sans tenant compte des dommages pour d'autres ; elles sont contre-productives par rapport à l'avantage ou à l'ensemble des avantages que l'on recherche regardé sans restriction à qui que ce soit. Même des actions dont la raison est d'éviter des dommages ou un ensemble de dommages, peuvent se révéler être contre-productives et accroître en réalité, à long terme et d'une façon générale, les dommages qu'elles visaient à éviter. Ce sont des actions « qui tuent la poule aux œufs d'or » pour en obtenir plus rapidement les œufs tant désirés.

Cybernétiquement parlant, cela signifie que tout processus qui n'offre pas la possibilité d'enregistrer une boucle de rétroaction (« *feedback* ») négative devient désastreux. Telle serait, par exemple, le cas d'une installation de chauffage qui, laissée en fonctionnement, augmenterait en permanence la température d'un local. Il en résulterait immanquablement un incendie destructeur. Il en est ainsi en économie et en politique ; des processus similaires sans boucle de rétroaction négative sont souvent qualifiés de « contraintes matérielles » sans alternative ; le principe de proportionnalité impose que l'on prévienne de telles contraintes, au lieu de s'y soumettre et de tomber dans des cercles très justement qualifiés de « vicieux ». Un autre exemple de cercle vicieux est l'accroissement des transports routiers qui semble imposer la construction de routes supplémentaires, mais qui entraîne, à son tour, une nouvelle croissance du secteur du transport routier. On appelle cela souvent des « contraintes objectives », mais en réalité il faut les prévenir au lieu d'y obéir. Pour l'analyse éthique de la politique, il sera toujours nécessaire de veiller à ce que tout processus qui n'offre pas la possibilité d'enregistrer une boucle de rétroaction (« *feedback* ») négative soit évité. Par exemple, faire toujours croître l'économie (et cela même de manière exponentielle) ne peut que finalement conduire à l'autodestruction de notre monde.

Le fait que la raison d'une action est « proportionnée » ou ne l'est pas, est indépendant du fait que cela plaise ou ne plaise pas à l'acteur. C'est cela qui est visé lorsque l'éthique se réclame d'une « objectivité » et lorsque l'on parle de « loi morale naturelle » ou « objective », c'est-à-dire de loi morale fondée sur la réalité même.

On ne peut donc pas reprocher à une éthique construite à partir du « principe de proportionnalité » d'être « relativiste » ni « pragmatique » ni « subjectiviste » et encore moins de servir des intérêts « occidentaux » ou autrement « particularistes ».

Des lois humaines « positives » ne peuvent obliger que si elles sont fondées sur la « loi morale naturelle ». Par exemple, l'obligation de conduire à droite (ou éventuellement à gauche) ne peut être imposée légitimement que parce que la « nature » – c'est-à-dire la réalité – de la circulation routière entraîne un danger d'accidents, qu'on est obligé de prévenir.

Toutes les actions qui causent ou permettent des dommages sans « raison proportionnée » sont mauvaises « en soi ». Il n'y a pas d'autres raisons supérieures qui puissent relativiser cela.

Dans nos actions nous avons toujours besoin d'une boucle de rétroaction (*feedback*) de la réalité. S'il s'avère qu'une action est contre-productive, il est définitivement prouvé qu'elle est « immorale » et que leurs auteurs sont « irresponsables » ; il ne faut pas la poursuivre. Mais, inversement, nous ne pouvons jamais savoir définitivement à l'avance que nos actions ne seront pas contre-productives. Très souvent la contre-productivité d'une action reste inconnue durant une période assez longue d'« incubation ». Il peut toujours survenir une contre-productivité qui n'avait pas été envisagée d'emblée. Il ne suffit donc pas d'évaluer l'action avant de la réaliser ; elle doit toujours être réévaluée par après et éventuellement corrigée après un certain temps. On ne peut jamais se reposer sur le seul sentiment d'avoir bien agi, sur la foi de sa seule bonne conscience. On peut s'être trompé sans l'avoir voulu.

L'application du « principe de proportionnalité » suppose donc un effort continuel d'analyse qui tienne compte de la possibilité d'une « zone grise » qui ne permette pas de conclure à une certitude. Peut-on, par exemple, encore opérer un patient âgé ? Personne ne peut dire d'avance, avec certitude, qu'il survivra.

La question fondamentale de l'éthique est de fixer un critère définissant la frontière morale entre le bien et le mal. La question n'est pas de savoir quels sont les avantages que nous devons rechercher mais bien de savoir si, par notre action, nous rendons effectivement justice aux avantages que nous recherchons de fait. Comment essayons-nous de les réaliser, de manière qui leur est universellement proportionnée ou pas ?

La question de savoir quels avantages sont choisis, sera, dans le cas où les actions sont bonnes : « agissons-nous bien » ou « mieux » ?, ou lorsque les actions sont mauvaises : « agissons-nous mal » ou « pis » ? Pour y répondre, il faut examiner les différents objets de ces actions.

Les « valeurs morales », ne peuvent être définies qu'en fonction de la manière selon laquelle sont traités des avantages tout court qui, quant à eux, relèvent d'un concept pré-moral et ontique. Même si l'on pense avoir fait le choix de valeurs déjà directement morales, comme par exemple la solidarité, il est toujours exigé d'éviter de les mettre en œuvre de manière contre-productive. On peut vouloir protéger les pauvres, mais il se peut qu'on le fasse d'une manière qui, à la longue, les rend plus pauvres encore. Certaines aides au développement, animées de très bonnes intentions, ont néanmoins détruit le peu de marché local qui existait avant l'aide apportée. Il serait immoral de continuer des actions qui se sont avérées productives.

Le principe éthique de proportionnalité énonce l'obligation d'éviter tous les dommages causés ou permis sans « raison proportionnée ». On ne peut légitimement causer ou permettre un dommage que si c'est la seule manière d'éviter un dommage du même genre qui soit plus grand encore. Par exemple, on ne peut user de la violence que si c'est la seule manière d'éviter encore plus de violence ; ainsi l'État peut-il restreindre les crimes, en dernier ressort, en usant même de la violence. Mais cette violence ne doit jamais outrepasser la violence que l'on veut éviter.

Les actions mauvaises sont interdites. On est obligé d'amoindrir les dommages le plus possible. Par contre, on est seulement invité au bien et au meilleur ; on y est invité, mais pas obligé strictement. L'éthique se distingue du rigorisme. La distinction entre ce qui est bon et ce qui est meilleur ne doit pas être confondue avec la distinction entre ce qui est mauvais et ce qui est bon.

Mais il est toujours nécessaire d'essayer de rendre, avec le temps, les effets négatifs moins grands ; et en ce sens on est obligé de chercher le progrès. Si un médicament a des effets collatéraux non désirés, on doit éventuellement continuer de l'employer tant qu'il n'y a pas de meilleur médicament. Mais en même temps on est tenu de rechercher un médicament qui ait moins d'effets non désirés. Cette nécessité explique les changements historiques en matière de morale. Des actions qui, en un temps, ont été obligatoires à défaut d'autres possibilités d'éviter un dommage, pourront un jour devenir illicites, parce qu'on aura trouvé d'autres moyens avec moins d'effets collatéraux négatifs.

C'est pourquoi causer ou permettre la mort de quelqu'un sans « raison proportionnée » est toujours « mauvais en soi ». En matière d'euthanasie, par exemple, – et contrairement à ce qui est souvent prétendu – la vraie différence morale réside entre euthanasie « directe », parce que sans « raison proportionnée », et « indirecte », parce qu'avec « raison proportionnée », et non pas entre « euthanasie active », c'est-à-dire par une action, et « euthanasie passive », c'est-à-dire par une omission. Il s'agirait de causer ou permettre la mort d'un patient avec une « raison proportionnée » lorsqu'on lui donne un médicament nécessaire pour soulager ses douleurs, bien que ce médicament rende aussi sa mort plus proche. Mais on ne peut plus le lui administrer dès lors qu'il existe un autre médicament n'ayant pas cet effet non désiré de rendre la mort plus proche. Mais « laisser mourir » sans rien faire peut, si cette inaction n'a pas de « raison proportionnée », être une forme d'euthanasie « directe » et tout à fait illicite.

Le principe de proportionnalité concerne aussi le temps. Nous devons très souvent nous décider sous la pression de temps. Lorsqu'un médecin doit opérer un patient, il ne dispose parfois que de très peu de temps pour étudier la meilleure manière d'effectuer l'opération. Tarder pourrait causer la mort du patient. Il faut donc se contenter de ce qui est possible dans le temps dont on dispose. Le contraire, ici aussi, serait contre-productif.

Il n'est pas question, dans le principe de proportionnalité, comme on le pense trop souvent, de comparer des avantages – ce qu'on appelle généralement la « comparaison de valeurs » – comme s'il s'agissait toujours de choisir le plus grand bien. De même, le principe de proportionnalité ne doit donc pas être confondu avec ce qu'il est convenu d'appeler « proportionnalisme ». Dans le « proportionnalisme » comme on l'entend habituellement, on recherche une « proportion » entre les avantages et les dommages simultanés et immédiats au sens que les avantages doivent prévaloir. Mais cela n'est pas la « proportionnalité » dont il est question dans le présent article, entre l'action et sa raison dans le cours du temps et dans l'ensemble de la réalité. Il faut que, pour l'analyse éthique d'une action, notre horizon ne soit pas restreint.

La question est plutôt d'examiner si les avantages actuellement recherchés, pris sous un regard universalisant, ne sont pas sapés dans l'ensemble de la réalité.

Certes, certains avantages ne peuvent être obtenus qu'à condition d'en obtenir d'autres préalablement. Mais, dans ce cas, ils ne sont pas comparés en mesure, mais uniquement dans leur conditionnement mutuel. Il n'est donc pas nécessaire ni souhaitable d'imposer à autrui un avantage plutôt qu'un autre, et encore moins ce qu'on appelle des « hiérarchies de valeurs ». La morale ne consiste pas à endoctriner en affichant des listes d'avantages auxquels une valeur morale serait attribuée, mais bien à faire appel à la raison attentive du sujet agissant et à sa capacité de considérer l'ensemble de la réalité sans restriction d'horizon.

Par contre, la justification éthique dite « déontologique » qui veut juger moralement les actions sans tenir compte de leurs effets réels, doit être qualifiée, à la lumière du principe de proportionnalité, comme étant elle-même déjà « mauvaise en soi ». L'éthique déontologique se prévaut du concept de « mauvais en soi » mais elle le confond avec la structure purement physique d'un acte, et elle ne se préoccupe pas des effets réels des actions qui pourtant en constituent l'« objet ».

Le principe de proportionnalité s'impose comme principe éthique fondamental, parce qu'il implique l'établissement du bilan total d'une action par rapport auquel il n'existe aucune considération plus vaste qui permette qu'on puisse encore le relativiser.

3. La combinaison de plusieurs actions

L'unité d'une action qui la distingue d'autres actions, consiste en ce que cette action a une raison (qu'elle soit « proportionnée » ou non) qui suffit pour la réaliser ; sans laquelle donc, l'action ne se réaliserait pas, et avec laquelle elle est réalisable sans devoir faire appel à d'autres raisons encore. Mais une seule action peut se composer d'une multiplicité d'exercices particuliers. Par exemple, l'achat d'un billet peut être un exercice particulier à l'intérieur d'une seule action « englobante » qui consiste à faire un voyage. On parle alors d'une seule action composée de plusieurs processus.

Il arrive aussi fréquemment que plusieurs actions différentes soient combinées dans un ensemble. C'est le cas rencontré lorsqu'une action pleinement constituée par sa propre « raison » est également utilisée pour rendre possible une autre action ayant une autre « raison ».

Prenons l'exemple d'un visiteur de la Foire du Livre. L'avantage qu'il poursuit – et donc la raison de sa visite – est de s'informer sur les nouvelles publications. Cette action est pleinement constituée par sa raison et rien ne permet – *a priori* – de penser que cette raison ne soit pas proportionnée. Cette action est donc moralement sans problème et son objet est identique à sa raison proportionnée. Mais imaginons que ce visiteur songe, en outre, à combiner à cette première action une seconde action dont l'avantage recherché est de se saisir de l'occasion pour voler un livre. Voler un livre c'est satisfaire le désir d'un avantage, à savoir « posséder », en dépossédant quelqu'un sans son consentement. Voler est donc un acte qui sape l'avantage de la « possession », pris de manière universelle et dans l'ensemble de toute la réalité. Cette deuxième action n'a donc pas de raison proportionnée : elle est immorale et son objet est un vol.

L'« objet » de cette seconde action (voler) est déjà présent lors de la première action (aller à la Foire pour s'y informer) en tant qu'il est rendu possible par elle et y est planifié. L'« objet » de la deuxième action s'ajoute à l'objet de la première action (qui vise son propre « objet »), comme une « intention » supplémentaire. C'est le sens de la distinction traditionnelle entre « objet [en latin, *finis operis*] » et « intention [*finis operantis*]». Ladite « intention » est donc, en réalité, « l'objet » d'une seconde action, à laquelle une première action (qui, elle, a déjà son propre « objet ») est ordonnée en surplus.

S'il s'agit d'une seule action, qui n'est combinée à aucune autre, elle n'a que son « objet » (intentionnel, bien sûr, et peut-être en lui-même composé), mais il n'y a aucun sens de parler, en outre, d'une « intention ». Aussi, si je ne vais à la Foire du livre que si j'y trouve l'occasion de voler un livre, il ne s'agit pas de deux actions, mais d'une seule.

La détermination qualitative d'une action, à savoir si elle est bonne ou mauvaise, dépend de son « objet » et, dans le cas où elle est ordonnée en plus à une autre action, la détermination qualitative de cette action dépend aussi de son « intention ». L'« objet » de la deuxième action est alors déjà présent dans la première action comme son « intention » ultérieure.

Parce que l'« intention » est l'« objet » d'une deuxième action qui est encore seulement prévue dans l'exécution de la première action, on pourrait facilement succomber à la fausse impression que, dans l'« intention » il s'agit, à la différence de l'« objet », d'un moment seulement « subjectif » ; en réalité, l'« intention » est l'« objet » de la deuxième action prévue.

À côté de l'« objet » et de l'éventuelle « intention », dont dépend la détermination qualitative d'une action (si elle est ou bonne ou mauvaise), on distingue traditionnellement encore les « circonstances ». Celles-ci déterminent seulement l'aspect quantitatif, c'est-à-dire l'évaluation de la mesure dans laquelle une action est ou bonne ou mauvaise. Un vol est un vol, indépendamment du montant volé. Mais la gravité du vol dépend naturellement du montant volé. C'est cela qu'on entend (ou devrait entendre !), dans l'éthique traditionnelle, sous le terme « circonstances ». D'autres circonstances sont par exemple le fait qu'une action est préméditée ou non.

L'« objet », l'« intention » et les « circonstances » sont, selon l'éthique traditionnelle, les trois points – et les seuls – dont dépend l'évaluation morale d'une action. On les appelle, en éthique traditionnelle, les « sources de la moralité [*fontes moralitatis*] ». Tous ces termes ont un sens très précis dans le langage éthique. Dans le langage courant, par contre, on désigne parfois l'objet voulu par l'« intention ». De plus, il y a lieu de noter la distinction entre « intention » au sens éthique et « intention » au sens psychologique. Un voleur n'est intéressé que par l'appropriation d'un bien ; psychologiquement il ne s'intéresse en rien au dommage qu'il cause à sa victime. Mais, en éthique, c'est bien ce dommage qui est considéré comme étant « voulu », « intentionnel ». Par contre, des médecins qui amputent une jambe pour sauver la vie du patient dirigent toute leur attention psychologique à ce que l'amputation se fasse bien selon les règles de l'art ; mais, en éthique, ce qui est considéré comme étant ce qu'ils veulent, c'est sauver la vie.

Enfin, en éthique, on ne compte parmi les « circonstances », qui sont la troisième « source de la moralité », que les « circonstances » qui influent quantitativement sur la bonté ou la malice de l'action ; les circonstances de temps et de lieux, par exemple, n'y interviennent pas.

On a dit plus haut qu'une action dont la raison n'est pas « proportionnée », est « mauvaise en soi ». Mais, pour prendre l'exemple cité, la visite de la Foire du Livre pour s'informer sur de nouvelles publications n'est certes pas « mauvaise en soi » ; par contre, si elle est combinée à l'action de voler un livre (une deuxième action, qui, elle oui, est « mauvaise en soi »), alors la visite de la Foire du livre devient « mauvaise », ceci par le fait que l'action « mauvaise en soi » déteint, pour ainsi dire, sur la première action qui l'a rendue possible.

Il faut donc distinguer « mauvais » et « mauvais en soi ». Une action qui, en elle-même, n'est pas problématique, devient elle-même mauvaise si elle est utilisée en outre pour rendre possible une seconde action qui est « mauvaise en soi »[5].

4. La fin bonne ne justifie pas les moyens mauvais

La pierre de touche de toute éthique sérieuse est la maxime selon laquelle la fin bonne ne peut jamais justifier les moyens mauvais. Cette maxime n'est qu'une application du principe de proportionnalité.

Illustrons cela par l'exemple de la torture. Il pourrait sembler que la raison d'un acte de torture est l'avantage d'obtenir une information nécessaire. Pourquoi une telle action ne serait-elle pas moralement justifiée au même titre que l'amputation d'une jambe dans le but louable de sauver une vie ? En quoi ces deux actions se distinguent-elles ?

La maxime, selon laquelle le bon but ne justifie pas le mauvais moyen (et, naturellement, à l'inverse, un bon moyen ne peut pas non plus justifier un mauvais but) se réfère à la combinaison de plusieurs actions que nous venons d'examiner. Si une action en elle-même n'a pas de « raison proportionnée » et est donc « mauvaise en soi », elle ne peut pas être assainie par son utilisation en vue de rendre possible une deuxième action qui, elle, en soi, serait bonne.

C'est pourquoi le « principe de proportionnalité » n'a certainement rien à voir avec ce qu'on aime nommer « conséquentialisme ». Si l'on n'a pas de « raison proportionnée » pour causer ou permettre des dom-

---

[5] Le « principe du double effet » cité dans la note 2, pourrait donc être reformulé de la manière suivante : une action ne peut être « intrinsèquement mauvaise » que si elle cause ou permet un dommage sans « raison proportionnée ». Pour la combinaison de plusieurs actions vaut : une action est également « mauvaise » si (a) on veut la rendre possible par une autre action « intrinsèquement mauvaise » ou (b) on veut par elle rendre possible une autre action « intrinsèquement mauvaise ». Cf. Knauer, P., *Handlungsnetze – Über das Grundprinzip der Ethik*, Frankfurt am Main, Books on demand, 2002, ISBN 3-8311-0513-8.

mages, ces dommages ne sont pas des conséquences extérieures à l'action mais bien son propre objet moral, et, au sens moral, ils sont voulus. Et si un acte est « mauvais en soi » – ce qui n'est établi que par l'absence de « raison proportionnée » –, il le reste, même s'il est ordonné pour rendre possible un autre acte qui, lui, ne serait pas « mauvais en soi ». Au contraire, ce dernier devient, par sa connexion au premier acte, tout aussi « mauvais », bien que non « mauvais en soi ».

Dans le cas de la torture, il faut bien observer que l'action de torturer et l'action d'obtenir une information sont deux actions différentes, séparées entre elles par une action du torturé qui doit céder. La raison de la torture comme telle est de vouloir briser la volonté du torturé ; est c'est par là qu'on veut arriver à obtenir l'information désirée. Il y a donc lieu d'appliquer la maxime que la bonne fin ne sanctifie pas le moyen mauvais. D'ailleurs, par le moyen de la torture on peut obtenir n'importe quel aveu, mais sans la moindre garantie de sa vérité. C'est pourquoi dans la torture on provoque la douleur sans « raison proportionnée ».

Par contre, dans le cas de l'amputation d'un pied pour sauver la vie, il n'y a qu'une seule action dont la raison est « sauver la vie ». Et cette action est bien proportionnée à sa raison puisque c'est l'amputation elle-même qui sauve la vie. Il ne s'agit donc pas de l'application d'un moyen mauvais (mutilation) qui serait justifié par une fin bonne (sauver la vie). L'amputation n'est pas une mutilation au sens moral car il ne s'agit pas ici de la combinaison de plusieurs actions, mais d'une seule action. L'application du principe, selon lequel la fin bonne ne justifie pas le moyen mauvais, implique toujours qu'il s'agisse au moins de deux actions différentes.

5. Éthique et dignité de la personne humaine

La dignité humaine consiste dans le fait que l'homme peut être le sujet d'actions dont il est responsable et qu'il est capable de faire la distinction entre ce qui est « responsable » et ce qui est « irresponsable ». Mais c'est cette capacité de la personne humaine qui fonde sa dignité, et ce n'est pas la dignité de la personne qui fonde la morale.

Car – et cela paraîtra sans doute paradoxal – les normes morales valent « sans acception de la personne ». S'il est, par exemple, possible de rechercher la prospérité pour toute l'humanité actuellement existante, il serait toutefois « irresponsable » que cette prospérité en vienne à saper la prospérité future des générations ultérieures. Leur dignité n'existe pas encore puisqu'elles-mêmes n'existent pas. Mais la simple constatation qu'il s'agirait d'une prospérité limitée à l'humanité existante aujourd'hui, suffit pour reconnaître que cette action est contre-productive au regard de l'universalisation de l'avantage recherché et que sa « raison » n'est donc pas « proportionnée ». En ce sens, la morale n'est pas anthropocentrique, mais plutôt cosmocentrique : elle se réfère à toute la réalité, la réalité dans toute son universalité en ce compris celle de l'homme lui-même.

6. Morale et religion

Il est évident que la morale se traite aussi dans le cadre des religions. Cependant, même dans ce cas, elle ne doit se fonder que sur la raison. Que des actions contre-productives, ayant une structure « d'exploitation excessive », soient « irresponsables » et « inhumaines », tout le monde peut le comprendre. Cette intuition n'a pas de présupposés religieux. Et ceux qui, par contre, veulent fonder la morale sur la religion, nient par le fait même le point d'attache que pourrait avoir le message religieux chez ceux qui ne sont pas encore croyants.

De même, la foi chrétienne n'entraîne pas d'obligations morales supplémentaires. Elle veut seulement, en proposant la communion avec Dieu en tant que celui sans lequel rien ne subsisterait, libérer les hommes du pouvoir de la crainte pour leur propre vie. Sans cette libération, la crainte les empêche toujours de nouveau de suivre leur conscience. Cette crainte des hommes pour eux-mêmes est liée à leur vulnérabilité et à leur finitude ; elle est comme détrônée par la certitude plus grande d'une communion éternelle avec Dieu (qui consiste dans le fait d'être assumé à l'intérieur de l'amour éternel entre le Père et le Fils). Contre cette communion avec Dieu, même la mort ne peut rien. Dans la foi – qui peut aussi être anonyme –, on ne vit plus sous le régime de la crainte. N'est, aux yeux de la foi chrétienne, vraiment incroyant que celui qui vit sous le pouvoir de la crainte.

La tâche des Églises est d'annoncer la foi. Si elles se font aussi les avocates de morales, elles ne peuvent le faire que subsidiairement, et, ce faisant, elles ne peuvent se fonder à bon droit que sur des arguments de raison qui doivent toujours être ouverts aux questionnements. Une action n'est d'ailleurs pas mauvaise parce que la Bible le prétend ; même la Bible contient des passages expliquant en se fondant sur la raison qu'une action est mauvaise. Les dix commandements de la Bible sont le résultat d'une réflexion éthique et non pas son fondement. L'éthique consiste à universaliser, et l'universalisation est la prérogative de la raison. Pour les lois morales, même dans la Bible, ce qui compte, ce n'est que la raison. La Bible elle-même pense que la raison est bien le don de Dieu pour tout homme (en témoignent Lc 10, 25-35 ; Phil 4, 8).

Tout acte immoral est aussi, en dernière analyse, irraisonnable. Il manque de « raison proportionnée ». Dans ce cas, l'action elle-même n'est donc pas proportionnée. Sous un regard universalisant, il apparaît qu'une telle action sape l'avantage même, pris universellement, qu'elle cherche à obtenir. C'est très justement le critère – et le seul vrai critère – de son immoralité.

Explication concise de quelques termes employés dans ce chapitre

Avantage : Une chose dont il est *de facto* possible pour qui que ce soit (ce qui ne veut pas dire par tout le monde) de la désirer, de vouloir la rechercher. L'opposé d'un avantage est un « dommage » ou une « charge » ; il est défini inversement par le fait qu'il est *de facto* possible pour qui que ce soit de vouloir l'éviter.

Ce terme est pris ici dans un sens pré-moral, même si, concrètement, il peut s'agir d'une chose désirable ayant déjà fait l'objet d'un jugement moral comme la justice ou la bienveillance. Car il est aussi possible de vouloir obtenir un avantage, déjà reconnu comme étant un bien moral, mais de manière non proportionnée, donc contre-productive, ce qui est immoral.

Raison : L'avantage recherché par une action. Toute action a inévitablement une raison ; c'est-à-dire un avantage ou un ensemble d'avantages auquel on aspire, ou un dommage ou un ensemble de dommages que l'on veut éviter. La question éthique est toujours de déterminer si l'action est « proportionnée » à sa raison.

Universalisation : Pour l'analyse éthique il faut considérer l'avantage recherché sans restriction du regard à soi-même ou à un groupe propre ou à qui que ce soit. Ce point de vue universalisant distingue la considération éthique d'autres considérations. Dans l'universalisation, il s'agit du bilan ultime qui ne peut plus être relativisé.

Raison proportionnée : Pour toute action on a, inévitablement, une raison ; mais la question est de savoir si elle est « proportionnée ». La raison d'un acte est proportionnée, ou bien l'acte est proportionné à sa raison, si cette raison, prise dans toute son universalité, c'est-à-dire dans l'ensemble de la réalité ou à long terme, sans restriction, n'est pas sapée.

Sources de la moralité : Objet (*obiectum, finis operis*), intention (*intentio, finis operantis*) et circonstances (*circumstantiae*) sont traditionnellement appelés « les sources de la moralité (*fontes moralitatis*) », c'est-à-dire les paramètres dont on doit tenir compte pour juger de la moralité d'une action concrète ; les deux premiers sont des critères qualitatifs, les derniers ne sont qu'un critère quantitatif (dans quelle mesure une action est bonne ou mauvaise). Il n'y a pas d'autres paramètres pour juger de la moralité d'une action.

Objet : L'objet d'une action est ou sa raison proportionnée – et alors l'action sera moralement bonne ou du moins correcte ; ou, si sa raison n'est pas proportionnée, les dégâts que cette action cause ou permet font l'objet de l'action – et alors l'action sera moralement mauvaise. L'objet est toujours « voulu », donc intentionnel, même si, psychologiquement, on n'y fait pas grande attention. En éthique, les actions sont dénommées selon leur objet. L'objet d'une action, en éthique, n'est pas à confondre avec le déroulement extérieur de l'action. Un seul et même déroulement extérieur peut être, en éthique, une action qui sauve la vie (donc une action bonne) ou une action qui mutile (donc une action mauvaise). Par contre, deux déroulements extérieurs très divers peuvent avoir le même objet éthique : l'amputation d'une jambe ou l'administration d'antibiotiques ne font que « sauver la vie » (cf. Thomas d'Aquin, *Summa theologica, I-II, q1 a3*).

Intention : Il n'y a pas de sens à parler d'intention, en la distinguant de l'objet voulu, que si une action pleinement constituée par son objet propre est en outre ordonnée pour rendre possible une autre action ; alors l'« objet » de cette dernière entre dans la première action comme une « intention » déjà présente en elle. Parce que cette dernière action n'est pas encore réalisée, on pense souvent, mais à tort, que l'intention serait le côté purement subjectif de l'action ; il s'agit bien de l'« objet » de la seconde action.

Circonstances : Le caractère qualitatif, c'est-à-dire bon (ou du moins correct) ou mauvais, d'une action dépend uniquement de son objet et en outre, dans le cas de la coordination de plusieurs actions, de son intention qui coïncide avec l'objet de la seconde action. Les « circonstances » ne déterminent que quantitativement, en quelle mesure une action est bonne ou mauvaise. Par exemple la quantité d'une chose dérobée peut augmenter la malice de l'action, comme aussi la quantité d'un don bénévole a une influence sur la mesure de sa bonté. D'autres circonstances sont le degré de liberté ou l'intensité avec laquelle on exécute une action.

Mauvais en soi, malice intrinsèque : Toute action, dont la raison n'est pas proportionnée, est « intrinsèquement mauvaise ». Mais une action peut aussi devenir « mauvaise », bien que non « intrinsèquement mauvaise » par le fait d'être utilisée à rendre possible une autre action du même sujet qui, elle, est « intrinsèquement mauvaise », ou aussi par le fait qu'une action précédente du même sujet, qui était « intrinsèquement mauvaise », a été utilisée pour la rendre possible.

Moyen mauvais : Dans le principe que la fin bonne ne justifie pas le moyen mauvais, on comprend sous le « moyen mauvais » une action pleinement constituée (par le fait d'avoir son propre « objet »), dont la raison n'est pas proportionnée. Par là, cette action est « mauvaise en soi ». Par contre, l'amputation d'un membre du corps pour sauver la vie d'un patient n'est pas un « moyen mauvais » pour obtenir une fin bonne, mais elle est en elle-même déjà le fait de sauver la vie du patient.

Principe de proportionnalité : Il dit qu'une action ne peut être intrinsèquement mauvaise que si elle cause ou permet un ou des dommages (pour quiconque) sans « raison proportionnée ». Une raison n'est pas proportionnée que lorsque l'action même, par laquelle on veut la réaliser, n'est pas proportionnée à sa raison, c'est-à-dire si l'action détruit l'avantage même, pris universellement, que l'on veut atteindre.

Contre-productivité : Elle consiste en ce que, en dernière analyse et sous un regard universalisant, l'on sape l'avantage ou l'ensemble des avantages auxquels on aspire, par cette action elle-même. Sans contre-productivité, pas de malice morale, et vice-versa. Ce critère reste entièrement objectif et accessible à tout le monde.

CHAPITRE 2

Économie et finance

Daniel SPOEL

> Assurons-nous bien du fait, avant que de nous inquiéter de la cause. Il est vrai que cette méthode est bien lente pour la plupart des gens, qui courent naturellement à la cause, et passent par-dessus la vérité du fait ; mais enfin, nous éviterons le ridicule d'avoir trouvé la cause de ce qui n'est point...
>
> Fontenelle[1], *L'Histoire des Oracles*, 1687

1. Introduction : définitions de l'économie

Comme le recommande Fontenelle, assurons-nous bien du fait que nous nous proposons d'examiner et, pour ce faire, commençons par le décrire. Le Robert en donne les définitions suivantes, en montrant bien qu'elles varient selon les époques :

Anciennement : « Art de bien administrer une maison, de gérer les biens d'un particulier (économie privée, domestique), ou de l'État (économie publique, politique) »,

Époque des Lumières : « Économie politique, science qui a pour objet la connaissance des phénomènes concernant la production, la distribution, la consommation des richesses, des biens matériels dans la société humaine »,

Début du XXe siècle : « Activité, vie économique ; ensemble des faits relatifs à la production, à la distribution et à la consommation des richesses dans une collectivité humaine ».

Au début du XXe siècle, Wikipédia se veut plus complet : « L'*économie*, ou l'activité économique (du grec ancien οἰκονομία/*oikonomía* : « administration d'un foyer », créé à partir de οἶκος/*oîkos* : « maison », dans le sens de patrimoine, et νόμος/*nómos* : « loi, coutume ») est l'ac-

---

[1] Bernard Le Bouyer de Fontenelle (1657-1757), mathématicien, écrivain, philosophe, membre de l'Académie française et de l'Académie des sciences.

tivité humaine qui consiste en la production, la distribution, l'échange et la consommation de biens et services. L'économie est étudiée par les sciences économiques qui prennent appui sur des théories économiques. On parle également de l'économie comme de la situation économique d'un pays ou d'une zone, c'est-à-dire de sa position conjoncturelle (par rapport aux cycles économiques) ou structurelle. Un des principaux indicateurs est le produit intérieur brut (PIB), qui permet des comparaisons de puissance économique entre pays ».

Nous voilà prévenus du *contexte actuel*, que nous allons contester partiellement parce qu'il est inadapté aux conditions réelles de la vie des humains (mais pas rien que d'eux) sur la planète Terre et qu'il l'a largement montré. À l'ère de la mondialisation, de la globalisation, la *maison, dans le sens de patrimoine*, la maison n'est-elle pas la Terre toute entière ? L'économie est-elle comme on le pensait avant les Lumières *un art* ou est-elle devenue *une science prenant appui sur des théories économiques* ? Ces théories sont-elles fondées ou sont-elles tombées dans le *scientisme* ? À moins qu'elles ne soient tombées dans le mensonge[2] ?

Avant d'examiner ces questions concernant l'économie, il faut constater que cette dernière a pris une place tellement importante dans les discours, les écrits et la circulation des informations qu'il faut à tout prix recommencer par faire la distinction entre différentes manières d'utiliser le terme « économie » :

- Par rapport à une certaine conception de *l'économique* qui veut que l'économique soit piloté et contrôlé par le politique, le politique a démissionné. La *polis* ou politique devrait s'occuper de dire la manière de vivre dans la cité ou la *maison* ; la maison toute entière est constituée aujourd'hui de la planète et de tous ses occupants, vivants ou non ; le manque de confiance dans le personnel politique ne repose pas seulement sur l'absence de morale et de sincérité attribuée au personnel politique ; il est aussi reproché à ce personnel politique son manque flagrant d'idée novatrice et salvatrice.
- La science économique devrait couvrir l'ensemble des constats et modèles connus et reconnus pour avoir une valeur de prédictibilité et donc de vérité stable dans le temps ; or on peut douter de ce que la ou les sciences économiques puissent prétendre aujourd'hui jouer encore ce rôle à cause de tous les mensonges qu'elles

2 Galbraith, J. K., « J'en ai conclu que la réalité est bien plus brouillée par les inclinations sociales ou individuelles, ou par les intérêts financiers de tel ou tel groupe, dans le domaine économique ou politique que dans tout autre domaine », extrait de l'introduction de *Les mensonges de l'économie*, Paris, Grasset, 2004, p. 9.

entretiennent, faute de preuves ou de garantie quant à la prédictibilité et à la reproductibilité des théories, faute de prise en compte des conditions variables en fonction du lieu et du temps dans lesquelles elles devraient s'appliquer.

- Les experts, gourous ou conseillers économiques se présentent comme des hommes de science ; les médias leur donnent la parole et les responsables politiques les écoutent. Ils devraient en réalité être considérés plus comme des « grands prêtres » d'une nouvelle religion, délivrant des oracles que comme des hommes de science, s'interrogeant sur la pertinence de leurs recommandations et doués d'un esprit critique. Cette nouvelle religion semble remplacer les religions antérieures à bien des égards, et ses « grands prêtres » exercent une influence sur les décideurs politiques au-delà de ce qu'il devrait être permis en vertu d'une conception éthique telle que définie au chapitre premier.

Une partie du travail consistera donc à analyser les dérives de l'économie, de rechercher des exemples de prétentions excessives et voire mensongères dans ses prédictions et donc dénoncer l'utilisation pour gouverner et appliquer les théories de la « science économique » à la gestion de la vie des hommes et de la planète.

Nous examinerons successivement :

Certaines réserves quant à l'« universalisant » du principe de proportionnalité,

1. L'immoralité de la transformation de l'économie en spéculation et les détournements de richesses,
2. La culture du consommateur compulsif,
3. La pertinence de la référence au marché pour la fixation des prix,
4. Les pratiques de distorsion de concurrence et de détournement des richesses par les multinationales,
5. L'utilisation des paradis fiscaux et juridiques par les banques et la finance en général,
6. La prise en compte du hasard dans l'évaluation des risques et son effet sur les prédictions des risques et sur la formation des prix,
7. La dégradation de la valeur par dissipation et la notion de « *dis-valeur* » entropique qui y est liée,
8. Les défauts du calcul de la croissance par le PIB/PNB, et les pistes vers d'autres indicateurs de progrès dans le sens du bien-être,
9. La rationalité, l'irrationalité des décisions et des choix ainsi que le principe de précaution,

10. Les conclusions quant à la situation actuelle,
11. Les propositions de régulation en vue de diminuer les risques éthiques : la *cybernéthique*.

En tenant compte de la quête de spiritualité propre à l'espèce humaine, de sa représentation du monde et de l'état des connaissances, il existe des pistes éthiques pour la poursuite de l'européisation des citoyens européens. Et il serait temps de ré-enchanter le monde à partir de celles-ci.

2. Éthique et universalité

2.1. Éthique et proportionnalité

L'*universalisation* éthique vise ce qui est vrai dans la durée et dans l'ensemble de la réalité, sans acception de personne, sans restriction de l'horizon à quelque personne que ce soit. Toutefois, nous aimerions émettre trois remarques ou précisions à la prétention d'universalité éthique telle que définie dans le chapitre 1 :

- *Le point de vue ontologique* : selon les connaissances anthropologiques actuelles, on peut identifier quatre ontologies, chacune organisée en fonction des continuités et des discontinuités que les groupes humains identifient entre eux et les autres existants. Ces quatre ontologies sont : les congénères, les organismes vivants, les artefacts et la matière non vivante. Elles se distinguent tant sur le plan physique que sur le plan moral. L'ontologie naturaliste occidentale fait partie de l'ontologie des congénères. Cela ne signifie pas pour autant qu'elle ait une valeur universelle pour tous les humains, cela signifie simplement que son universalité peut être admise au sein du monde occidental.
- *La croyance en Dieu* : la référence à une morale faisant référence à Dieu n'est pas indispensable, c'est ce qui a déjà été écrit dans le chapitre 1.
- La position des athées et des agnostiques peut très bien être définie d'une manière éthique sans référence à Dieu. L'athéisme n'est pas le contraire de la religion. « Religion » vient de *religare* qui en latin signifie relier, l'athéisme est ce qui relie les hommes entre eux sans les relier à Dieu. Le triomphe de l'individualisme n'a rien à voir avec l'athéisme. C'est une pure et simple dissolution du lien social. Cultiver indéfiniment la sphère privée conduit à l'absence de lien, à l'incapacité de communier en quoi que ce soit. L'individualisme fait de très bons consommateurs, mais l'absence de liens sociaux et de communion pourrait conduire à la fin de la civilisation. La spiritualité est une question individuelle

qui se définit par un individu et pour lui-même dans ses relations à soi, aux autres et au monde, c'est-à-dire à la biogée. La morale est structurée, intérieurement et individuellement, par l'opposition entre le bien et le mal, par l'équilibre entre le devoir et l'interdit. La morale, bien qu'individuelle, est originellement historique et culturelle, et donc aussi relative. Il n'en demeure pas moins qu'elle fonctionne subjectivement comme un absolu : moralement, il y a ce que je crois devoir faire et ne pas faire. Bien que les deux mots éthique et morale soient souvent interchangeables, on peut considérer que la morale dicte ce que l'on doit faire individuellement par devoir et l'éthique ce que l'on fait par amour ou par altérité. L'éthique est donc une question collective (d'intersubjectivité) qui concerne l'ensemble des humains et qui dans la vision ontologique occidentale (ontologie naturaliste) suppose que seuls les humains ont une vie intérieure, une spiritualité. Les Lumières ont introduit la rationalité dans la représentation du monde dont un des corollaires a été la laïcisation de la vie sociale et la séparation entre les Églises et les États. Un autre a été le désenchantement du monde par une hyperrationalisation de la science et des techniques (ou technologies) conduisant à des dérives éthiques graves telles que l'utilisation de l'Ypérite ou gaz moutarde pendant la Première Guerre mondiale, du Zyclon B par les scientifiques allemands dans les chambres à gaz, telles que l'utilisation des bombes atomiques à Hiroshima et à Nagasaki, et bien d'autres applications techniques à partir des sciences. Ces applications sont de graves atteintes à l'éthique, indépendamment de toute croyance en Dieu ou non.

- *La prise en compte des possibles torts causés aux générations futures et à l'avenir de la planète* : l'avenir est par essence imprévisible, en dépit de toutes les prétentions de le probabiliser. La prise en compte de toutes les composantes du hasard et des évolutions, y compris les bifurcations et les accidents cosmiques, nous oblige à considérer qu'une partie du hasard est chaotique (nous y reviendrons ultérieurement) et qu'il est nécessaire de décréter la fin des certitudes et donc tout pari qui nous permettrait d'appliquer à la lettre le principe de proportionnalité tel que défini dans le chapitre 1.

Moyennant ces remarques et précisions, on peut admettre que le critère universel de l'éthique est le « *principe de proportionnalité* ».

2.2. Éthique et libéralisme

Le libéralisme est-il une « pensée », une « doctrine » ou une « idéologie » ?

La Révolution française a proclamé que tous les hommes naissent libres et égaux en droits. Dans l'esprit de la Révolution française, le principe de liberté est donc fondamental, il est le premier droit fondamental. La liberté serait donc un droit naturel qui préexisterait à l'institution sociale. La liberté est aussi le premier socle de la démocratie dans l'esprit de la Révolution française. La « liberté-autonomie » est la faculté de l'homme de disposer de soi-même. La « liberté-civique ». La liberté du citoyen dans la cité suppose que le citoyen se soumette aux obligations collectives et légales.

Dans l'esprit de Tocqueville et des pères fondateurs de la Constitution américaine, pour qu'il y ait démocratie, il faut qu'il y ait préalablement, l'affirmation de l'individualisme, qui rend possible le libéralisme. Le « libéralisme économique » est avant tout une volonté de faire, une volonté d'entreprendre. Il fait confiance à l'économie de marché, la propriété privée et le profit.

L'individualisation à outrance fait de très bons consommateurs, elle conduit à une massification, à une standardisation des esprits, a des conflits au sein de la société entre l'individu et le citoyen, le peuple et la Nation.

Une société démocratique se nourrit de la diversité des morales, religions, philosophies, parfois opposées et irréconciliables. La démocratie est après tout une « pluralité d'opinions et de doctrines incompatibles ».

Le libéralisme économique est tout sauf une pratique généreuse et partageuse. Le « toujours moins de règles » génère l'ordre des plus forts. Il fait perdre à l'homme le « sens de l'être » pour lui inculquer le « sens de l'avoir », en conséquence de quoi, on assiste à ce qu'Ulrich Beck appelle « l'individualisation de l'inégalité sociale ».

Tous les représentants politiques se réclament de la liberté, parfois du libéralisme, sans préciser s'il s'agit de la liberté morale ou de la liberté économique. Si nous interprétons leurs discours, on pourrait schématiquement les classer, comme ils se définissent eux-mêmes entre gauche et droite, en constatant en gros que la gauche est favorable à un libéralisme moral et à un interventionnisme économique, et que la droite est favorable à un conservatisme moral et à un libéralisme économique.

Mais est-ce réellement aussi schématique si nous considérons que la morale est structurée, intérieurement et individuellement, par l'opposition entre le bien et le mal, par l'équilibre entre le devoir et l'interdit, que l'éthique est une question collective (d'intersubjectivité) qui concerne l'ensemble des humains, et que le « *principe de proportionnalité* » puisse servir de guide ? Doit-on encore opposer la gauche et la droite d'une manière traditionnelle dans un monde de plus en plus complexe ?

2.3. Quelle place pour l'éthique dans l'économie ?

Dans la configuration politique de l'Union européenne située « au-delà de l'État nation », le monde étant maintenant « globalisé », les communautés se retrouvent dans un état de tension politique et morale dû à l'élargissement considérable du fossé entre les pauvres et les riches. Mais l'humanité et ses communautés se trouvent aussi confrontées à l'érosion croissante de la biosphère, à la pollution de l'eau, de l'air et des sols (sans compter leur épuisement par l'agriculture intensive), ce qui transforme « l'humanité » en une communauté d'intérêts écologiques.

Le dialogue entre ces communautés d'intérêts devrait donner jour à une nouvelle conception tenant compte des conséquences à long terme, tenant compte de la transmission aux générations futures. L'économie, qui a la croissance pour objectif, est directement responsable des dégâts sociaux et environnementaux. Les principaux évènements semblent avoir échappé à ceux qui détenaient jusqu'ici le pouvoir d'agir. Les problèmes d'aujourd'hui ne correspondent plus à ceux qui se posaient hier et ceux qui les résolvaient hier n'ont pas les compétences nécessaires pour les résoudre et encore moins pour résoudre les problèmes qui se poseront demain. La conception de l'économie basée sur le marché et la croissance est largement dépassée. Une construction immunologique (dans le sens de la prévention et de la protection) de l'identité politico-ethnique du citoyen européen s'est mise en mouvement. Cette construction dépasse largement le cadre de l'État, qui a su construire en son temps l'État-providence. Il faut maintenant concevoir une Union-providence immunologique qui élimine le folklore politique des frontières, et qui prenne en compte l'interdépendance, reconnaisse les biens communs mondiaux et construise des droits collectifs.

Si on pose la question préjudicielle de l'ensemble des humains et du monde comme base de l'éthique et que l'on considère les sciences de la vie et de la terre, on doit bien constater que la société d'une Union-providence oublie la biogée, qui comprend le monde et les humains. Or les humains peuvent parler mais ils doivent aussi parler dans le cadre de cette biogée à laquelle ils appartiennent, et en fonction de leurs connaissances.

Si le projet d'européisation doit être un projet éthique (voir le chapitre 1 : le principe de proportionnalité) relevant à la fois de l'ontologie et de l'épistémologie, quelle place donner et comment comprendre l'*économie* en l'intégrant à la fois dans l'essence de l'humain (Hominescence) et du biotope du vivant (biogée) ?

Fontenelle nous interpelle au sujet d'une *méthode lente* qui ne devrait pas courir à la *cause*, mais qui, sans doute, devrait adopter en toutes choses une analyse *systémique* tenant compte de la multiplicité des facteurs ou variables et de leur interdépendance. L'interdépendance globale est de plus en plus compréhensible, mais les mécanismes de fonctionnement de la globalisation restent incompréhensibles et l'absence de *gouvernance*, le laisser-faire reste la règle.

Dans les *institutions*, l'inertie est encore plus forte que dans les *sociétés qui souffrent*. Les ONG ont montré combien les *institutions* sont peu capables de faire *ce qu'il faut* : par exemple, des fondements simples et intelligibles sous la forme d'un acte constitutif ou au moins un traité adapté aux réalités d'aujourd'hui.

La *représentation* politique est de plus en plus déphasée par rapport à une *représentation sociale participative* plus consciente de son vécu et de son sort probable que ne le sont les *représentants élus*. Les *représentants élus* donnent l'impression de ne viser que leur réélection, de raisonner à court terme plutôt que de rechercher des solutions à long terme. Si tel est le cas, ils risquent un retour de bâton, soit sous la forme d'une alternance motivée par la recherche d'*autre chose* que ce qui est actuellement proposé, ou d'une *montée de l'autoritarisme populiste* à caractère néo-fasciste qui est déjà présent à l'état latent dans plusieurs pays européens.

Que reste-t-il de la démocratie dans cette optique ?

Des questions essentielles se posent quant à la conception de l'*économie*. Doit-elle être libérale (telle que conçue par l'école de Chicago) ou l'économie doit-elle être régulée pour satisfaire aux exigences du projet éthique ? Comment réagir par rapport à la transformation immorale de l'économie en spéculation financière avec des détournements de richesses au profit d'un très petit nombre ? Constatant l'utilisation des paradis fiscaux et juridiques par les banques et la finance internationale, quels moyens a l'Union pour lutter contre cette évasion de capitaux ? Que disent les traités à ce propos ?

Les traités se réfèrent à la libre concurrence sur les marchés. Or on constate des pratiques de distorsion de concurrence et de détournement des richesses par les multinationales. Le prix de transfert interne aux multinationales est-il un prix de marché ? Le marché est-il pertinent pour la fixation des prix ? Le consommateur compulsif est-il capable d'évaluer la valeur des biens à partir des prix du marché ?

Quelle est la situation de l'Union européenne aujourd'hui, alors que le Traité de Lisbonne vient d'être ratifié par tous les États membres et que la crise financière et économique change les conditions dans lesquelles le traité a été conçu et négocié ?

Les théories économiques prétendent faire des prévisions, avoir une certaine prédictibilité. Quelle est la réelle prise en compte du hasard dans l'évaluation des risques et son effet sur les prédictions des risques et sur la formation des prix ? Quelle est la prise en compte de la dégradation de la valeur par dissipation ? Quelle est la prise en compte de la notion entropique qui est liée à cette dissipation ? Les défauts du PIB/PNB, du calcul de la croissance qui y est lié, sont bien connus. Quelles sont les pistes vers d'autres indicateurs de progrès dans le sens du bien-être ? Certaines théories économiques supposent la rationalité des choix et des décisions. Que faire de l'irrationalité des décisions et des choix que l'on constate tous les jours ? Comment appliquer le principe de précaution ?

Voilà les questions que nous allons brièvement examiner, sans prétention d'exhaustivité, mais en mettant l'éclairage sur certains faits qui méritent un débat vraiment approfondi.

3. L'économie aujourd'hui

3.1. Quelle place pour l'homme sur la Terre entière ?

D'après Philippe Descola[3], bien que les relations entre humains l'emportent sur toutes autres relations. Elles ne sont pas égales, ni nécessairement symétriques.

S'il y a relation de similitude, c'est-à-dire entre termes équivalents, la relation peut être :

- symétrique, on parle alors d'échange,
- à asymétrie négative, on parle alors de prédation,
- à asymétrie positive, et on parle de don.

S'il y a relation de connexité, c'est-à-dire entre termes non équivalents, la relation peut être :

- génétique, on parle de production,
- spatiale, on parle de protection (contre le risque),
- temporelle, et on parle de transmission (de patrimoine ou de connaissance, par exemple).

La place de l'homme dépend de sa représentation, de son rôle et de celui de la nature. Les ontologies guident nos inférences, à nous les humains, quant à la nature des choses. Le monde au sein duquel les

---

[3] Descola, Ph., *Par-delà nature et culture*, Paris, Gallimard, 2005. Je renvoie à la lecture de cet ouvrage pour plus de détails.

existants peuvent vivre n'est pas illimité, alors que les humains agissent parfois comme si ce monde était illimité. Tenant compte des connaissances anthropologiques actuelles, Philippe Descola distingue quatre ontologies, chacune organisée en fonction des continuités et des discontinuités que les groupes humains identifient entre eux et les autres existants. Dans la vision *naturaliste occidentale*, la différence est faite entre les relations entre l'homme et l'homme (relations entre termes équivalents), et celles entre l'homme et le non-humain (relations entre termes non équivalents), c'est-à-dire la nature (animaux, végétaux et choses inanimées). Les relations entre humains l'emportent sur toutes les autres relations. Nous nous préoccupons peu des relations avec la nature, c'est pourquoi nous nous permettons de la dégrader allègrement, qu'il s'agisse des animaux, des plantes ou de la matière inerte. Nous devrions repenser toutes nos relations en fonction des déséquilibres que nous créons pour les autres espèces sans nous apercevoir qu'elles ont ou auront des conséquences pour les humains. Pour nous occidentaux, seuls les humains possèdent une intériorité – un esprit, une intentionnalité, une capacité de raisonnement. Les non-humains répondent à des lois prévisibles et à portée universelle. Ce qui relève de la société et de la culture, les conventions humaines dans toute leur diversité instituée, sont régies par une capacité de discernement rationnel, d'activité symbolique et de vie sociale.

Cela ne signifie pas pour autant que l'ontologie naturaliste occidentale ait une valeur universelle, ni que les diversités sociales et culturelles instituées aient elles non plus une valeur universelle ; mais cette ontologie a des conséquences sur les développements possibles et l'avenir de la planète. Le développement sans précédent des sciences et des techniques, qui est associé à cette vision naturaliste, a parfois des conséquences néfastes tant sur le plan social que sur le plan environnemental.

De même pour la société de marché qui fonctionne par l'échange et la prédation, pas par don. Elle ignore ce type d'échange dans sa *comptabilité*, comme elle ignore tous les échanges illicites (les échanges mafieux par exemple), non répertoriés par les procédures *normales* dans le cadre des règles *de droit*. Le malheur veut que l'*état de droit* ne s'applique qu'à une partie seulement des activités humaines. Les activités économiques qui permettent la prédation, les atteintes à la dignité humaine sont contraires à la Charte des droits fondamentaux, mais néanmoins elles sont tolérées.

L'analyse des relations entre les hommes dans les sociétés humaines nous informe énormément sur leur nature et la manière dont ces sociétés traitent la dignité humaine : l'évolution du coefficient de Gini[4] dans les différents pays montre que l'écart de richesse entre les plus riches et les plus pauvres augmente lors de déréglementations. Aux États-Unis et au Royaume-Uni, les déréglementations sont plus nombreuses qu'ailleurs, les écarts entre les plus riches et les plus pauvres aussi.

En ce qui concerne les relations de connexité, c'est-à-dire en termes non équivalents, la société de marché ne s'occupe que de la production de biens et de services marchands, permettant une relation de similitude asymétrique négative, mais d'une manière restrictive. Dans une économie libérale, les relations entre êtres humains ne se font plus entre équivalents, parce que les hommes ne sont plus égaux. La symétrie qui aurait permis un échange équitable n'existe plus. Le libéralisme économique a permis l'émergence de forts et de faibles, les échanges se font selon une asymétrie négative : que l'on pourrait appeler exploitation ou prédation.

Pour lutter contre la prédation exercée par l'activité économique, il faut introduire la protection des humains les plus faibles dans les relations de connexité spatiale, c'est ce qui était prévu partiellement par l'État providence pour rectifier les situations d'inégalité. L'économie libérale de marché a fait voler en éclat les systèmes de protection mis en place après la Seconde Guerre mondiale. Aujourd'hui, dans l'Union européenne et en vertu des traités, les États n'arrivent plus à maintenir cette protection. Il faudrait que les protections soient garanties au niveau de l'Union ou que les traités prévoient une harmonisation des assiettes fiscales et des systèmes de protection sociale.

Si l'on s'intéresse aux relations de connexité temporelles (nous parlons ici de transmission de patrimoine ou de connaissances par exemple), les modèles anthropologiques des structures familiales sont très différents et ont influencé le fonctionnement des sociétés. Dans certaines traditions françaises, le partage se faisait en vertu d'un égalitarisme familial sans concession. La famille anglaise n'était pas tenue par une norme égalitaire dans la transmission du patrimoine (héritage) : ils distribuaient leurs biens comme ils l'entendaient. Le modèle familial nucléaire absolu anglais est libéral, non égalitaire, économique et domine dans le monde anglo-saxon. Il s'étend même au système de transmission de la connaissance : les systèmes éducatifs sont marchandisés et fabriquent des oligarchies.

---

4 Le *coefficient de Gini* est une mesure du degré d'inégalité de la distribution des revenus dans une société donnée, il est un nombre variant de 0 à 1, où 0 signifie l'égalité parfaite (tout le monde a le même revenu) et 1 signifie l'inégalité totale (une personne a tout le revenu, les autres n'ont rien).

L'Angleterre a subi l'influence philosophique de Hobbes[5]. Sa théorie « contractualiste » est basée sur une logique de la liberté individuelle, qui ne vise naturellement que l'intérêt propre, mais qui peut se transformer par la convergence et la réciprocité des volontés qui se reconnaissent comme mutuellement nécessaires, pour défendre l'intérêt commun.

Le contrat implique la reconnaissance d'un pouvoir suprême (soit une personne seule, soit une ou plusieurs assemblées de plusieurs personnes), quitte à prévoir une séparation des pouvoirs (exécutif, législatif, judiciaire). C'est ce que Hobbes voulait. Mais tout dépend du type d'institution que le pouvoir suprême choisira. Le système de Hobbes devient presque automatiquement oligarchique. À partir de la fin du XVIIe siècle, l'Angleterre invente l'oligarchie d'alternance politique dominée par les élites produites par le modèle inégalitaire. Les oligarchies d'alternance politique dominent le monde anglo-saxon.

L'économie marchande (économie où tout bien ou tout service est marchandisé) est entrée dans un cadre névrotique où la prédation, la perversion, la dépression et l'addiction prédominent.

Les économies sont malades parce qu'elles sont largement basées sur des *valeurs* contradictoires et sur de fausses méthodes de mesure et d'évaluation. La recherche de la croissance à tout prix et la manière dont cette *croissance* est calculée sont contraires (nous le montrerons plus tard) à une éthique de l'humain, c'est-à-dire une éthique de l'esprit et du vivant (c'est précisément cela le principe de proportionnalité). La croissance comme seul critère exclut aussi les asymétries positives, tant dans la relation de similitude (le don n'est pas comptabilisé) que dans la relation de connexité (nous savons de moins en moins gérer le temporel, la transmission, l'éducation et l'intergénérationnel). La pression exercée par l'économie sur le temps se fait en premier lieu sur la transmission de l'information et sur la fabrication des modules (journaux télévisés, journaux parlés, articles dans la presse, etc.) d'émission d'informations qui distraient la majorité des individus de l'analyse et de la contextualisation des événements. Nous vivons dans la dictature du présent fuyant et se renouvelant de jour en jour quand ce n'est pas d'heure en heure ou plus rapidement encore[6].

L'éthique, comme elle n'est ni anthropocentrique ni liée seulement au temps présent, doit tenir compte aussi du temps des générations passées et futures.

---

5 Pour qui l'état de « nature » de l'homme est la guerre de tous contre tous. Pour éviter cet état de « nature », il faudrait passer un « contrat » dans lequel tous les hommes transfèrent leur droit naturel à une autorité. Ainsi, le pouvoir politique concentrera en lui tous les droits qui, à l'état de nature, étaient répartis dans la multitude.

6 Laïdi, Z., *Le sacre du présent*, Paris, Flammarion, 2000.

Si on pose la question préjudicielle par rapport aux générations futures que l'on considère les sciences de la vie et de la terre, on doit bien constater que le « tout de la société » oublie la biogée[7], qui comprend le monde et les humains. Or les humains peuvent parler mais ils doivent aussi parler pour la biogée, en fonction de leurs connaissances. Il y a comme l'écrit Michel Serres[8] : une « autre coupure historique décisive que cet affrontement historique du savoir et de l'éthique. La philosophie se doit de méditer, à nouveaux frais, sur ces conflits, fort inattendus, entre la science et le droit, entre le bien commun et la vérité ».

La prise en compte par certains écologistes de notre responsabilité par rapport aux générations futures est à l'évidence une prise de conscience éthique dans la mesure où elle tient compte de la destruction de ressources existantes sur la planète Terre, fossiles en général, qui sont consommées à jamais et ne sont absolument pas renouvelables contrairement à ce que prétendent les défenseurs d'une forme vicieuse du « développement durable ». En effet, la durabilité est impossible, dès lors que l'on consomme des ressources fossiles qui ont été constituées par une évolution qui se mesure en milliers d'années, sinon en milliards d'années. La supercherie du développement durable est d'une évidence telle que le débat devrait être clos avant même d'avoir commencé. Ce savoir de l'impossibilité de mise en œuvre d'un développement durable basé sur la consommation des ressources fossiles est évident, néanmoins nous savons qu'une durabilité est possible si nous arrivons à consommer l'énergie gratuite qui nous vient de l'univers et en particulier celle qui nous vient du soleil. Ce savoir, nous l'avons, mais nous ne sommes pas encore capables de le traduire en décisions politiques et par conséquent en décisions technologiques et économiques. Les générations futures pourront éventuellement le faire, en transformant ce savoir en décisions de bon sens.

En effet, le savoir, celui des sciences de la vie et de la terre, qui est actuellement le nôtre, ne saurait préjuger du savoir des générations futures. Mais l'éthique nous impose la responsabilité de préserver l'avenir de l'humanité et du monde et, de ce fait, de prendre de la distance par rapport aux intérêts économiques qui iraient à l'encontre de cet avenir.

3.2. L'économie et la chrématistique

Pour les grecs et en particulier pour Aristote, l'économie était la conduite du bien-être de la maison (communauté). La chrématistique est l'accumulation de la monnaie pour la monnaie, c'est-à-dire la poursuite

---

[7] Voir sa définition dans l'introduction.

[8] Serres, M., *Temps des crises*, Paris, Le Pommier, 2009, p. 71.

de la production (relation de connexité génétique) et de l'accaparement de richesses pour elles-mêmes (prédation ou relation de similitude asymétrique négative).

La pratique chrématistique consiste à défendre le point de vue financier, c'est-à-dire la recherche de la maximalisation de la rentabilité financière avant toutes choses, dont les êtres humains (relations de similitude asymétrique négative de prédation) et l'environnement (relation de connexité génétique entre inégaux). Le point de vue financier est encore amplifié par la spéculation sur les valeurs boursières, d'abord les actions, mais ensuite tous les produits dérivés tels que *hedge funds*, *private equities*, *futures*, *swaps*, etc. qui confondent les relations de connexité génétique et celles de connexité temporelle. C'est ce point de vue financier qui a provoqué la crise de 2008-2009. La pratique de la chrématistique dérègle complètement l'activité économique productive : les montants avec lesquels les milieux financiers spéculent représentent, selon les sources, plusieurs dizaines de fois le montant du produit intérieur brut mondial. *La chrématistique est le cancer de l'économie réelle.*

Aristote est considéré à juste titre comme un des plus grands penseurs de l'humanité ; il n'était pas économiste. Pour lui, l'économique est distinct de l'éthique et de la politique, sans être pour autant indépendant de ces autres dimensions de l'activité humaine. Aristote fait la différence entre l'économique et la chrématistique. Il condamne l'accumulation sans fin de biens et de moyens comme l'argent lorsqu'ils ne servent pas à sustenter la vie humaine, dont les besoins sont limités. Aristote redoutait que l'argent n'en vienne à détruire la société en la pourrissant de l'intérieur, et que la généralisation de la production en vue du gain, le triomphe de l'ordre marchand, du commerce lucratif et de l'argent, finisse par provoquer le divorce entre l'économique et le social.

Après la crise de 1929, Franklin D. Roosevelt a changé les règles de l'économie, d'une part pour les rendre efficaces sur le plan systémique, et d'autre part sur le plan éthique. Il a en effet introduit des contrôles et des règles prudentielles qui ont eu un effet de rétroaction négative ou *feedback* négatif, c'est-à-dire qui ramenait le système vers un équilibre dynamique par opposition à l'équilibre statique, car l'équilibre statique n'existera jamais étant donné qu'on ne peut pas arrêter le temps. Aucun système n'est jamais que très temporairement en équilibre, sauf s'il se trouve au zéro absolu, mais au zéro absolu, il n'y a pas de vie, donc pas d'activité vivante)[9].

La crise résultant des *sub-primes* américaines est la plus parfaite illustration de ce que la chrématistique est une maladie cancéreuse qui

9 Nous développerons cette question dans la suite du chapitre.

demande une intervention chirurgicale pour effectuer l'ablation des tumeurs développées à partir de la suspension de la convertibilité du dollar en or[10] et aggravées depuis les dérégulations introduites à l'époque Reagan-Thatcher.

3.2.1. La confusion des métiers de la banque[11]

3.2.1.1. Contexte historique

La crise boursière d'octobre 1929 a provoqué nombre de paniques chez les déposants qui, à tort ou à raison, craignaient que la banque de dépôt où ils avaient leur compte ait essuyé de lourdes pertes spéculatives sur le marché des actions. Comme l'industrie bancaire était alors très morcelée, ces paniques et les retraits massifs qui en découlaient ont finalement causé des milliers de faillites bancaires en chaîne. Schématiquement, deux grandes options s'offraient alors au législateur :

- forcer une concentration des banques en quelques grands groupes solides et diversifiés ;
- ou au contraire, organiser la protection de l'industrie bancaire en l'état, en la laissant morcelée.

Le contexte politique va trancher assez vite. En 1933, un jeune procureur, conseiller auprès de la Commission des Affaires monétaires et Finances du Sénat américain, Ferdinand Pecora, conduit devant ladite Commission des auditions très violentes et spectaculaires de dirigeants de banques sur leur rôle détestable dans le krach. Il fait enfin basculer l'opinion en faveur d'une limitation du rôle des banques.

Glass-Steagall Act est le nom sous lequel est généralement connu le *Banking Act* de 1933 aux États-Unis. Celui-ci a :

- instauré une incompatibilité entre les métiers de banque de dépôt et de banque d'investissement ;
- créé le système fédéral d'assurance des dépôts bancaires ;
- introduit le plafonnement des taux d'intérêt sur les dépôts bancaires (la Régulation Q).

Les banques existantes doivent choisir d'abandonner l'un des deux métiers.

Battu en brèche depuis le milieu des années 1970 et largement contourné par l'ensemble de la profession bancaire.

---

10 Le 15 août 1971, Richard Nixon, président des États-Unis, suspend la convertibilité du dollar en or, le dollar flotte. Il y a désaccord au sein du Conseil du Marché commun sur les mesures à prendre.

11 À partir de Wikipédia.

3.2.1.2. Les conséquences structurelles

J.P. Morgan choisit la banque commerciale, mais des dirigeants mécontents de ce choix quittent l'établissement et fondent la banque d'investissement Morgan Stanley. Lehman Brothers ferme ses activités bancaires, ne restant qu'une maison de titres, tandis que Chase et City toutes deux abandonnent les marchés financiers. Le paysage bancaire américain va donc se polariser et cette législation va en fait faire émerger des banques d'investissement de très grande taille mais qui n'ont pas la surface financière que donnerait leur adossement à une grande banque de dépôts.

Par ailleurs, il a contribué à limiter *de facto* la taille des groupes bancaires américains. Malgré la taille de l'économie américaine, jusqu'à la fin du XXe siècle, les plus grandes banques de la planète seront, sans efforts particuliers, japonaises ou européennes.

3.2.1.3. Remise en cause pour « inadaptation à la croissance des marchés financiers »

Or les marchés financiers vont connaître un développement spectaculaire à la suite de l'adoption du système des changes flottants en mars 1973, de la suppression des commissions fixes sur les valeurs mobilières aux États-Unis le 1er mai (Mayday, en anglais) 1975, et des forts mouvements de taux d'intérêt décidés en 1979 par la banque centrale américaine (FED) pour éradiquer l'inflation.

Ces évolutions fragilisent le *Glass-Steagall Act* et le privent de pertinence. Tandis que les banques commerciales, via certains artifices comptables et juridiques, et surtout via la création de filiales à l'étranger, en particulier à Londres, participent pleinement à la croissance des marchés financiers, les banques d'investissement se trouvent, elles, de plus en plus sous-capitalisées. Tout cela fragilise donc le système financier. Par ailleurs, il le délocalise et redonne vie à la City de Londres, dont il fait durablement la première place financière du monde.

La banque centrale américaine va tenter plusieurs fois d'assouplir le système à partir de 1986, mais ce n'est que devant le lobby réclamant la légalisation de la fusion géante entre *City* et *Travellers* que le Sénat américain se résoudra à abolir ce dernier « *vestige des années trente* ». Il a finalement été abrogé le 12 novembre 1999 par le *Financial Services Modernization Act*, dit *Gramm-Leach-Bliley Act*, juste à temps pour permettre la fusion constitutive de *Citigroup*.

20 années plus tard, le système financier est en miettes.

3.2.1.4. Le rôle des banques dans la crise

Les conclusions sont claires :

- le marché est devenu incapable de réguler depuis l'abrogation du *Glass-Steagall Act* et la concurrence a produit la catastrophe par amplification du risque systémique,
- les États, s'ils ne peuvent pas nationaliser ou ne doivent pas nationaliser, doivent s'entendre pour réguler et séparer à nouveau les deux métiers de la banque,
- la concurrence n'existera plus, ou éventuellement entre États ; nous vivrons avec des oligopoles mixtes banques-États, les banques feront des profits, encore faudra-t-il que les États les taxent à un niveau suffisant,
- la régulation devra se faire par la mise en place d'une boucle de rétroaction négative[12] (qui freine les écarts trop grands et trop violents) puisque « le marché et la libre concurrence » introduisent des boucles de rétroaction positive qui expliquent les phénomènes et qui mettent les banques elles-mêmes en danger, et avec elles tout le système. Nous y reviendrons.

Dans le quotidien *Le Monde* du 26/11/2008, Nicolas Baverez[13], économiste et historien écrit :

> Les banques sont au cœur de la crise qui bouleverse le capitalisme mondialisé. Elles furent à l'origine de la bulle spéculative qui s'est constituée autour du crédit, puis le vecteur de la violente contraction de la liquidité, qui menace de se transformer en déflation. À l'âge de la mondialisation, la matérialisation du risque systémique que les banques font peser sur le capitalisme entraîne des coûts gigantesques : 700 milliards de dépréciation, une violente récession, et des millions de chômeurs dans le monde développé, sans oublier la banqueroute de pays comme l'Islande, dont la dette est sept fois supérieure à son PIB. Dans le même temps, les États ont mobilisé plus de 1 000 milliards de dollars aux États-Unis et près de 1 900 milliards d'euros

---

12 La *rétroaction* (on utilise aussi couramment le terme anglais *feedback*), est, au sens large, l'action *en retour* d'un effet sur le dispositif qui lui a donné naissance, et donc, ainsi, sur elle-même. C'est-à-dire que la valeur de sortie (à un moment antérieure) fait partie des éléments de la commande du dispositif. Les rétroactions sont très importantes dans de nombreux domaines :

- une *rétroaction positive* amplifie le phénomène,
- une *rétroaction négative* le réduit, provoque un amortissement,
- la rétroaction peut avoir un effet variable (la rétroaction est parfois positive, parfois négative) selon les conditions et notamment selon le délai de transmission (paramètre important) et l'inertie du système, ce qui induit des effets très variés (cycle, comportement chaotique, etc.).

13 Nicolas Baverez, économiste et historien, est un chroniqueur régulier dans les suppléments « Économie » du quotidien *Le Monde*.

> en Europe pour éviter le défaut des banques [...]. D'où l'intérêt de revenir sur la nature de leur activité, l'évolution de leur modèle économique, leur régulation enfin. La crise rappelle brutalement les singularités qui font des banques des entreprises exorbitantes du droit commun, comme des principes de l'économie de marché. Elles émettent de la monnaie, via le crédit. Elles conditionnent les transactions – donc le niveau d'activité – tout en gérant et conservant une part essentielle des patrimoines des entreprises et des ménages. Elles règlent la dynamique même du capitalisme, puisque la transformation est indissociable de la prise de risque. Elles sont totalement interconnectées, ce qui implique que le défaut de l'une d'entre elles peut déstabiliser toutes les autres.
>
> Enfin, elles disposent du privilège rare d'être préservées du risque de la faillite par un droit de tirage illimité sur les pouvoirs publics, et donc les contribuables ; une petite banque peut faire faillite ; une grande banque ou les banques ne peuvent faire faillite. Le modèle économique de ces entreprises si particulières se trouve radicalement transformé par la crise. La banque d'investissement, hier fleuron du capitalisme mondialisé, a disparu au profit de la banque universelle. Les restructurations se traduisent par une concentration accélérée dans tout le monde développé. Une nouvelle économie mixte se met en place avec l'entrée en force des États dans le capital des grandes institutions financières occidentales. La baisse des taux et la réévaluation des risques restaurent les marges et laissent augurer une excellente rentabilité, sitôt les fonds propres rétablis [...]. La conclusion est nette : sous le choc actuel de l'effondrement du crédit, se profile un oligopole bancaire hautement rentable et assuré de sa pérennité du fait de la présence forte des intérêts publics et d'une immunité illimitée contre le risque de défaut.
>
> Voilà pourquoi les banques demeurent le banc d'essai de la mondialisation. Du fait de leurs caractéristiques, elles ont la nature d'un bien public qui génère des gains de productivité considérables pour l'économie en cas de bon fonctionnement, et des destructions majeures en cas de dysfonctionnement. D'où la nécessité d'une régulation qui doit intégrer la dimension mondiale du risque et se frayer un chemin étroit entre les deux moyens les plus sûrs d'aboutir à un krach bancaire : la déréglementation et la nationalisation.

Nicolas Baverez n'est pas réputé pour être un gauchiste !

Mais, il n'y a pas que les banques à surveiller. Certains États sont directement en cause lorsqu'ils permettent ou encouragent des pratiques spéculatives et qu'ils encouragent les évasions de capitaux vers les paradis fiscaux. Il en est ainsi avec le Royaume-Uni, pays membre de l'Union européenne. Martin Wolf, éditorialiste au *Financial Times*, écrit le 25/11/2008 dans le supplément « Économie » du quotidien *Le Monde* :

> Avec les gains sur les actifs détenus à l'étranger bien plus importants que les intérêts sur la dette, le Royaume-Uni pouvait même passer pour un gigantesque *hedge-fund*. Deux mesures sont nécessaires. Les autorités britanniques doivent agir rapidement et sans ménagement pour scinder le système

bancaire basé au Royaume-Uni en deux : d'un côté un service public national qu'elles garantiraient, et de l'autre un composant international pour lequel n'existerait aucune garantie. Il est particulièrement important de séparer nettement du service public garanti toutes les activités qui génèrent une exposition aux grands risques internationaux. En second lieu, on doit absolument remédier à la déplorable situation financière que Gordon Brown a laissé se développer alors qu'il était ministre de l'Économie.

Martin Wolf reconnaît que tout le Royaume-Uni a participé à la spéculation et que c'est particulièrement dangereux pour son équilibre intérieur. Il reconnaît aussi que les activités internationales génèrent des grands risques, rejoignant ainsi les conclusions de Nicolas Baverez. Néanmoins, tous les dirigeants britanniques depuis Margaret Thatcher ont défendu ces pratiques jusqu'à la crise récente. Le Royaume-Uni a profité de cette spéculation. Ce n'est que lorsque le pays a lui-même été touché par ses propres pratiques spéculatives que des mesures ont été prises.

3.3. Le consommateur compulsif : culte des besoins

L'espérance de salut est passée, au fil de l'histoire, de la religion à l'État Providence. L'État est devenu l'administrateur suprême qui s'arroge la compétence de définir les difficultés de la masse en termes de problèmes spécifiques et qui peuvent trouver une solution par un quelconque service.

Dès l'instant où cette prétention est acceptée, l'existence de besoins est légitimée et l'addiction à l'imputation des besoins peut commencer. Le citoyen est brusquement fasciné par l'analyse de ses besoins qui est faite par des spécialistes. L'homme cesse d'être définissable en tant que tel, comme individu-sujet autonome, lorsqu'il n'est plus capable de modeler ses propres besoins et d'y répondre par l'emploi des outils que lui fournit sa culture. Longtemps, le travail a été destiné à créer des valeurs d'usage non échangeables. Mais le progrès technologique a été mis à contribution pour réaliser un autre type d'outils, des outils destinés à produire du « *vendable* ».

La grande illusion asservissante de nos sociétés est l'idée que les citoyens sont nés pour être des consommateurs et qu'ils peuvent atteindre n'importe quel but en achetant des biens et des services. Cet aveuglement est renforcé par le *prix* payé par les consommateurs, qui n'a plus rien à voir avec la *valeur d'usage* qu'il peut tirer de l'acquisition d'un bien ou d'un service. Le progrès technologique et les techniques de marketing ont transformé le *prix* en *valeur d'échange*, qui ne représente plus la valeur d'usage.

La rationalisation économique commence donc avec le calcul comptable. Et tout change dès l'instant où l'homme ne produit plus pour l'autoconsommation mais *pour le marché*, avec la médiation par la monnaie. Le temps, qui est la ressource la plus précieuse, a acquis un prix en devenant échangeable. L'*Homo habilis* est devenu *Homo economicus* par le truchement du calcul. En théorie tout peut se calculer, doit être calculé si l'homme veut avoir de quoi vivre et faire vivre convenablement les siens. Il calculera et sa vie s'organisera en fonction de ce calcul, selon un temps linéaire, monotone, homogène, insensible aux rythmes naturels.

L'économie et le calcul comptable sont les formes par excellence de la rationalisation réifiant, chosifiant l'homme. L'individu-sujet est dépossédé de lui-même, il n'est plus propriétaire de soi, il est devenu hétéronome. Il est devenu une ressource humaine. Et lorsque la rationalité économique libérale l'emporte :

- le travail a pour fin l'échange marchand et la consommation compulsive, non plus la simple consommation (et moins encore l'autoconsommation),
- la production doit être destinée à l'échange marchand sur un marché libre où le producteur n'a aucun lien avec le consommateur,
- la production organise l'obsolescence de ses productions et justifie cette obsolescence par l'innovation,
- l'innovation elle-même trouve sa justification dans le progrès technologique beaucoup plus que le progrès scientifique ; l'innovation participe directement à l'organisation de l'obsolescence,
- l'innovation et l'obsolescence organisée monopolisent de plus en plus de moyens financiers et conduisent à un épouvantable gaspillage de ressources naturelles.

La quantité de travail par unité de production de marchandise est calculée en elle-même, abstraction faite de son vécu, du plaisir ou du déplaisir de ce que le travail procure, de la quantité et de la qualité de l'effort fourni, du rapport affectif à la marchandise produite. L'innovation technologique qui augmente le rendement du travail, soumet le travailleur (le citoyen) à des impératifs rigides : s'il refuse les évolutions technologiques, il ne sera plus *compétitif*. Dès ce moment il est traité comme un déchet dans la gestion des ressources humaines.

De deux choses l'une, ou bien il existe un système de recyclage et de reformation et la ressource humaine peut réintégrer le monde de l'emploi, ou bien un tel système n'existe pas et l'ex-travailleur devenu non compétitif va rejoindre la multitude des chômeurs, baptisés « demandeurs d'emploi ».

Si les producteurs ont des liens entre eux, il n'y a plus de marché libre, il y a limitation de la concurrence. C'est la situation la plus fréquente ; les oligopoles et les monopoles sont en effet présents sur de nombreux marchés dits « libres ».

Si les individus procèdent à une autolimitation des besoins à leurs seuls besoins ressentis, il n'y a plus de marché libre faute de demande pour rencontrer l'innovation. La publicité doit donc venir stimuler en permanence la sensation de besoins. Le prix de la publicité est comptabilisé dans la valeur d'échange, mais par rapport à la valeur d'usage il y a une *disvaleur*[14] qui est la différence entre le prix du marché et le prix correspondant à la valeur d'usage.

Si on en restait à la nature limitée des besoins, ceux-ci feraient obstacle à la rationalisation économique libérale. La rationalité économique est donc entravée lorsque l'individu est *libre* de déterminer lui-même le niveau de ses besoins et l'effort qu'il fait pour les satisfaire. La catégorie du *suffisant* n'est pas de l'ordre économique, mais plutôt de l'ordre culturel ou existentiel.

La publicité[15] est indispensable dans l'ordre économique libéral parce qu'elle va au-delà de la simple information. Elle stimule la convoitise, l'envie, l'orgueil, le mérite, la dominance sociale. Dans le christianisme des origines, c'étaient des péchés contre l'ordre naturel, contre Dieu. Dans le protestantisme, le mérite individuel est valorisé, ce dernier a donc accouché de l'ordre économique.

L'organisation des activités en fonction de la vie elle-même, en fonction de l'ordre naturel, permet l'émancipation. La rationalité économique libérale, en se substituant à la morale religieuse ou à l'ordre naturel, en introduisant le calcul comptable, produit un ordre qui génère sa propre raison d'être, avec des lois qui sont indépendantes de la volonté humaine. Ces buts matériels, l'accumulation de richesses, servent de supports ou de moyens contingents. Ils ne sont la preuve *a posteriori* que de la justesse des calculs qui produisent des gains devant indéfiniment être réemployés pour recréer de l'obsolescence et de l'innovation.

L'économie, dans l'esprit du capitalisme, a dû inventer la croissance et le développement pour couper le lien entre le travail et le besoin, pour transformer la valeur d'usage en valeur d'échange.

Dès l'instant où la consommation s'affranchit des besoins ressentis et dépasse ceux-ci, elle peut être mise au service de la production, c'est-à-dire des *besoins du capital* et non pas ceux des citoyens-consommateurs. La rationalité économique du capitalisme, qui est caractérisé par une

---

14 Nous reviendrons plus tard sur cette notion.

15 Nous y reviendrons ultérieurement dans ce chapitre.

non-neutralité de la monnaie, est une économie de l'offre ou de la production et non pas une économie de la demande. La demande a constamment besoin d'être stimulée.

Une étude ancienne de la *Harvard Business Review* auprès des présidents de grandes firmes montre que 90 % de ceux-ci estiment qu'il est impossible de vendre un nouveau produit sans campagne publicitaire, 85 % pensent que la publicité incite souvent à l'achat de produits pour lesquels les acheteurs n'ont pas d'usage et 51 % déclarent que la publicité incite les consommateurs à acheter des choses qu'en réalité ils ne désirent pas.

Il n'y a donc pas de mystère, il suffit de lire et de bien vouloir comprendre !

3.4. Le prix et le marché

3.4.1. Le prix, le hasard et la nécessaire régulation

En matière de prix, les faits contredisent un certain modèle simpliste, qui postule que les prix suivent une promenade aléatoire ou un mouvement brownien parfaitement prévisible. L'économétrie a ainsi construit quantité de modèles automatiques informatisés pour prévoir l'évolution des marchés, y compris les marchés financiers.

Ce modèle aléatoire simple, basé sur une distribution statistique « normale », une distribution statistique sans accident ni imprévu possible, a été utilisé pour beaucoup trop d'applications. Ce hasard aléatoire simple est appelé *hasard bénin* par Benoît Mandelbrot[16], il devrait peut-être être appelé hasard simpliste.

Contredisant ce modèle, on sait très bien que les prix ont tendance à être discontinus, ou tout du moins leurs changements ont tendance à être *concentrés*. La spéculation sur les marchés des matières premières, les hypothèses le plus souvent identiques faites par les spéculateurs pour

---

16 Benoît Mandelbrot, (1924-), mathématicien franco-américain, auteur de la théorie des fractales. Il est également à l'origine d'un modèle d'évolution des cours de la bourse basée sur la géométrie fractale. Il introduit un temps « multifractal » pour décrire les alternances de périodes calmes et agitées observées sur les marchés financiers : l'amplitude des variations peut rester indépendante d'un jour à l'autre tout en étant corrélée sur de très longues périodes de temps. Il a publié *Une approche fractale des marchés* dans lequel il dénonce les outils mathématiques de la finance parce qu'il les juge fausses et inadaptés. Il est en particulier très critique sur la théorie de Merton, Black et Scholès (prix de la Banque de Suède en économie à la mémoire d'Alfred Nobel) utilisée par les banques, parce qu'elle ne prend pas en compte les changements de prix instantanés ni des informations essentielles faussant ainsi les moyennes.

anticiper l'avenir, leurs comportements mimétiques sont des manifestations d'une évidente dépendance des prix dans le temps.

Les marchés financiers, non contents d'utiliser des modèles prévisionnels rudimentaires, ont dilué leurs prévisions et surtout leurs engagements propres et pour tiers dans des mécanismes tellement sophistiqués que personne n'y retrouve un début de causalité sensée être produite par les modèles prévisionnels, tant les mécanismes de dilution de la traçabilité des titres émis ont été poussés à l'extrême pour en assurer l'opacité. À l'origine, on titrise les prêts bancaires, ensuite on retitrise les titres de sorte que plus personne ne puisse savoir à quel risque il est réellement exposé en achetant un produit financier dérivé ou une assurance qui est sensée garantir un risque contenu dans un titre, mais néanmoins non évaluable pratiquement. C'est exactement ce qui s'est produit sur les marchés spéculatifs depuis longtemps, mais d'une manière accélérée sur les marchés financiers depuis le début des années 1980. Le paroxysme a été atteint avec la crise des *sub-primes* américaines à partir de 2007. Depuis, aucune régulation véritable n'a été mise en place alors que la régulation devient indispensable.

Pour décrire la variation des prix, il est insuffisant de modifier le *hasard bénin* en incorporant des innovations de détail comme le font beaucoup d'économistes. Il faut avoir recours au *hasard sauvage*, qui se rapproche de la théorie du chaos[17].

La planète est soumise aux aléas climatiques, qui influencent eux-mêmes les activités économiques. L'agriculture est particulièrement sensible à ces aléas climatiques. La production agricole dépend directement des conditions climatiques, indépendamment de toutes les assurances qui garantissent les revenus des agriculteurs. Si la production en est dépendante, tous les marchés en aval en sont dépendants. Comme les conditions climatiques peuvent être chaotiques, aucune technique de prévision « normale » ne peut rendre compte de la réalité. Il faut donc faire appel à d'autres modèles comme ceux du hasard chaotique (décrit entre autres par Mandelbrot). L'agriculture n'est pas la seule activité qui puisse être influencée par des phénomènes à caractère chaotique : tout ce qui est dynamique, c'est-à-dire qui est susceptible de se modifier au cours du temps, est soumis aux mêmes règles à des vitesses plus ou moins rapides. Malheureusement, les modèles, et en particulier les modèles économiques supposent implicitement un fonctionnement statique qui est rarement rencontré dans la réalité, parce que tout change, rien ne reste *comme avant*.

[17] La théorie du chaos traite des systèmes dynamiques parfaitement déterministes, mais qui présentent un phénomène fondamental d'instabilité due à la sensibilité aux conditions initiales, ce qui les rend imprédictibles sur le long terme.

Depuis toujours, l'homme se trouve devant des phénomènes stochastiques qu'il ignore. Cette politique de l'autruche se retourne immanquablement contre lui lorsqu'il organise lui-même son aveuglement.

On ne saurait accepter un instrument fabriqué par un artisan et entaché d'erreurs sauvages. Un tel comportement serait qualifié de pathologique et personne ne ferait encore appel à lui. Malgré tout, beaucoup continuent à faire confiance à des économistes qui se comportent de la sorte, d'une manière « pathologique », en utilisant des modèles entachés d'erreurs sauvages.

On pourrait éliminer les perturbations des marchés financiers en les *filtrant*, c'est-à-dire en les ramenant à des perturbations de *hasard bénin, à condition d'en avoir la volonté*. Ce filtrage consiste à introduire une boucle de rétroaction négative dans le système. C'est toute la question de la régulation des marchés financiers dans l'Union qui est loin d'avoir trouvé une solution, faute de volonté politique.

Benoît Mandelbrot a introduit la notion de fractale pour décrire, entre autres, les variations de prix, la distribution des revenus, et les cotations en Bourse. Le principe sous-jacent ne prétend pas expliquer les comportements des prix, mais il s'inspire de la sagesse de ne pas passer par-dessus la vérité du fait sans essayer de trouver la *cause*. Il donne un conseil parallèle : avant de s'engager dans l'ingénierie financière et ses *produits dérivés*, il s'impose d'abord de *s'assurer bien du fait*, c'est-à-dire de la signification du prix ou de la valeur, et il utilise pour cela les fractales.

L'économie n'est pas statique mais bien dynamique, les vitesses des échanges financiers sont celles de l'électron, donc très rapide. L'économie est donc turbulente par essence et Benoît Mandelbrot a étudié les prix et les cours boursiers à la lueur des fractales[18].

Dans les fluctuations de la finance, ou des crues annuelles du Nil, ou d'autres phénomènes naturels ou sociaux, etc. Il n'y a pas d'équilibre thermodynamique « normal ». Donc la notion même d'équilibre n'est pas applicable, elle est vide de contenu et donc de sens. L'équilibre de Pareto[19] entre l'offre et la demande est une illusion, il n'existe pas dans les systèmes dynamiques. Il n'existe que dans les livres d'économie statique, jamais dans l'économie réelle, mais beaucoup d'économistes font *comme si* cet équilibre existait.

---

[18] Mandelbrot, B., *Fractales, hasard et finance*, Paris, Flammarion, 1997.

[19] L'équilibre économique est obtenu par le vecteur de prix unique qui fait se rencontrer l'offre et la demande sur le marché. Il cherche à expliquer comment se fixe le niveau de production et de consommation en fonction des prix, sachant que la loi de Pareto définit les rendements décroissants au niveau de la production.

Pour Benoît Mandelbrot[20], les fractales sont des objets – qu'ils soient mathématiques, dus à la nature ou dus à l'homme – qu'on appelle irréguliers, rugueux, poreux ou fragmentés et qui de plus possèdent ces propriétés au même degré à toutes les échelles. C'est dire que ces objets ont la même forme, qu'ils soient vus de près ou de loin. Tout dépend de la position de l'observateur. Dans le contexte financier, la fractalité postule l'existence d'une variabilité identique à toutes les échelles.

L'étude de ces objets (les fractales) constitue la géométrie fractale, c'est une géométrie du *hasard sauvage* et une géométrie du déterminisme chaotique.

La géométrie fractale fait constamment appel à diverses notions d'invariance, dont la première est la notion d'échelle, c'est pourquoi on parlera d'invariance scalante. L'étude du chaos déterministe engendre d'innombrables formes géométriques très compliquées qui ne peuvent pas être représentées par des fonctions mathématiques simples.

L'étude de la turbulence a mis en évidence ces innombrables formes, les turbulences, qui sont toujours présentes dans un système dynamique. De ce fait, le rôle des fractales au sein de la dynamique est devenu absolument central.

En mécanique, le chaos a surpris parce qu'il existe néanmoins des lois déterministes incontestables, mais pas déterministes au sens d'une distribution normale des probabilités.

Dans l'étude de la finance, aucune loi comparable n'est connue. Il y a des domaines qui résistent à la quantification statistique normale (celle qui relève du *hasard bénin*) : la géographie, la finance, les sciences sociales, les bruits électroniques, etc. Les sciences sociales, dont l'économie, se distinguent ainsi des sciences physiques. Il faut donc passer à un *deuxième stade* du hasard, de caractère intrinsèquement distinct du *hasard bénin*, et dont les fluctuations ne sont pas bénignes : on parle alors de *hasard sauvage*.

À côté des phénomènes régis par le *hasard bénin* et le *hasard sauvage*, d'autres problèmes encore comportent des quantités importantes qui convergent bel et bien vers le régulier non aléatoire, mais de façon extraordinairement lente, conduisant à un troisième état du *hasard lent* que l'on rencontre aussi en économie.

Dans les cas de *hasard sauvage* et de *hasard lent*, l'approche *cartésienne* consistant à décomposer en tendance et en fluctuations autour de la tendance devient impossible.

Pour mieux comprendre le déterminisme chaotique, nous distinguerons le *hasard bénin* (distribution normale ou gaussienne des probabili-

[20] Voir son ouvrage cité ci-avant.

tés) du *hasard sauvage* et du *hasard lent*. Le mode classique du hasard est celui d'une suite de nombres obtenus en tirant un dé. Sur un grand nombre de tirages, la proportion d'un nombre sera très proche d'un sixième. Lorsque le nombre d'observations a suffisamment augmenté, les fluctuations aléatoires se neutralisent et très vite elles deviennent insignifiantes en valeurs relatives. L'étude du bruit thermique montre qu'il est de la même nature : à proximité de l'équilibre thermodynamique, on peut caractériser celui-ci par une tendance à laquelle on superpose une fluctuation dont la distribution des probabilités est gaussienne ; on la qualifie de mouvement brownien. Le hasard semble bien être dominé, c'est pourquoi on l'appelle *hasard bénin*.

Lorsque le hasard résiste à la quantification statistique, il faut donc passer à un *deuxième stade* du hasard, dont les stades successifs sont des états de caractères intrinsèquement distincts, et dont les fluctuations ne sont pas bénignes : on parle alors de *hasard sauvage*. Les distributions de probabilités ne sont plus gaussiennes, mais peuvent suivre d'autres types de formes telles que les distributions de Cauchy, de Poisson, etc. Les variances peuvent être très grandes (même infinies), ce qui signifie que les queues de distributions sont très longues ou que les distributions sont asymétriques.

Filtrer ne s'est pas fait pour les marchés financiers dont les fluctuations semblent sans cesse changer de caractère. On entre dans le domaine du *hasard sauvage*. Entre le *hasard bénin* et le *hasard sauvage*, il y a autant de différence qu'entre un solide et un gaz ; il est donc nécessaire que le *traitement* prenne des formes totalement différentes.

On pourrait toutefois *filtrer* les marchés financiers si on introduisait de la *régulation, empêchant ou ralentissant les spéculations* et supprimant les transits par les paradis fiscaux et juridiques. La finance préfère se tourner vers des modèles simples mais erronés. Les États, pris individuellement, laissent faire ou sont impuissants.

Il faudrait une régulation mondiale pour éviter la spéculation sur toutes les monnaies. L'Union européenne pourrait le faire dans la zone euro.

Les modèles les plus simples (jusqu'au simplisme) de la finance incorporent l'hypothèse que les changements successifs du logarithme d'un prix sont stationnaires et indépendants. Stationnaires et indépendants sont deux approximations que la réalité ne connaît pas.

Ces approximations consistent à calculer alors l'espérance mathématique : les opérateurs de Bourse sont soumis à la loi de l'offre et de la demande et de même que tout spéculateur est libre d'entreprendre soit une opération, soit son inverse, on peut admettre qu'une opération de spéculation favorise ou défavorise *a priori* l'un des contractants. C'est ce qu'on exprime en disant que l'espérance mathématique de toute opération est nulle. Ce principe s'applique à toute opération, quelle qu'en soit la complexité, qui serait basée sur les mouvements ultérieurs des cours. C'est ce que les mathématiciens appellent une « martingale ». Le problème est que les martingales ne sont pas des processus à accroissements indépendants, parce qu'il y a dans un système économique des variables exogènes, qui suivent une distribution scalante (*hasard sauvage*) : le climat, les conditions météorologiques en sont certainement. Dans ce cas de distribution scalante, le prix (par exemple des récoltes) suivra ces changements en les amplifiant. À un moment, le prix subit une correction brutale égale aux anticipations non réalisées. Le résultat est qu'il arrive aux prix de monter régulièrement et sans sembler vouloir s'arrêter, arrivant à des niveaux jamais atteints auparavant, et ceci juste avant de s'effondrer épouvantablement de façon discontinue. Pensons aux mouvements des prix du pétrole, des matières premières, les denrées alimentaires et autres productions agricoles. Ils se comportent exactement comme une distribution scalante.

La croyance la plus répandue chez les défenseurs du libéralisme est qu'il y a moyen de *liquéfier* les marchés grâce aux Bourses et à leurs cotations. Mais dès qu'il y a liquéfaction on tombe sous les lois de la turbulence, et lorsque les marchés deviennent *volatils* (gazeux) la turbulence est encore plus forte. Les marchés et les Bourses sont naturellement incapables de réguler ces turbulences, ils créent leurs propres instabilités. Le problème s'aggrave lorsqu'on laisse subsister les paradis fiscaux et juridiques.

Pour pouvoir réguler, il faudrait installer une boucle de rétroaction négative qui empêcherait les instabilités intrinsèques au marché de se développer. Il faudrait trois fonctions de rétroaction négative pour *contrôler* ou *réguler* le système :

- une fonction proportionnelle pour s'occuper des écarts dus au *hasard bénin*,
- une fonction dérivée, qui s'occuperait du hasard chaotique et des accélérations que ce hasard peut imprimer au système,
- une fonction intégrante, qui s'occuperait du *hasard lent* et des dérives lentes mais opiniâtres du système.

Pour que la régulation soit possible sans que le chaos ne s'aggrave, il faut supprimer les paradis fiscaux et juridiques.

Comme nous l'avons vu à propos du rôle des banques et de leur nécessaire régulation, seule une autorité supranationale (les États n'y suffisent plus dans un cadre globalisé) serait capable d'installer ces trois fonctions, donc de réguler l'économie pour la mettre au service de l'humanité et de tenir compte de l'éthique. Le marché en est incapable.

C'est aux États ou aux institutions supranationales de prendre la relève. L'Union européenne pourrait le faire.

3.4.2. Multinationales, prix de transfert, paradis fiscaux et juridiques

Les *prix de transfert* correspondent aux prix auxquels s'effectuent les échanges de biens (y compris la rémunération de produits sous brevet) ou de services (prestations informatiques, marketing, comptables, etc.) entre la maison mère d'une multinationale ou un centre de coordination et ses multiples filiales de par le monde. Il est à peu près impossible de savoir si ces prix sont équivalents aux prix du marché, ceux qu'auraient facturés un prestataire ou un concurrent puisqu'il n'y a pas d'appel d'offres ni de transaction de gré à gré. Les multinationales présentes dans l'UE comme dans d'autres régions du monde peuvent ou non se servir de ces prix de transfert pour délocaliser leurs profits dans les pays qui ont une faible fiscalité. À l'inverse, elles peuvent déclarer des pertes dans les États à fort taux d'imposition. C'est ce qui se passe déjà au sein même de l'Union européenne puisque les taux d'imposition des sociétés ne sont pas harmonisés. Il s'agit de concurrence fiscale entre États membres.

La dissimulation dans un paradis fiscal et juridique ou dans une société-écran dans un centre *offshore* (équivalent à un paradis fiscal et juridique) est une manière encore plus subtile de dissimuler des bénéfices, de blanchir ou de noircir de l'argent. La chose est d'autant plus facile que les entreprises s'échangent des biens immatériels ou incorporels (brevets ou savoir-faire, logiciels ou traitement informatiques, assistance comptable, marketing, judiciaire, etc.). En effet, aucun prix de marché n'existe, on est loin d'un « *marché où la concurrence est libre et non faussée* ».

Un *paradis fiscal* est un territoire où la fiscalité est très basse comparée aux niveaux d'imposition existant dans les pays développés. Le terme de paradis fiscal ne prend son sens qu'en comparaison avec d'autres pays (ou d'autres régions du même pays) à fiscalité plus élevée au moins dans certains domaines ou pour certaines activités.

Les articles et dispositions prévus dans les traités ne prennent pas en compte les pratiques des multinationales, pas plus qu'ils ne prévoient de lutter contre les paradis fiscaux, pas même lorsque les transactions se passent sur le marché intracommunautaire.

3.4.3. Le clearing, *les chambres de compensation*

Les thèmes du *clearing*, de la délinquance financière, du blanchiment et de la fraude fiscale sont au centre des transactions financières. Dans les coulisses de la finance internationale, nous découvrons avec effroi des activités inavouables : dissimulations de comptes au nom des institutions les plus honorables, complicité avec des banques mafieuses, ramifications innombrables avec des affaires, circuits de blanchiment de narcodollars ou paiement de rançons, etc.

La technique du *clearing* est née avec l'intensification logarithmique de la circulation internationale des capitaux. S'il s'agissait seulement de les *marquer*, de déterminer le motif d'un mouvement, une spéculation ou un investissement productif, son origine, son point d'arrivée c'est dans les sociétés de *clearing* qu'il faudrait le faire. On touche au cœur du système, d'un système. Là où se concentre le flux de capitaux, un *tuyau*, un goulot, comme le définissent eux-mêmes les dirigeants des sociétés de *clearing*.

C'est un voyage hallucinant au cœur de la finance mondiale. Il existe dans le monde trois sociétés, créées par les banques pour les banques et sous leur seul contrôle, par où passent maintenant toutes les transactions internationales concernant les devises (SWIFT) et les valeurs mobilières (Euroclear et Clearstream). Clearstream est au Luxembourg, les deux autres en Belgique. Pour assurer leur bon fonctionnement, ces sociétés organisent la traçabilité et l'archivage à long terme des opérations financières qui restent toutefois confidentielles à l'exception des informations transmises par SWIFT au gouvernement des États-Unis dans le cadre de la lutte contre le terrorisme. Ces modes de fonctionnement apportent la démonstration qu'il est possible d'établir une trace des opérations financières et que la divulgation des informations à une institution de contrôle n'est qu'une question de volonté politique.

Banques et multinationales ont ouvert un grand nombre de comptes *non publiés* dont certains peuvent avoir une existence compréhensible, voire légitime, mais dont d'autres paraissent difficilement explicables dans le fonctionnement normal d'une société de *clearing*. Une chambre de compensation permet en effet aux clients de se connaître pour s'adresser mutuellement leurs ordres de règlement ou de transfert. Qu'il existe des sous-comptes non publiés de comptes publiés, passe encore : cela peut simplifier et rationaliser certains échanges. Mais l'existence de comptes non publiés de clients occultes ne paraît avoir aucun sens au sein d'une chambre de compensation.

De même, la floraison de comptes non publiés ouverts par les filiales de grandes banques installées dans les paradis fiscaux ne cesse d'étonner. Ce principe de dissimulation se retrouve également dans le système SWIFT, où des utilisateurs peuvent décider de ne pas publier leurs codes pour les utiliser seulement de façon bilatérale ou pour un petit groupe d'initiés. Le développement discret des procédures de ce type favorise à l'évidence la création d'un *triangle des Bermudes* dans lequel viendraient disparaître des flux d'argent.

Le chaos des flux financiers n'est qu'apparent. Les paradis bancaires et fiscaux cachent à merveille les points de passage et d'arrivée des capitaux sales. C'est même leur raison d'être. Tenter de découvrir ces derniers dans les centres *offshore* revient à chercher une aiguille dans une meule de foin, laquelle serait, de surcroît, gardée dans une forteresse protégée par une garnison puissamment armée.

Cependant, comme les capitaux d'origine criminelle passent dans les mêmes « *tuyaux* » financiers que les autres, c'est-à-dire les sociétés de *clearing* et de routage financier, ils deviennent vulnérables précisément pendant leurs transferts. On croit communément que l'argent échappe à tout contrôle possible durant cette phase parce qu'il plonge dans l'univers virtuel de la monnaie électronique. L'invisibilité physique de ces transferts est trompeuse car en réalité les sociétés de *clearing* et de routage exercent un quasi-monopole sur le transport international des capitaux. Comme font les gendarmes au bord de la route, il suffirait d'aller regarder ce qui circule dans ces voies de passage obligées pour tomber sur ce qu'on cherche précisément à y dissimuler. Contrairement là aussi à ce qu'on imagine souvent, aucune trace de la circulation des capitaux qu'ils soient licites ou non ne s'égare, car il est essentiel de la conserver pour servir de preuve des transferts et des changements de propriété.

Certes, la mémoire de ces mouvements n'est pas conçue pour les autorités judiciaires et ne leur est pas destinée : elle est conservée seulement pour retrouver les maillons d'une histoire en cas de contestation ou de contentieux entre les opérateurs. Mais elle existe. Toutes les opérations sont enregistrées et conservées pendant des années sur des supports physiques, que ce soient des microfiches ou des disques optiques. Euroclear, Clearstream, SWIFT et tous les organismes similaires aux niveaux national ou régional, sont à la fois les facteurs qui transportent et livrent l'argent ou les valeurs quand ils changent de mains et les notaires de ces opérations dont ils veillent soigneusement à conserver la trace.

Ainsi, certaines enquêtes ont montré où se trouvent les *boîtes noires* de la mondialisation financière. Cette révélation appelle un changement complet de perspectives en matière de régulation financière.

Une conclusion s'impose : abandonnés sans contrôle réel, ces organismes peuvent être les pourvoyeurs de fraudes financières, de la corruption et du blanchiment. Et pourtant la solution est dans le problème lui-même : le quasi-monopole de fait des chambres de compensation et des services de routage financier et le fait qu'elles assurent la traçabilité des flux de capitaux démontrent que le contrôle serait possible, si on voulait l'exercer.

Pourquoi ne pas appliquer aux chambres de compensation les mécanismes de veille qui, par exemple, sont mis en place pour les cartes bancaires ? Chaque jour, pour des transactions infiniment plus faibles, des logiciels internes détectent les retraits suspects des utilisateurs de cartes à puce. Personne ne s'alarme. Les libertés fondamentales ne sont pas menacées par ce mécanisme de protection élémentaire. Le blanchiment sur les marchés financiers pourrait être considérablement réduit.

Les mesures proposées dans l'Appel de Genève[21] avaient permis d'alerter et de sensibiliser les citoyens européens sur la nécessité d'un espace judiciaire commun. Cette initiative avait marqué une étape importante dans la lutte contre la criminalité organisée. Malheureusement les institutions politiques ont mis plusieurs mois, sinon plusieurs années, avant de réagir. Aujourd'hui, la mobilisation instantanée de la mission parlementaire française sur le blanchiment est de bon augure. Mais le débat ne fait que commencer.

Une solution parmi d'autres consisterait à placer ces institutions sous le contrôle d'une organisation internationale qui pourrait jouer le rôle de la tierce-partie de confiance. Un progrès capital serait ainsi accompli dans la réconciliation de la finance et de la démocratie.

3.5. La théorie économique et la thermodynamique

Les théoriciens de l'économie se sont aussi intéressés à la thermodynamique pour éventuellement appliquer ses enseignements à l'économie. Voyons ce qu'il en est.

La quantité d'énergie libre ou utilisable pour la transformer en travail mécanique ou en transformation chimique ou biologique ne correspond pas à l'énergie totale. L'économie ne tient pas compte du bilan de consommation complète, elle ne comptabilise pas et ne fait pas payer ce qu'on appelle les externalités, qu'elles soient positives (eau, air, certaines matières premières, etc.) ou négatives (pollutions, déchets, rejets d'eau chaude ou d'air chaud, atteintes à la santé, etc.). Elle ne les fait pas payer à l'exception d'une prise en compte très partielle des émissions de CO_2. Souvent l'économie *libérale* ne paye même pas les infrastructures qui sont financées par les collectivités. L'économie ne comptabilise pas la consommation d'externalités parce qu'elle n'oblige pas de les payer. Pour lutter contre la pollution, contre la consommation des biens communs, il faudrait faire payer la consommation des externalités.

---

21 Bernard Bertossa, procureur général de Genève ; Benoît Dejemeppe, procureur du roi à Bruxelles ; Éva Joly, juge d'instruction à Paris ; Jean de Maillard, magistrat à Blois ; Renaud Van Ruymbeke, juge d'instruction à Paris.

Les comptabilités nationales basées sur le Produit national brut (PIB) ou sur le Produit national net ne le font pas, bien au contraire, les nuisances sont comptabilisées positivement comme une production de richesse.

Comme le montre Omar Aktouf[22], l'économie ne tient pas compte de l'entropie, variable qui traduit la dégradation de l'énergie, ou plus globalement la création de désordre. Beaucoup d'économistes croient que les énergies dites renouvelables ne sont pas soumises au deuxième principe de thermodynamique[23], c'est-à-dire à la création d'entropie. Aucune énergie n'est renouvelable. Si certaines énergies sont appelées *renouvelables* sur la Terre, c'est parce que nous les recevons du reste de l'univers, en très grande majorité du soleil, mais l'entropie totale augmente dans l'univers. Elles ne sont donc pas renouvelables à l'échelle de l'univers, même si on les appelle *renouvelables* sur la Terre.

L'entropie dit encore que les systèmes peuvent muter, se transformer, en d'autres termes qu'on ne peut pas revenir en arrière. La mutation peut être *positive* pour une portion du système s'il y a création de néguentropie[24] dans cette portion du système au détriment d'une autre portion du système qui absorbe une plus grande portion de l'entropie. C'est ce qui s'est passé avec la vie, avec l'évolution[25] telle que décrite par Charles Darwin[26], avec l'apparition de l'homme. À cause des consé-

---

22 Aktouf, O., *La stratégie de l'autruche*, Montréal (Québec), Écosociété, 2002, dont nous extrayons ce passage : « En résumé, le modèle du développement basé sur l'extension du modèle de la "libre entreprise" et du libre marché autorégulé à l'ensemble de la planète ne rencontre pas seulement des difficultés d'application (l'aggravation des inégalités, etc.) que l'on pourrait surmonter par des ajustements techniques, il est purement illusoire et idéologique car il repose sur des postulats impossibles. Prétendant s'imposer envers et contre tous les signes concrets de son aberration, il conduit à l'aggravation exponentielle des problèmes en question. [...] Car si la foi technologique et les dogmes de l'économie dominant relèvent du mythe et de l'idéologie, les lois de l'entropie et de la constance de l'énergie relèvent, elles, dura lex sed lex, de la pensée scientifique la mieux établie de nos jours. »

23 C'est le cas pour Fitoussi, J.-P. et Laurent, E., *La nouvelle écologie politique*, Paris, Le Seuil, 2008, collection « La République des Idées », p. 51, qui affirment : « Les énergies renouvelables qui, par définition, échappent à l'emprise de la loi de l'entropie, invalident-elles la vision de Georgescu-Roegen ? ».

24 Shannon, le père de la théorie de l'information, a montré que – de même que le degré de structure d'un système de molécules peut se décrire *a contrario* par une mesure du degré de désordre appelée « entropie » (la structure d'ordre étant la néguentropie) – de même le degré de structure d'un système de signaux peut se décrire par de l'ordre ou du désordre appelé « quantité d'information ».

25 L'évolution est niée par les créationnistes américains en majorité, mais il se trouve des créationnistes ailleurs qu'aux États-Unis.

26 À ne pas confondre avec le darwinisme social, idéologie développée par Herbert Spencer, philosophe britannique de la politique du XIXe siècle, qui a cru bon de transposer erronément les lois de la nature en langage des affaires en inventant la « survie du plus apte ».

quences de son activité *économique*, l'homme pourrait très bien disparaître de sa propre faute s'il dégrade trop les conditions de vie sur la Terre.

Si nous voulons appliquer le principe de proportionnalité, nous ne pouvons pas aller à l'encontre de l'entropie, parce que la notion d'entropie est nécessaire pour comprendre l'évolution de l'univers. Une des plus grandes erreurs de certaines théories économiques est de prétendre que les systèmes sont en équilibres. En réalité, les systèmes ne sont jamais en équilibre, ils sont toujours en évolution, qu'ils soient vivants ou non vivants. L'intérêt de l'entropie est précisément de prendre cette évolution en compte, bien que l'entropie n'ait pas à voir directement avec le principe de proportionnalité et l'éthique.

3.6. Disvaleur et entropie

En 1986, à l'occasion d'une conférence à Tokyo, Ivan Illich a proposé d'utiliser *disvaleur* au lieu d'entropie lorsqu'il ne s'agit pas de physique ou de théorie de l'information. Je propose de faire de même, mais avant cela, pour faire comprendre l'analogie, je reviens brièvement sur l'entropie.

Rudolf Clausius, physicien allemand, utilise le terme *entropie* pour qualifier la relation entre la chaleur et la pression dans un système fermé et la dégradation de la chaleur ou de l'énergie. Issu du grec ή τϱοπή qui signifie « tourner, tordre, pervertir ou humilier », entropie en physique sert à désigner une dégradation, une perversion de l'énergie. C'est une grandeur qu'on préfère éviter de mentionner parce qu'elle ne peut jamais diminuer, mais seulement augmenter ou rester stable en cas de réaction réversible.

Entropie pourrait donc servir à caractériser l'implication de chacun dans la production et la consommation forcenée de biens et de services, conduisant à la dégradation sociale, à la dégradation culturelle et à la dégradation de l'environnement.

La dégradation sociale, culturelle et environnementale par le développement, l'économie, l'organisation transnationale des flux financiers (monétaires), l'idolâtrie de l'argent n'est pas une loi naturelle des sciences de la vie et de la terre, mais le résultat de la non-neutralité de la monnaie ou de l'argent qui favorise la cupidité humaine. Elle est le fait des entreprises, des efforts et des actions de l'homme et elle n'a pas existé de tout temps. On pourrait donc revenir sur une erreur de l'histoire.

Par ailleurs, la spéculation est nécessaire au système capitaliste. Il ne peut pas s'en passer sous peine de se transformer profondément ou de mourir. On pourrait faire un parallèle entre la nécessaire rémunération de l'épargne par un taux de profit élevé garantissant des ressources nécessaires pour l'investissement et la création d'entropie. Cet exercice n'a pas encore été fait. Entre autres choses, le taux de profit stimule la croissance parce qu'il mobilise l'épargne en lui promettant des gains individuels. Rien ne dit que ces gains individuels contribuent au bon fonctionnement collectif des sociétés. Si on regarde la question du point de vue de l'entropie ontologique, tout laisse à penser le contraire. En effet, le taux de profit individuel joue le même rôle qu'une consommation intense et localisée d'énergie avec une création forte d'entropie. Par contre, une création modérée de profit serait équivalente à une consommation modérée d'énergie avec utilisation optimale des énergies à basses températures et créatrice de moins d'entropie par une plus faible dissipation par les pertes dans les systèmes. Comme cette piste n'a jamais été explorée à fond, nous nous contenterons donc de l'évoquer comme une piste à creuser pour introduire plus avant le raisonnement de type entropique dans l'économie.

Il est possible de développer une *philosophie de la vie et de la terre* à partir des sciences de la vie et de la terre et donc une *éthique* à partir de cette philosophie.

Pour cela, il faut partir de la certitude que la raison est vaine sans une édification interactive des normes et de la réalité tangible qui nous conduira nécessairement à pouvoir définir une *éthique*. Il faut voir, admettre, concevoir l'entité culturellement façonnée en même temps que son *environnement*, tel qu'il se présente en un temps et en un lieu concrets. Cette interaction entre l'entité culturellement façonnée et son environnement procède autant du mode moral et esthétique que des pensées qui élaborent les rituels et les arts à partir de la matrice du *système terre* d'un lieu. Les limites actuelles de cette interaction sont celles de la science rationnelle et utilitariste ; leur dépassement passe par une conception de la science dans laquelle la science est encore capable d'engendrer des métaphores.

Edgar Morin parle de « métamorphose nécessaire à réorienter le développement/enveloppement qui ne soit pas orienté vers le développement des biens matériels, de l'efficacité, de la rentabilité, du calculable, mais aussi un retour de chacun sur les besoins intérieurs, le grand retour à la vie intérieure et au primat de la compréhension d'autrui, de l'amour et de l'amitié »[27].

Michel Serres écrit[28] :

Je pose à nouveau la question : qui prendra la parole en biogée ? Les savants. Je ne demande pas qu'ils prennent le pouvoir, hélas tombé dangereu-

---

27 Morin, E., « Éloge de la métamorphose », in *Le Monde* du 10-11 janvier 2010, p. 18.

28 Serres, M., *Temps des crises*, Paris, Le Pommier 2009, p. 58-59.

sement en une telle déshérence que n'importe qui pourrait aujourd'hui le ramasser, mais qu'ils prennent la parole au nom des choses, la parole des choses elles-mêmes. Qu'ils disent le Bien commun, contre le Mal propre tenu par ceux qui s'approprient l'ancienne triade (les prêtres, les soldats et les producteurs de richesses). Qu'ils définissent un nouveau travail, orienté vers la reconstruction. Que, d'après ses codes propres, ils énoncent les lois de la biogée. Pourraient-ils se séparer du complexe militaro-industriel et couper toute relation avec les secteurs de l'économie qui détruisent le monde et affament les hommes ?

Après avoir examiné ces différents points de vue, il m'est apparu que l'entropie peut être révélatrice en tant que métaphore mais trompeuse en tant qu'analogue ou d'analogie. En effet, le terme entropie est privé de connotations parce que trop lié à la physique et/ou à la théorie de l'information.

Le processus économique est un processus partiel, circonscrit par une frontière au travers de laquelle de l'énergie et de la matière sont échangées avec le reste de l'univers matériel. Ce processus matériel (économique) est simple : il ne produit ni ne consomme pas de la matière-énergie, il se contente à absorber de la matière-énergie pour la rejeter continuellement : il consomme des ressources naturelles de valeur pour rejeter des déchets sans valeur. Du point de vue thermodynamique, le processus économique absorbe de la matière-énergie dans un état de basse entropie pour la rejeter dans un état de haute entropie. C'est un processus de dégradation permanent.

La dégradation sociale, culturelle et environnementale résultant du processus économique, qui a commencé dans l'histoire de l'humanité, n'est pas une loi de l'univers. Cette dégradation a eu un début et pourrait avoir une fin, si l'humanité veut bien y mettre fin.

Pour caractériser cette dégradation dans le processus économique, qui entraîne une augmentation de l'entropie, je propose d'adopter le terme de *disvaleur* comme Ivan Illich l'avait fait.

La dégradation porte à la fois sur le travail traditionnel qui a été dépouillé de sa capacité d'engendrer de la subsistance. Elle porte aussi sur la dégradation de l'énergie fossile en provenance du cosmos, accumulée au fil du temps par la terre, et sur la faible (infime) utilisation de l'énergie cosmique (principalement solaire) renouvelable à court et moyen terme et gratuite pour autant que le travail permette de la transformer dans un but de subsistance. La dégradation atteint aussi des cultures par volonté de standardisation pour des raisons économiques fallacieuses. La dégradation de l'environnement se produit par la surconsommation d'énergie, par l'appropriation des biens communs et la production de déchets qui constituent les *disvaleurs* les plus importantes.

Elles sont en général le résultat de la substitution de la *valeur d'usage* par la *valeur d'échange*. La valeur d'échange inclut des coûts de persuasion (par la publicité) conduisant à l'hétéronomie, elle inclut aussi de la création de *disvaleur* par le fait de détourner de la valeur monétaire à des fins de spéculation et de réappropriation sous une forme différente de la fonction initiale de la monnaie (qui ne devrait représenter que la seule valeur d'échange de biens matériels). Il y a aussi des *disvaleurs* liées à l'inutilité de certaines valeurs d'échange sur le plan de l'usage, mais néanmoins transformées en valeur d'échange du fait même de l'artifice utilisé : la publicité par exemple, mais aussi les circuits longs des réseaux de distribution qui consomment un excès de transports et de services de logistique.

De nouveaux indicateurs devraient remplacer ou compléter l'utilisation du PIB, qu'ils soient quantitatifs ou qualitatifs, ils devraient permettre de comptabiliser d'une manière ou d'une autre les *disvaleurs*, *ce que ne fait pas le PIB*. Ce point sera examiné par la suite dans ce chapitre.

Ceci ne concerne pas directement la *philosophie nouvelle de la vie et de la Terre*, qu'il faudrait mettre en place et qui doit rester en capacité de métamorphose par rapport à ces nouvelles normes. Il est évident que l'*éthique* qui pourrait en découler doit être pensée plus en fonction de la métamorphose que de la norme. La morale individuelle et collective aura déjà tant à faire pour appliquer les nouvelles normes, si elles sont mises en place.

3.7. Produire de façon socialement acceptable et écologiquement durable

3.7.1. L'idéologie du laisser-faire, les fausses vérités établies

Selon Maurice Allais[29], le dogme se décline comme suit :

1) La totale libération des mouvements des marchandises et des capitaux entraînerait nécessairement la prospérité pour chaque pays et pour chaque groupe social dans le monde du laisser-faire dépourvu de toute régulation réelle. Cette vérité est produite par les sociétés multinationales américaines, puis adoptée par les multinationales du monde entier. Elles ont des centaines de filiales, disposent d'énormes moyens financiers, utilisent les facturations internes et les paradis fiscaux et juridiques, et échappent à tout contrôle. Elles exercent de fait un pouvoir politique considérable, y compris au sein de la Commission européenne. Elles sont à

[29] Allais, M., *La mondialisation : la destruction des emplois et de la croissance*, Paris, Clément Juglar, 1999.

l'origine du capitalisme sauvage, de sa financiarisation, de tous les détournements de richesses produites et de la très grande part de la dégradation de l'environnement.

2) La politique commerciale de l'UE repose sur une interprétation imprégnée d'idéologie du fonctionnement de l'économie des marchés : la suppression de tout obstacle tarifaire ou quantitatif aux échanges internationaux. L'erreur se trouve déjà dans l'article 110 du Traité de Rome. Elle est confirmée dans les Traités de Maastricht, d'Amsterdam. Elle est toujours dans le Traité de Lisbonne. Elle figurait aussi dans les Accords du GATT de 1947 et la Convention de 1960 de l'OCDE.
3) La prétendue réalisation par les marchés d'une allocation optimale des ressources est enseignée et admise dans toutes les universités américaines et à leur suite dans toutes les universités du monde entier. Cette proposition est totalement fausse parce qu'il y a confusion de deux concepts entièrement différents : le concept d'efficacité maximale de l'économie et le concept d'une répartition optimale des revenus. Il n'y a pas une seule situation d'efficacité maximale, mais une infinité de telles situations. Le choix ne doit donc pas être fait en fonction de la libéralisation des marchés et de la compétition, le choix peut être fait en fonction de considérations éthiques et politiques. Nous l'avons déjà souligné.
4) Une application exagérée par l'OMC d'une théorie correcte : la théorie des coûts comparés. Le modèle repose sur une hypothèse essentielle, à savoir que la structure des coûts comparatifs reste invariable au cours du temps. C'est vrai en général dans le cas des matières premières, c'est faux dans le domaine industriel, où aucun avantage comparatif n'est permanent. Il en résulte que les spécialisations sont indésirables, les spécialisations sont contre-indiquées dans le cadre d'une politique généralisée de libre-échange. Dans le domaine de l'agriculture, cela conduirait à la disparition de l'agriculture européenne et donc à compromettre son indépendance alimentaire. La théorie néglige complètement les coûts externes, les coûts de transition et les coûts psychologiques et de santé dus au chômage et à la détresse.
5) L'hostilité contre toute forme de protectionnisme est injustifiée parce qu'une économie de marché ne fonctionne pas correctement en dehors d'un cadre institutionnel et politique qui en assure la stabilité et la régulation. Il n'y a pas de cadre institutionnel et politique mondial. Le cadre institutionnel de l'UE est insuffisant parce qu'il n'y a pas de cadre politique permettant la stabilité et la régulation.

6) L'élargissement de l'UE de 15 à 25, puis à 27 crée des difficultés majeures et probablement insurmontables à cause des différences de salaires et de niveau de vie. Il aurait fallu prévoir une période intermédiaire de transition et d'adaptation. La crise a confirmé ces difficultés et renforcé les difficultés politiques.
7) L'inversion des priorités par ignorance des causes réelles du chômage. La monnaie unique, l'objectif de stabilité des prix fixé à la Banque centrale, totalement indépendante, est intenable dans un contexte de libre-échange mondialisé. La crise l'a démontré.
8) L'information statistique de l'UE présente d'inadmissibles carences. Aucune politique européenne ne peut être réalisée et efficace si elle ne repose pas sur une connaissance approfondie des faits, une totale information et une totale transparence. Or les États font de la rétention d'information de sorte qu'un très grand nombre de publications de l'UE ne sont que trop souvent de la pure propagande dénuée de valeur scientifique réelle.
9) Les pseudo-remèdes pour lutter contre le chômage massif préconisé par l'OCDE, l'OMC, le FMI et la Banque mondiale sont l'abaissement des salaires alors que la non-participation des chômeurs à la consommation-destruction de la surproduction accroît encore les déséquilibres. La cause principale du chômage est le laisser-faire, en particulier l'abaissement des salaires.
10) La mondialisation ne profite qu'aux multinationales. La mondialisation a accru le chômage et les inégalités. L'instabilité potentielle du système financier et monétaire mondial combiné à la mondialisation de l'économie sur le plan financier et sur le plan réel conduit à la catastrophe. En fait, une mondialisation généralisée n'est ni inévitable, ni nécessaire, ni souhaitable.

3.7.2. PIB ou l'approche classique par la croissance

L'approche par le produit intérieur brut consiste à mesurer l'évolution quantitative de la production de biens et de services. Tout est ramené à la sphère monétaire, la croissance économique mesure alors les quantités matérielles et l'expansion quantitative de la production. Tout est monétarisé sur la base du prix payé, mais à monnaie constante c'est-à-dire ramenée à une base de prix en éliminant l'inflation (ou la déflation).

Trop peu de place est laissée à la *qualité* du bien ou du service. Le prix est sensé représenter la *valeur* sans préciser s'il s'agit de la *valeur d'échange* ou de la *valeur d'usage*.

Pour les biens matériels, cela pose déjà le problème sur le plan de la durabilité du bien et donc de son incidence sur le plan de l'environnement, par la consommation de ressources, soit sous forme de matières premières soit sous forme d'énergie, et de consommation d'externalités (biens communs comme l'air, l'eau, les sols, etc.) et la production d'externalités négatives (déchets et pollutions de toutes natures).

Pour les services marchands, le prix représente la *valeur d'échange*, pas la *valeur d'usage*, mais pour les services non marchands (éducation, santé, services sociaux, services d'administration, bref tous les services publics) la *valeur sociale* qui est *qualitative* tout autant que quantitative n'est pas prise en compte : tout est comptabilisé au prix de la production, c'est-à-dire matières et salaires additionnés.

L'approche par la croissance détruit de l'emploi : la relation entre la croissance et l'emploi est simple. La productivité de l'emploi (à ne pas confondre avec le travail) est le rapport entre les quantités produites et les quantités d'emploi nécessaires et mesurées en heures ou en minutes. Si la croissance est inférieure aux gains de productivité, il y a diminution du volume de l'emploi et augmentation du chômage. Dans ce système classique, une trop faible croissance ou une trop forte productivité ont le même effet : le chômage. Pour maintenir le volume d'emploi, il n'y a qu'une solution : la diminution du temps de l'emploi (appelé à tort diminution du temps de travail), ce que le capitalisme s'efforce de combattre.

3.7.3. L'approche du bien-être et de la durabilité

Le *bien-être* est procuré par la *qualité*, c'est-à-dire par la *valeur d'usage* et par la *valeur sociale*.

La durabilité est procurée également par la qualité (la valeur d'usage et la valeur sociale), par la diminution de la consommation des matières premières et des biens communs (air, eau, sols, etc.) et par la diminution de la production d'externalités négatives (déchets, et pollutions de toutes natures).

L'épuisement des ressources fossiles, la lutte contre le réchauffement climatique, la lutte contre la disparition de la biodiversité, la lutte contre toutes les pollutions, nous obligent à *remettre en question la croissance quantitative et son mode de comptabilisation par le PIB*.

Le maintien du volume d'emploi et la lutte contre le chômage nous obligent à remettre en question la recherche de productivité et la recherche de profit telle que définie par le capitalisme libéralisé et ses dérives financières.

Le productivisme et le compromis fordien ne sont plus de mise. La *valeur ajoutée* du futur, celle de l'approche *du bien-être et du durable*, doit être comptabilisée à partir, d'une part, de la *valeur d'usage* et de la *valeur sociale* en ce compris la *production de la quantité d'emploi*, et d'autre part, de la *valeur soustraite* ou *disvaleur* qui doit être comptabilisée à partir de la *consommation de biens communs* et de la *production d'externalités négatives*.

La solidarité assurée par l'État consistera à assurer une durabilité sociale et environnementale en assurant un *pouvoir d'achat durable*, et en réduisant les inégalités par le haut et par le bas par la *taxation des riches*, la *taxation de consommation de biens communs et la production d'externalités négatives*.

3.8. La rationalité des décisions et des choix

3.8.1. Limites de la rationalité

L'approche par le contrat social développée depuis Hobbes est une approche selon laquelle les hommes devraient choisir d'abord l'organisation de leurs institutions et de leurs règles avant d'entrer dans la vie sociale (contractualisation). Elle repose sur une conviction qu'il doit exister une combinaison précise de principes qui pourraient servir de base aux institutions sociales idéales. Cette conception peut être appelée « institutionnalisme transcendantal ».

L'approche par le contrat social s'est poursuivie avec John Locke, Emmanuel Kant, et John Rawls. John Rawls est le père de la Théorie de la justice. Les « *biens premiers* », pièce maîtresse du dispositif redistributif imaginé par John Rawls, sont au départ les *choses que tout homme rationnel est supposé désirer, car à lui utiles, quel que soit son projet de vie rationnel*. Au cours de sa vie, il a changé la formulation en les *choses dont les citoyens considérés comme des personnes libres et égales vivant une existence complète ont besoin*. La transformation de l'*homme rationnel* et de *projet de vie rationnel* en *citoyens considérés comme des personnes libres et égales* et *vivant une existence complète* ne convaincra personne de ce qu'est la rationalité des décisions et des choix, surtout pas en économie.

Qui peut comprendre ce qu'est un projet de vie rationnel ou même une existence complète, sinon le contraire de la vie par hypernormativité ? La vie est « *rationalisée* », alors que sa nature est toute autre. La forme la plus organisée de vie, l'*Homo sapiens*, est contrôlée par le cerveau, qui n'est pas *rationnel*, comme l'explique le neuroendocrinologue Jean-Didier Vincent[30] :

> Le cerveau est le terrain de « je » du corps. C'est parce qu'il a un cerveau qui éprouve tout ce qui advient dans et par son corps, avec son lot de souffrance et de plaisir, que l'homme peut dire « je ». Et tous les souvenirs, toutes les manières d'être, toutes les aptitudes et tous les comportements

30 Vincent, J. D., *Voyage extraordinaire au centre du cerveau*, Paris, Odile Jacob, 2007.

usuels qui constituent notre identité, ce « moi » dont nous nous parons, sont aussi le produit de notre cerveau. Mais il ne faut pas oublier que c'est à « vous » que « je » m'adresse, c'est-à-dire à un autre cerveau, voix d'une autre chair portant son propre lot de souffrance et de plaisir. Le cerveau, support de l'individuation et du moi, est donc aussi celui du « nous », de la société des hommes. On notera ainsi, dans ce livre, deux fils directeurs qui souvent s'entremêlent. Le premier est le plaisir et sa compagne la souffrance, qui gouvernent l'ensemble de nos actes et de nos représentations du monde ; le second est « l'autre », tant le besoin et la reconnaissance d'autrui constituent l'essence de l'humain.

Ce cerveau qui assume le destin de chaque homme est bien sûr le support de l'intelligence, mais c'est aussi le siège de passions indicibles et le refuge de la bête immonde qui rend parfois l'humain infréquentable. Agent au service de l'intelligence, fondement d'une part de notre liberté, il fait la loi dans le corps, et nul esprit supérieur ne lui dicte ses décisions et ses inclinations. Mais cette chair sur laquelle il règne sans partage exerce sur lui en retour une emprise dont il ne peut se défaire, contraint qu'il est par ses besoins, ses désirs et ses manques. Comme tous les tyrans.

Dans la définition du contrat social, d'autres rejettent cette notion de justice idéale ou parfaite pour faire des comparaisons de degré de justice et d'injustices relatives dans des sociétés existantes de cultures différentes. C'est le cas d'Adam Smith, Condorcet, John Stuart Mill, Karl Marx et surtout l'économiste Amartya Sen, qui critique à la fois la rationalité de certaines théories économiques telles que l'optimalité de l'allocation des ressources et la rationalité de la justice.

Avec le fonctionnement du cerveau, on est loin de la rationalité, de la liberté complète et égale pour tous, et on est encore plus loin de l'*Homo economicus*.

Jean-Didier Vincent distingue les *désirs naturels seulement*, des *désirs naturels non nécessaires* et des *désirs non naturels et non nécessaires*. Seuls les désirs *naturels* répondent à un besoin : boire, se nourrir, se mettre à l'abri du chaud et du froid, les désirs non nécessaires prétendent améliorer les premiers : habitation luxueuse, vêtements sur mesure, alimentation sophistiquée, etc.

Les désirs *non naturels* sont excessifs et violents.

Même les désirs naturels peuvent se transformer en consommation aux conséquences *non nécessaires* : c'est une calamité qui frappe en premier lieu le monde développé et qui n'a plus rien à voir avec *se nourrir*. L'obésité est une réalité physique et médicale, qui (en économie rationnelle) contribue à la croissance : selon l'Organisation mondiale de la santé, en 1999-2000, 30 % de la population des États-Unis était obèses, 60 % avaient une surcharge pondérale. Les obèses contribuent à la croissance et à augmenter les dépenses de santé, mais quel est le gain qu'ils engendrent pour eux-mêmes et pour l'ensemble de l'humanité ?

La rémunération des dirigeants d'entreprises et en particulier ceux des banques et autres institutions financières est une forme d'obésité, mais en plus de cette *maladie du corps*, le *cerveau* de ces dirigeants présente aussi d'autres dérèglements de leurs désirs et de leurs passions.

Jean-Didier Vincent est un neurobiologiste, il parle de désirs, jamais de besoins. L'économie parle de besoins et nous avons vu que beaucoup de ces besoins supposés sont en réalité artificiels parce qu'ils sont créés par la publicité.

3.8.2. La crise de 2008-2009 : l'irrationalité

Depuis la crise de 2008-2009, de nombreux économistes nous demandent de faire la différence entre l'économie réelle et l'économie de la finance qui vient de perdre 25 000 milliards de dollars. Il paraît aussi que ces sommes perdues n'étaient pas *réellement dans l'économie réelle*, mais qu'elles n'étaient que des *promesses de gains pour le futur*. L'opposition entre l'*économie réelle* et l'*économie financière* ne résiste pas à l'analyse. La monnaie est nécessaire à la production, à l'échange et à la consommation, donc à l'économie. Mais la monnaie ou l'argent ne sont pas neutres, l'économie en substituant la valeur d'échange à la valeur d'usage crée aussi de la *disvaleur* qui ne correspond à aucun besoin. Lorsque l'économie invente le crédit pour accélérer la vitesse des échanges, elle crée un mal supplémentaire parce qu'elle introduit un risque qui n'existait pas s'il y a pur échange. Lorsque la monnaie est recherchée pour elle-même grâce à la spéculation et tous les produits financiers qui transforment les risques en risques cachés, en risques non probabilisables, le chaos peut s'installer du fait du hasard chaotique (voir ci-dessus).

En économie, le courant monétariste libéral (avec des auteurs comme Milton Friedmann ou Frederich Hayek) continue à avancer la souhaitable neutralité de la monnaie. Pour des sociologues comme Georg Simmel, la monnaie est une institution sociale, au même titre que l'école, l'Église, l'Armée ou l'État. Comme institution sociale, elle participe à la constitution du lien social, elle assure une coordination, un lien, un accord possible, entre des individus atomisés mais appartenant à la même société et donc, d'une certaine manière, obligés de vivre ensemble. L'argent est une construction sociale qui a un impact sur les relations humaines, que l'on ne peut pas penser indépendamment de la société réelle dans laquelle il circule et que l'on ne peut pas penser en dehors des relations. C'est la position défendue par Michel Aglietta et André Orléans dans *Pour une nouvelle théorie sur la monnaie*[31].

La détention de monnaie et surtout la détention de tous les produits financiers dérivés, induisent une grave perte d'information équivalente à la création d'entropie ou de ce que nous avons appelé de la *disvaleur*. L'épargne introduit un risque, mais les autres produits financiers introduisent un risque plus considérable, donc une plus grande *disvaleur* encore. D'où l'intérêt d'une loi comme le *Glass-Steagall Act* qui sépare clairement deux risques d'une intensité différente.

Amartya Sen affirme :

> Ce qui nous fait bouger n'est pas tellement le constat que le monde est loin d'être juste – la plupart d'entre nous n'attendent rien de tel – mais plutôt le fait qu'existent clairement des injustices auxquelles on peut remédier.

Il souligne les limites du traitement de l'injustice par l'approche du Contrat social, parce que celle-ci se base sur une conviction injustifiée, prétendant qu'il existe une combinaison précise de principes qui pourraient servir de base aux institutions sociales idéales. Contrairement à cette vision un peu étroite, il prétend qu'il existe une théorie du choix social (de Condorcet à Kenneth Arrow) offrant une pluralité de principes tous en compétition et chacun ayant fait l'objet d'un examen critique, pouvant déboucher sur des améliorations possibles des institutions et des lois existantes.

Grâce à cette pluralité, nous sommes capables d'affronter et de résoudre les problèmes qui se posent sans en revenir aux fondements de la justice et nous avons de bonnes raisons pour tenter d'éliminer ce que nous pouvons identifier comme les injustices à travers le monde.

Comprenne qui pourra[32] !

3.8.3. Publicité et télévision : créatrices de disvaleur

Dans une société du laisser-faire, celle que Zygmund Bauman appelle la « modernité liquide », l'économie pulsionnelle a remplacé l'économie des êtres désirants qui attachent une valeur à chaque chose. La culture, la civilisation consiste précisément à construire un système de valeurs, une éthique. La valeur résulte de la sublimation des valeurs attractives ou répulsives attachées à chaque chose, de la construction

---

31 Aglietta, M., et Orléans, A., *Pour une nouvelle théorie sur la monnaie*, Paris, Odile Jacob, 2002.

32 Pour avoir une compréhension plus complète des contradictions entre l'éthique, l'économie, l'intérêt personnel, l'optimum de Pareto, la rationalité, les droits et la liberté, on peut se reporter à « Éthique et économie » par Amartya Sen, Paris, Presses universitaires de France, mars 1999.

d'un *sur-moi*, pour le dire en termes psychanalytiques. Une société sans surmoi est une société sans civilisation.

La publicité et la télévision sont responsables de la destruction du surmoi par l'invasion du pulsionnel dans nos comportements quotidiens. La télévision (les mass-médias en général) est une industrie financée par la publicité. Les programmes de télévision sont conçus pour fabriquer du temps de cerveau disponible[33]. La télévision est un appareil qui produit des effets de captation sur la conscience et qui transforme les individus en « foules artificielles ».

L'économie capitaliste libérale du laisser-faire et du tout marché ne peut pas se passer de publicité ni de télévision. Plus il y a d'offres sur les marchés, plus les désirs humains croissent. La publicité et la télévision rendent ces désirs essentiellement pulsionnels. Grâce à elles, il n'y a plus de limite aux dits besoins humains. Les économistes voudraient nous faire croire que les consommateurs prennent des décisions rationnelles lorsqu'ils effectuent un choix et effectuent une acquisition de bien ou de service, alors qu'ils préconisent l'utilisation de la publicité et de la télévision pour stimuler la demande. Ces économistes se moquent de nous, ils se moquent de la culture, de la civilisation et de l'éthique. Il faudrait comptabiliser en *disvaleur* toutes les dépenses publicitaires au lieu de les faire figurer comme des productions de richesses dans le PIB.

3.8.4. L'irrationalité de la modernité liquide

> Ainsi, niant toute responsabilité dans la faillite de Lehman Brothers, son patron, l'arrogant Richard Fuld a accusé les régulateurs et le Congrès d'être à l'origine de la faillite de la quatrième plus grosse banque d'investissement new-yorkaise. Comment expliquer cette attitude des « maîtres de l'univers », comme l'écrivain Tom Wolfe les a appelés dans Le Bûcher des vanités ? « Le comportement des banquiers est très différent de celui des industriels, plus enclins à reconnaître publiquement leurs erreurs. La complexité des produits financiers leur donne un sentiment de supériorité. L'agressivité est une valeur reconnue. Dans un univers macho, hyper compétitif, les excuses donnent une image de vulnérabilité et d'incompétence insupportable », souligne Daniel Diermeier, professeur de management à la Northwest University, à Chicago[34].

Ce que je vous invite à comprendre est que :

- l'économie réelle ne comprend rien à l'entropie et son équivalent la *disvaleur*, qu'elle ne comprend rien au temps puisqu'elle accepte des promesses virtuelles d'une partie d'elle-même qui n'est

---

33 Selon une déclaration de Patrick Le Lay, à l'époque président de la chaîne de télévision française TF1.

34 Roche, M., dans *Le Monde*, 25 octobre 2008.

pas « *réelle* », et qu'elle transforme un risque plus ou moins prévisible en risque chaotique,

- l'économie ne mérite pas le nom de *science*, qu'elle n'est pas *rationnelle*, contrairement à ce qu'elle prétend, et ne peut prétendre encore à être un *art*,
- nous aurons bien une crise de l'économie réelle, suivie d'une crise sociale et sans doute de crises politiques et des crises environnementales, les patrons de banques d'affaires sont parfois des malades mentaux dangereux pour l'ensemble de l'humanité,
- il faut absolument réguler les marchés financiers comme je l'ai déjà souligné, parce que l'économie n'est pas autorégulatrice, elle est bien au contraire spéculatrice, ce qui entraîne tous les problèmes.

Les chefs d'États prétendent devoir rétablir la *confiance* dans l'économie. Edgar Morin[35] écrit :

> L'économie, qui est la science sociale mathématiquement la plus avancée, est la science socialement et humainement la plus arriérée, car elle s'est abstraite des conditions sociales, historiques, politiques, psychologiques, écologiques inséparables des conditions économiques. C'est pourquoi ses experts sont de plus en plus incapables d'interpréter les causes et les conséquences des perturbations monétaires et boursières, de prévoir et de prédire le cours économique, même à court terme.

Comme a dit John K. Galbraith, « l'unique fonction des prévisions économiques est de faire paraître respectable l'économie. »

3.8.5. Qui ose encore avoir confiance dans les économistes ?

Il n'est de pire sourd que ceux qui ne veulent pas entendre. D'éminentes *personnalités internationales*, comme Georges Soros, Henri Kissinger, Jeremy Sachs et même des prix dit-Nobel d'économie comme Edmund Phelps[36] ont reconnu que si on avait exercé un minimum de contrôle on aurait évité ou atténué les crises financières.

Une mesure telle qu'imaginée par James Tobin, remise à jour par le professeur Paul Bernd Spahn, est tout à fait envisageable : la taxation des transactions financières spéculatives pour introduire une boucle de rétroaction négative sur la spéculation. Malgré les nombreuses mises en

---

35 Morin, E., *Vers l'abîme ?*, Paris, de l'Herne, 2007, p. 50.

36 Phelps, E., dans son discours Nobel : « Dans la théorie néo-classique, les objets théoriques ne sont pas des actions humaines telles que nous les connaissons, mais "les prix et quantités". Elle opère ainsi une coupure avec l'histoire et les humanités : la théorie néo-classique de la croissance est justement célèbre pour n'avoir rien d'humain ».

garde, les cours, les colloques sur l'*entreprise citoyenne* ou sur la *responsabilité sociale et environnementale des entreprises*, il est évident que ne sont dupes que ceux qui le veulent bien.

Sur un plan plus fondamental, indépendamment de toutes considérations globales sur l'*économie* en général, il y aurait lieu de revoir les différentes significations de l'*argent*. Nous avons souligné son inadaptation et son incapacité à répondre aux impératifs et à l'intégration de la dimension temporelle des paramètres qui régissent les fonctionnements de l'humanité. Il va de soi que l'*argent* n'arrive pas plus à y intégrer les dimensions spatiales. L'*argent* est une dimension réductrice et artificielle qui mérite d'être régulée, sinon contrôlée dans un univers spatio-temporel. Antony Giddens s'accorde sur ce point :

> l'argent est un ajournement, permettant de relier débit et crédit lorsque l'échange immédiat des produits est impossible. On peut dire que l'argent est une façon de mettre le temps entre parenthèses, et donc de dégager les transactions de lieux d'échanges particuliers. Ou plus exactement, l'argent est un outil de distanciation spatio-temporelle. L'argent permet d'effectuer des transactions entre agents très éloignés les uns des autres, spatialement et temporellement[37].

Ce dernier n'est pas spécialement un activiste de gauche, reconnaît que l'argent est une *variable* dépourvue de contextualisation spatio-temporelle. L'histoire de l'humanité n'est pas uniquement l'histoire de l'argent, il faudrait bien un jour le comprendre, d'autant plus que l'histoire de l'argent ne participe pas à une quelconque construction éthique.

Il ne faut pas confondre *argent* et *valeur*. Maurice Allais, prix d'économie de la Banque de Suède en souvenir d'Alfred Nobel, disait :

> La valeur est au prix, ce que la température est à la chaleur. Le prix n'est pas une quantité inhérente à une chose, comme son poids, son volume ou sa densité. C'est une qualité qui lui vient de l'extérieur et qui dépend des caractéristiques psychologiques et techniques de l'économie.

Dans ces conditions, parler de la valeur d'un bien ou d'un service en lui-même est dépourvu de sens. Le sens ou la valeur ne peut lui être apporté que par le comportement de ceux qui sont prêts à s'en séparer ou de l'acquérir. Leur confrontation est organisée par le marché, lieu mythique où chacun compare le plaisir à disposer du bien ou du service au déplaisir qu'un autre a à s'en priver ; le but de la comparaison est d'obtenir la satisfaction globale la plus élevée. Nous avons vu que la valeur d'usage est différente de la valeur d'échange. Le moyen d'échange est la *monnaie* ou l'argent. Mais le marché n'est pas localisé

---

[37] Giddens, A., *Les conséquences de la modernité*, Paris, L'Harmattan, 1994.

géographiquement puisque les transactions peuvent se faire à plusieurs endroits en même temps et avec un prix différent ; il n'est pas non plus défini temporellement. La transaction peut se faire aujourd'hui, demain ou elle a pu se faire hier au même prix entre les mêmes acteurs.

Il y a donc bien distanciation spatio-temporelle par rapport à la monnaie, mais pas seulement. Il y a également une distanciation spatio-temporelle entre l'économie locale, la micro-économie et la macro-économie qui se veut globale mais qui ne l'est ni dans ses théories, ni dans la manière dont elle doit s'adapter aux conditions locales.

3.9. Qu'est-ce que l'économie en définitive ?

L'économie nécessite une révision fondamentale de ses fondements pour devenir autre chose qu'une méthode autoritaire d'assujettissement d'une partie de l'humanité (la très grande majorité de celle-ci) par rapport à une autre partie de celle-ci (une infime minorité de ceux qui sont les plus riches).

Les fondements même de l'économie, si on veut bien en revenir aux définitions originelles et aristotéliciennes, sont la *tenue de la maison humaine* (exégèse que je me permets de faire, parce que personne n'a le droit d'exprimer la pensée d'Aristote dans le contexte actuel). Si on en revient à l'essence de cette pensée d'origine, il faut bien admettre qu'il faut réviser les fondements de l'économie, et qu'elle est n'est plus convenablement pensée aujourd'hui. Cette dernière, telle qu'elle est comprise et enseignée aujourd'hui dans les écoles de commerce (*business schools*) va à l'encontre du principe de proportionnalité pour *sortir tout droit de l'enfer*. La croyance économique est devenue dogmatique : elle est incapable de sortir des dogmes fondateurs qui n'ont plus lieu de l'être[38]. Adam Smith a écrit les premiers fondements de l'économie *De la richesse des Nations*. Ces nations étaient les Nations de l'époque. Mais que sont les Nations aujourd'hui ? Et comment doit-on les regarder dans la perspective historique de la colonisation, de l'esclavagisme, des guerres entre nations, d'autres formes de dominations et de la tentative de dépasser le stade de la Nation, ne serait-ce que celui de l'Union européenne ?

L'Union européenne n'est-elle pas une tentative ontologique et éthique de dépasser ce stade de la Nation ? N'est-elle pas une association d'États nations, qui ne prélèvent plus l'impôt du sang sur ses populations en ne se faisant plus la guerre entre eux ? Ne doit-elle pas renoncer à d'autres formes de violence comme la violence économique

---

[38] Lebaron, F., *La croyance économique*, Paris, Le Seuil, 2000.

résultant de soumission des relations sociales à la violence des marchés régis par la seule *concurrence libre et non faussée* ?

Dans une optique globale, ne nous trouvons-nous pas devant une conception (ancienne) de la Nation, ou de ce qui peut la sous-tendre, et qui est différente entre l'Union européenne et les États-Unis ? (voir ci-après). La conception (ancienne) de la nation n'est-elle pas une entrave majeure à la redéfinition de l'économie dans une conception humaine et respectueuse du principe de proportionnalité ?

Adam Smith, Riccardo et tous les autres pères de l'économie raisonnaient dans des cadres aujourd'hui dépassés. Certains économistes ont voulu donner aux hypothèses de base des fondements *scientifiques*. Non seulement les hypothèses de base ne sont plus réunies parce qu'il faut dépasser le concept (ancien) d'État pour aller progressivement vers celui d'*humanité*, mais encore beaucoup des développements pseudo-scientifiques de l'économie-science enseignée sont bancals.

Le cadre de l'Union européenne est-il un cadre de développement des richesses des seules nations ?

À l'intérieur de l'Union, nous aurions dû dépasser ce concept, mais ce n'est pas vraiment le cas. Jean-Paul Fitoussi le reconnaît dans un constat remarquable[39] : il constate en effet que *la situation européenne actuelle conduit à une compétition interétatique basée sur la désinflation compétitive*. Mais il y a bien longtemps que cet économiste intelligent fait des constats significatifs, sans pour autant qu'il arrive à remettre en question les dogmes fondamentaux de l'économie. Bien au contraire, il persiste à en défendre les fondements et les mécanismes prétendus rationnels. Nous méritons plus de la part de ces économistes institués et très intelligents, à moins qu'ils ne soient simplement institués, auquel cas ils auraient perdu toute leur crédibilité et surtout la crédibilité d'un éventuel caractère scientifique attribué à l'économie : une théorie qui ne veut pas se soumettre à l'examen des faits, n'est plus une théorie scientifique mais bien un dogme.

Avec l'économie, telle que pensée et enseignée aujourd'hui dans la majorité des universités et des écoles de commerce (*business schools*), nous nous trouvons malheureusement dans ce cas de figure : l'économie est devenue le catéchisme d'un dogme, c'est-à-dire une série de recettes déconnectées du regard critique porté sur la réalité social-historique.

L'économie basée sur la croissance du PIB (Produit intérieur brut) tel que calculé aujourd'hui ne peut conduire qu'à la catastrophe. D'une part, il présuppose une compétition entre États, ce qui est déjà une

---

[39] Fitoussi, J. P. & Le Cacheux, J., *L'état de l'Union européenne en 2007*, Paris, Fayard, 2007.

aberration en soi compte tenu des arguments développés ci-dessus et qui montrent que l'humanité n'a plus grand-chose à trouver dans les États, et d'autre part que l'ensemble des critères ne sont plus du tout adaptés à une économie de l'humain : les indicateurs sont inadaptés, personne ne prend en compte l'essence même de l'humain, qui est le potentiel du néocortex, ni dans la conception de l'éducation, ni dans la compréhension de l'innovation.

En effet, la conception de l'innovation ne se préoccupe pas de la manière dont la connaissance se construit (épistémologie), pas plus qu'elle ne se préoccupe de la manière dont elle se structure par rapport aux rapports entre l'homme et la manière dont il se conçoit (ontologie).

Par ailleurs, l'incertitude ontologique a des implications pour les processus d'innovation dans toutes les organisations de la société et ce à trois niveaux :

- au niveau de la narration de l'action à entreprendre au titre de l'innovation et de ses conséquences prévues, faite par les acteurs individuels et collectifs (économiques et autres),
- au niveau des relations génératrices de l'action au niveau médian, résultant de l'interaction entre agents, tous les agents depuis le local jusqu'au communautaire,
- au niveau des structures en réseau au niveau macro dans les systèmes de marchés, dans les infrastructures, dans les réseaux de distribution et de communication.

Cela signifie que la mise en place de l'innovation n'est pas neutre sur le plan de l'éthique. Le travail technico-politique ne suffit pas malgré qu'il ne soit pas simple lui-même. Les acteurs sont payés financièrement et par la reconnaissance de leurs qualités pour exercer leur fonction. Cela devrait se faire en toute indépendance idéologique et en toute indépendance par rapport aux groupes d'intérêts particuliers, ce qui est évidemment impossible. L'innovation n'est donc jamais neutre sur le plan éthique. Nous reviendrons sur la question. Nous avons déjà montré que innovation technologique est une source d'aliénation pour le travailleur.

Les mondes de l'économie et de la politique ont décrété une certaine « indépendance » qui n'existe pas et qui est tout à fait dommageable à une prise en considération de l'individu et de sa sociabilisation. Ces mondes se sont aliéné leur indépendance parce qu'ils se sont pliés aux dogmes *économiques* qui sont inacceptables sur le plan éthique.

L'Union européenne dispose-t-elle des outils pour faire évoluer les choses à défaut de pouvoir les changer de fond en comble ? Non, bien sûr !

En ce qui concerne l'article 119 du TFUE (Traité sur le fonctionnement de l'Union européenne) concernant la politique économique, les paragraphes 1 et 2 se terminent par « conformément au respect du principe d'une économie de marché ouverte où la concurrence est libre ». Cette fin de paragraphe devrait être modifiée de la manière suivante pour être conforme à l'article 3 du Traité sur l'Union européenne définissant les objectifs de l'Union : « conformément au respect du principe d'une économie sociale de marché hautement compétitive, qui tend au plein emploi et au progrès social, et un niveau élevé de protection et d'amélioration de la qualité de l'environnement ».

Il en est de même en ce qui concerne la Politique commerciale extérieure. L'article 206 du TFUE stipule : « Par l'établissement d'une union douanière conformément aux articles 28 à 32, l'Union contribue, dans l'intérêt commun, au développement harmonieux du commerce mondial, à la suppression progressive des restrictions aux échanges internationaux et aux investissements étrangers directs, ainsi qu'à la réduction des barrières douanières et autres. » Cet article devrait être complété avec : « *sous la réserve expresse que cette suppression et cette réduction soient effectivement compatible avec les objectifs fondamentaux du Traité, notamment quant à tendre vers le plein emploi.* »

4. Propositions

4.1. L'Union européenne aujourd'hui

Suite au sommet de Laeken et aux travaux de la deuxième Convention (2002-2003), on semblait avoir reconnu la nécessité d'en revenir au projet éthique puisque le texte du défunt Traité constitutionnel européen reconnaissait que *l'union a pour but de promouvoir la paix, ses valeurs et le bien-être de ses peuples*[40], ce qui est devenu l'alinéa 1 de l'article 2 du Traité sur l'Union européenne (TUE). Quant aux valeurs, elles étaient définies à l'article I-2 du Traité constitutionnel, devenu l'article 2 du TUE : le respect de la dignité humaine, la liberté, la démocratie, l'état de droit, le respect des droits de l'Homme, dans une société caractérisée par le pluralisme, la tolérance, la justice, la solidarité et la non-discrimination.

Le malheur veut que le débat soit resté et reste encore centré sur les *valeurs*. Car celles-ci sont *relatives*, *interprétatives* et souvent *contradictoires* : liberté contre respect de la dignité humaine par exemple, plein emploi contre compétitivité, etc.

---

40 Article I-3-1 du Traité constitutionnel (TCE).

Prenons l'exemple du respect des droits de l'homme. Le philosophe Marcel Gauchet[41] a écrit :

> Si les droits de l'homme impliquent une vision globale de l'être-ensemble et posent la question à ce titre, il y a mille manières de les comprendre culturellement et de répondre à leurs impératifs. À la différence de l'universel scientifique, ils s'accommodent d'une multiplicité de versions pratiques. C'est une de leurs forces qu'il faut savoir exploiter. L'universalité de la référence n'empêchera pas qu'il y ait plusieurs civilisations des droits de l'homme. La planète de l'universel sera plus que jamais celle de la multiplicité culturelle.

Ces discussions au sujet des valeurs sont stériles parce qu'on recherche la quadrature du cercle en les sortant du contexte culturel. Elles sont à l'origine de la mort du Traité constitutionnel parce que les partenaires n'ont pas voulu aller au bout du débat. En effet, même les conventionnels n'ont pas osé aborder les problèmes éthiques pour arriver à résoudre les questions sociales, les questions environnementales, les questions sur ce qu'est la richesse et son appropriation (soit la propriété privée), et comment la répartir dans une société de paix.

Au sein de la deuxième Convention, les commissions Hänsch et Katiforis[42] (pour ne prendre qu'un exemple) ont échoué. *C'étaient celles de la question sociale, de l'être-ensemble.* Beaucoup d'autres ont échoué : celles concernant la définition du modèle social, le financement de l'Union, le fonctionnement des marchés financiers, les questions environnementales et, *a fortiori*, celles relatives aux rôles et pouvoirs des institutions de régulation et de justice, et à la place de la connaissance (expliquant entre autres la faillite de la stratégie de Lisbonne[43]). Car la place de la connaissance est centrale dans l'éthique.

---

41 Gauchet, M., *Le Débat n° 153*, Paris, Gallimard, 2009.

42 La commission présidée par Klaus Hänsch a été mise en place dès le début de la Convention pour s'occuper de la Charte. Elle n'a pas pu arriver à des recommandations qui fassent consensus. Devant cet échec, une nouvelle Commission, présidée par Katiforis, a été mise en place en janvier pour aborder les questions sociales, elle a remis ces conclusions début 2003. Toutefois, le secrétariat du Présidium a très peu tenu compte de celles-ci dans le texte final.

43 La Stratégie de Lisbonne devait promouvoir l'Europe de la connaissance en méconnaissant complètement ce qu'est la connaissance et en mettant l'accent sur la compétition. La connaissance est une dynamique, une création perpétuelle d'idées, un cheminement dans lequel celui qui chemine crée son chemin en cheminant. La connaissance ne se décrète pas, paradoxalement elle ne se connaît pas elle-même. Vouloir fonder une stratégie sur elle correspond à pouvoir prétendre traverser le mur des théorèmes de Gödel (tout système axiomatique logique aboutit nécessairement au-delà d'un seuil de complexité à des contradictions internes et à des propositions indécidables) et de Shannon (en théorie de l'information, ce théorème démontre qu'il est impossible à un système quelconque de se connaître intégralement lui-même).

Ce n'était peut-être pas le rôle des conventionnels de trouver des solutions éthiques, mais il faut bien constater qu'ils n'ont pas non plus trouvé de solution politique. C'est pourquoi, il est grand temps de s'interroger sur les raisons pour lesquelles le projet éthique et politique est en panne.

Il faut sortir de cette situation quasi bloquée. Il faut oser aller au fond des choses concernant le *modèle européen*, le *comment vivre ensemble à l'européenne.* Il s'agit de définir comment *sociabiliser* les citoyens européens d'aujourd'hui en tenant compte de la richesse de leur diversité. La question des limites entre ce qui devrait être permis et ne pas être permis relève de l'éthique ; la politique et l'économique doivent être à son service. La confusion actuelle entre économique et politique doit être réexaminée à la lumière de la mondialisation et du capitalisme total en fonction des principes éthiques. Le politique doit reprendre le dessus sur l'économique. Il faut remettre l'humain et la planète au centre du *vivre ensemble à l'européenne.*

4.2. L'ambiguïté de l'article 3-3 du TUE

L'article 3-3 du Traité sur l'Union européenne (TUE) est ambigu[44] lorsqu'il dit que :

> L'Union établit un marché intérieur. Elle œuvre pour le développement durable de l'Europe fondé sur une croissance économique équilibrée et sur la stabilité des prix, une économie sociale de marché hautement compétitive, qui tend au plein emploi et au progrès social, et un niveau élevé de protection et d'amélioration de la qualité de l'environnement. Elle promeut le progrès scientifique et technique.

En effet de quelle croissance économique équilibrée, de quelle économie sociale de marché hautement compétitive s'agit-il ? Celle permettant des relations asymétriques négatives de prédation ? L'exemple des dirigeants d'entreprises qui s'attribuent des *stock-options* et ne se préoccupent pas de l'avenir de ce qui n'est plus leur entreprise, montre une concession qui leur est allouée par les actionnaires moyennant une rémunération convenue (et exagérée) de ceux-ci. Ces actionnaires ne sont eux-mêmes que *de passage* dans le capital de l'entreprise, le temps d'empocher la rémunération qui va le plus souvent la priver d'avenir. La gestion de la temporalité dans les grandes entreprises est déterminée par

---

[44] La référence à la concurrence « libre et non faussée » ne figure plus dans la première partie du Traité de Lisbonne (TUE), mais elle figure toujours, au TFUE, dans la partie consacrée aux politiques. Par sa consolidation en deux Traités séparés (TUE et TFUE), le Traité de Lisbonne tente de cacher diplomatiquement une clause qui a déclenché énormément de débats en France lors du référendum et qui a pu avoir une influence non négligeable sur son issue.

la conception boursière de la temporalité, qui définit la valeur de l'entreprise en fonction d'une valeur de vente immédiate (*market to market*), tenant compte des profits futurs escomptés et donc promis implicitement. Cette valeur est artificielle dans la mesure où elle ne prend pas en compte la finalité de l'entreprise (sa raison sociale), ni les facteurs de risques liés à son histoire et à son développement, ni les facteurs de risques liés au hasard ou aux accidents toujours possible. À la limite, cette valeur dépend essentiellement de l'humeur, de la psychologie du vendeur et de l'acheteur au moment ou la transaction s'effectue.

Par ailleurs, on touche directement à la nature symétrique d'échange ou asymétrique de prédation, dans les relations entre les actionnaires et les autres *parties prenantes* et dans les relations entre les dirigeants et les *parties prenantes*. De quelle croissance économique équilibrée s'agit-il, mesurée comment ? De quelle économie sociale de marché hautement compétitive s'agit-il ?

Les *valeurs* doivent être mises en débat ! Edgar Morin affirme[45] que « *la référence aux valeurs à la fois révèle et masque la crise des fondements* ». C'est exactement ce qu'on peut penser de l'utilisation de ce terme dans des textes fondamentaux relatifs à la construction européenne. Edgar Morin cite Claude Lefort :

> Le mot valeur est l'indice d'une impossibilité à s'en remettre désormais à un garant reconnu par tous : la nature, la raison, Dieu, l'Histoire. Il est l'indice d'une situation dans laquelle toutes les figures de la transcendance sont brouillées.

Nous serions donc voués au *self-service normatif.*

Le Traité constitutionnel a malheureusement mal balisé ce *self-service* normatif en faisant une part trop belle à la société de marché et en n'osant pas envisager la reliance entre l'individu, la société et la nature (ou l'environnement). La société de marché ne relie rien.

L'affirmation de la *supériorité* de la conception occidentale, surtout américaine, d'un modèle libéral comprenant des individus *libres*, la *libre* entreprise, un marché *libre* assortis d'un système *démocratique* forment un schéma politique prétendant à la supériorité mais qui est tout à fait illusoire. L'hypothèse *théorique* qui est à la base de schéma est l'*égalité des conditions*, pour les individus, pour les entreprises, en particulier la condition d'information égale entre les acteurs. Le marché n'est jamais *parfait*, ni libre de ce fait. Le schème politique de Jefferson, un des pères fondateurs des États-Unis est donc imaginaire. La *démocratie* est

---

[45] Morin, E., *La méthode – 6. Éthique*, Paris, Le Seuil, 2004.

tout aussi imaginaire : les différences héréditaires[46] font que cette *démocratie* est inaccessible au *citoyen ordinaire*. Il s'agit donc plus d'un *despotisme démocratique*, d'un *despotisme de la majorité*. Dans ce *despotisme démocratique*, l'apathie politique du *citoyen ordinaire*, sa léthargie conformiste, son conditionnement par l'ostentatoire des médias et la décérébration de la publicité font que tout le pouvoir est entre les mains d'un *État tutélaire*. Cet État est une pyramide de sous-potentats privilégiés, bien ancrés dans leurs privilèges.

Et comme l'a écrit Georges Orwell dans *La ferme des animaux*[47], ils seraient plus égaux que les autres. Le combat consistera donc à introduire les conditions minimales pour le rétablissement théorique de l'*égalité des conditions* et à tenter qu'elles soient quelque peu rencontrées dans la pratique. C'est indispensable du point de vue éthique avant de pouvoir prétendre à une quelconque *supériorité*.

L'affirmation de la *supériorité* et l'unification technico-logico-économique qui en résulte comportent des dangers d'homogénéisation et d'abstraction, qui entrent en conflit avec des logiques et des identités ethniques et religieuses. Samuel Huntington a développé une thèse manichéenne conduisant à une guerre généralisée des cultures et des religions. Heureusement, en Europe, notre diversité culturelle nous oblige à rester vigilants et nous incite à plus de respect pour le complexe, et aussi à nous poser des questions. Est-ce inévitable ? Quelles sont les causes du conflit ? Quel examen éthique pouvons-nous en tirer ?

4.3. L'Union après le Traité de Lisbonne

L'Union européenne peut-elle définir les perspectives personnelles, politiques et sociales pour les citoyens européens après l'accord sur le Traité de Lisbonne ? Dans l'état d'avancement actuel du « *rêve européen* », la réponse est quatre fois non : non pour les perspectives personnelles, non pour les perspectives politiques, non pour les perspectives sociales et non pour les perspectives environnementales.

Le Traité de Lisbonne propose des avancées minimalistes, il n'y a pas d'espace politique, l'espace social reste quasi confiné dans l'espace des États membres parce que les libertés proclamées ne trouvent pas de concrétisation sociale dans l'espace communautaire, les perspectives personnelles sont donc de l'ordre de la liberté sans que les problèmes de

---

46 Le pouvoir aux États-Unis se transmet de plus en plus de père en fils ou au sein d'une famille.

47 Orwell, G., *La ferme des animaux*, Paris, Gallimard, 1947.

capabilité ou de capacité[48], c'est-à-dire de mise en œuvre et de disparition des entraves, ne soient résolus[49].

L'affirmation des valeurs ne constitue ni un universalisme, ni une affirmation éthique. L'éthique véritable n'est ni définie, ni affirmée pour qu'elle puisse servir de référence à l'expression d'une autorité et à l'idée de justice.

L'Union européenne se contente pour l'instant de définir le cadre d'un matérialisme à caractère cognitif et à démocratie variable, surtout basé sur une série de contrats et de conventions (traités et jurisprudence) à la fois explicites et implicites. On est bien loin de l'éthique et encore plus de la spiritualité.

Au cours des années 1970, s'impose l'idée que l'homme public décline au profit de l'homme privé. En conséquence, la société se trouve envahie par le *moi* des individus et les liens sociaux perdent de leur force. Aujourd'hui les Européens (pas seulement eux) recherchent leur jouissance immédiate (souvent essentiellement pulsionnelle) et la maximalisation de leur bien-être matériel et de leur sécurité dans un espace spatio-temporel réduit (ici et maintenant), en utilisant des mécanismes contractuels : le contrat de la paix, l'espace de négociation de l'individu ou d'un groupe qui varie selon la nature de la question à négocier, relations affectives et/ou sexuelles, emploi, logement, accès à la santé, etc. Chacun attend que la négociation se passe d'une manière harmonieuse pour répondre à sa stratégie du désir, ce qui est rarement le cas. Il ne s'agit plus véritablement de sociabilisation comme on l'entendait au XIXe ou au XXe siècle, mais d'une sociabilisation individuelle, par contrats localisés passés entre individus caméléons.

Pour résoudre le problème de l'Union dans la diversité, il faut absolument un minimum d'éthique, c'est-à-dire d'universalité humaine et un minimum de références communes, tout en respectant la liberté individuelle, l'égalité des cultures, les particularités religieuses et philosophiques. Il faudrait sortir du seul bien-être matériel et individuel, tel qu'il est défini en économie par l'utilité. Il faudrait pouvoir au moins définir un bien-être social, le *faire société* et un bien-être combattant toutes formes de violence, y compris la violence institutionnelle.

4.4. *L'UE face à la vision anglo-saxonne*

Des deux côtés de l'Atlantique, nous employons les mêmes mots : démocratie, liberté, individualisme, égalité, autonomie, public, privé, république. Mais ils n'ont pas tout à fait le même sens.

---

48 Sen, A., *Un nouveau modèle économique*, Paris, Odile Jacob, 2000.

49 Sen, A., *ibid.*, voir le chapitre 5 « *Citoyenneté et démocratie participative* ».

Les États-Unis d'Amérique ont été fondés sur et associés à l'exercice du risque avec l'appropriation des terres découvertes au nom d'une légitimité supérieure conférant le titre de propriété. Les américains sont utilitaristes et matérialistes, leur libéralisme est identifié à la faiblesse de la régulation étatique et de la protection sociale. Pour beaucoup d'Européens, la liberté et l'égalité sans fraternité sont vides de sens. Les Américains placent l'accent sur le mérite, les Européens le placent sur la protection.

Dès lors, la conception de l'équité chez les Américains réside forcément dans la prise de possession elle-même, et non dans la loyauté du commerce ou dans la reconnaissance mutuelle des parties. Les États-Unis d'Amérique sont le domicile principal du capitalisme mondial et le Royaume-Uni son domicile secondaire. Peter Sloterdijk[50] prétend que la forme économique sur laquelle s'appuie « *le rêve américain* » repose sur trois postulats :

- quiconque veut faire quelque chose de nouveau peut le faire ;
- le peuple américain est un peuple élu, cette profession de foi lui donnerait une mission particulière. La religiosité américaine découlant du calvinisme fait croire aux habitants que Dieu est avec les vainqueurs, ce qui peut leur donner une énergie criminelle qu'ils ont exploitée au cours de l'histoire (extermination des Indiens, intervention au Vietnam, en Afghanistan ou en Irak). Les Européens ne comprennent pas toujours cette religiosité puisqu'ils ont été plus influencés par le Nouveau Testament dans lequel le Tout-puissant préférerait les faibles ;
- un code de l'optimisme, qui conduit les Américains à formuler les problèmes en termes de défis, et qui les conduit à répondre aux obstacles par des programmes visant à leur élimination. Ce code est à l'opposé de celui des Européens, qui est un mélange de scepticisme, d'examen de la part d'incertain des problèmes, de diversité d'approches culturelles plus contextualisées.

La dimension religieuse imprègne l'imaginaire politique américain de la nation choisie. Avec le puritanisme en arrière-plan, comme le souligne déjà Tocqueville, le puritanisme est presque autant une théorie politique qu'une doctrine religieuse. La propriété désigne ce qui appartient en propre à chacun. L'individualisme possessif se caractérise par une conception très large de la propriété qui se fonde sur le travail. La propriété ne dérive pas des nécessités de l'ordre social, mais d'une propriété intrinsèque de l'homme comme individu. Cette conception individualiste implique la disparition de la subordination comme prin-

---

[50] Peter Sloterdijk, philosophe allemand, est considéré comme l'une des figures de la philosophie contemporaine. *Le palais de cristal*, Paris, Maren Sell, 2006.

cipe social qui est remplacé dans une large mesure par l'obligation morale, la liberté et l'obligation morale étant garanti par Dieu. L'économique n'est pas juxtaposé au politique, mais lui est hiérarchiquement supérieur. L'individualisme politique prolonge l'individualisme religieux. L'individualisme américain est moral, enraciné dans l'individu en tant qu'acteur moral et non pas dans une solidarité de groupe conçue dans le concept social de l'État. La foi en l'Amérique, nation choisie par Dieu, est fondée sur l'idée romantique de la confiance en soi.

L'Amérique de Georges W. Bush a poussé les postulats à l'extrême : unilatéralisme, auto-amnistie de la violence commise et à commettre sur les populations à l'intérieur des États-Unis et *a fortiori* à l'extérieur du territoire américain. La violence sociale du capitalisme financier n'avait jamais atteint de pareils sommets auparavant. Les postulats ont été accompagnés des mots et des images pour le dire, allant jusqu'au mensonge et à la manipulation des images. Les États-Unis de Georges W. Bush ont été accompagnés par l'allié britannique et son premier ministre Tony Blair lors de l'intervention en Irak. Celui-ci a usé des mêmes postulats et des mêmes manipulations.

Les États-Unis et le Royaume-Uni partagent d'ailleurs la même vision économique favorisant le capitalisme financier et défendant la bourse et ses spéculations financières. La thèse libérale du primat de l'économie ne peut pas gérer la politique mondiale sans garantie militaire pour assurer l'accès aux ressources énergétiques et aux matières premières, faute de quoi l'économie ne peut plus fonctionner en vertu des dogmes libéraux et productivistes.

Les Européens sont en mesure de s'émanciper de cette conception des structures occidentales en s'appuyant sur le principe de proportionnalité pour définir ses rapports à l'économie, à sa consommation des ressources énergétiques, des ressources naturelles, y compris les matières premières, et aussi les relations avec les fournisseurs de celle-ci.

La conception des structures occidentales n'est pas unique, elle ne doit pas être dictée par les États-Unis. Ceux-ci sont des alliés encombrants du point de vue de l'éthique européenne continentale, le Royaume-Uni est un membre de l'Union européenne tout aussi encombrant du même point de vue de la conception européenne de l'éthique.

4.5. Perspectives d'avenir

4.5.1. Perspective personnelle

La perspective personnelle est elle-même indissociable des autres, soit les perspectives politiques, sociales et environnementales, tout en étant à l'origine de tout, à commencer par la manière dont la stratégie des désirs personnels et individuels est structurée et canalisée.

Aujourd'hui, les règles semblent être l'urgence du présent et pour une part le court-circuitage de la conscience de soi et du « sur-moi » : la pulsion est devenue motrice pour une part importante des individus et cette pulsion est utilisée et amplifiée par les marchés, la publicité et les médias grâce et à cause de la surabondance de l'offre dans une société de marché et de consommation sans limites. La publicité joue le même rôle par rapport à l'information que la chrématistique par rapport à l'économie réelle, à savoir celle d'une boucle de rétroaction positive[51] qui amplifie le désir pulsionnel en jouant sur la partie émotionnelle du cerveau et en court-circuitant le néocortex, c'est-à-dire la seule partie du cerveau qui est propre à l'homme. La publicité ramène donc l'être humain à son animalité[52].

Je ne vais pas apporter ici de preuves de l'utilisation des pulsions par les marchés et la publicité tant elles sont perceptibles et reconnaissables à tous.

Ce qu'il faut constater, c'est qu'elles sont destructrices de la sociabilisation, c'est-à-dire de la reconnaissance de l'altérité dans son existence et dans sa différence. Lorsque je parle de la nécessité de la reconnaissance de l'altérité dans un projet constitutionnel commun, cela commence par la reconnaissance de celle-ci au plan individuel, mais pas uniquement dans l'immédiat. Cela signifie une reconnaissance dans la temporalité propre à tous les processus, à savoir les rapports entre couples, l'éducation des enfants, les rapports intergénérationnels, qui sont les bases les plus fondamentales de la sociabilisation.

Pour Emmanuel Lévinas, il faut réhabiliter la métaphysique liée à l'altérité contre une ontologie indifférente à toute éthique. Dans cette approche de l'altérité, le concept de solidarité prend toute son importance. Dans son acception générale, la solidarité caractérise des personnes qui choisissent ou ressentent une obligation morale d'assister une autre personne et réciproquement. La solidarité se distingue de l'altruisme : l'altruiste peut souhaiter aider autrui sans pour autant se sentir concerné par ce qui lui arrive, et inversement on peut se rendre solidaire d'autrui simplement par intérêt bien compris (attente d'une réciprocité) et non par altruisme. La solidarité est moins liée à l'individu, à ses actes, et au gain obtenu par l'individu qu'à la collectivité des personnes soli-

---

51 Une boucle de rétroaction positive est un mécanisme d'asservissement, ou d'automatisation, qui amplifie l'effet d'une sollicitation extérieure à un système et qui écarte plus fort le système de sa situation initiale que s'il n'y avait pas eu de mécanisme d'asservissement ou d'automation. À l'inverse, une boucle de rétroaction négative est un mécanisme qui atténue l'effet d'une sollicitation extérieure et qui ramène donc le système vers sa position initiale.

52 Lire à ce propos : Serres, M., *Le Mal propre*, Paris, Le Pommier, 2008 et Stigler, B., *La télécratie contre la démocratie*, Paris, Flammarion, 2006.

daires. La solidarité est un lien d'engagement et de dépendance réciproques entre des personnes ainsi tenues à l'endroit des autres, généralement des membres d'un même groupe liés par une communauté de destin (famille, village, profession, entreprise, nation, etc.). Tel devrait être le cas dans une communauté de citoyens liés par un traité.

Cornélius Castoriadis[53], l'un des penseurs les plus importants de la seconde moitié du XXe siècle, a développé au long de son œuvre des vues profondes et novatrices en matière d'ontologie. Celles-ci s'appuient sur une connaissance approfondie de l'héritage philosophique occidental, et sur la capacité, devenue très rare de nos jours, à intégrer dans sa réflexion les acquis les plus récents (en ce compris les apories et les interrogations) dans toutes les disciplines intellectuelles : philosophie, mathématiques, épistémologie, physique fondamentale, biologie, psychologie, anthropologie.

Il est aventureux de prétendre résumer cette pensée en quelques lignes. Pour en donner une idée, on peut dire que l'ontologie de Castoriadis se présente sous la forme de deux affirmations complémentaires :

- Le monde se prête indéfiniment à des organisations « ensidiques ». Traduite en langage courant, cette expression renvoie à un univers qu'on pourrait appeler cartésien, où chaque objet peut être identifié et classifié en termes « clairs et distincts », et où les relations entre les objets ou classes d'objets relèvent de la pure logique. C'est typiquement l'univers que prend en charge l'entreprise scientifique.
- Le monde n'est pas épuisable par ces organisations. On laisse toujours échapper quelque chose du réel si on se borne à une appréhension de type ensidique. Il existe dans tous les domaines du réel une première strate ou strate naturelle qui se plie à des organisations ensidiques, mais une autre strate sous-jacente, partout présente, reste insaisissable en termes de logique ensidique. Cette strate que Castoriadis désigne souvent par les termes de chaos, abîme, ou sans fond est en même temps le siège de la puissance créatrice immanente à ce qui est. Création, sous la plume et dans l'esprit de Castoriadis, ne signifie évidemment pas que quelque chose est produit à partir de rien. Telle qu'il l'entend, elle signifie apparition au cours du temps de nouveaux modes d'être tels que la vie d'abord et l'être-homme ensuite. C'est cette création qui permet de redéfinir sans cesse la « solidarité » dans un nouveau contexte social-historique et prendre en compte l'intersubjectivité qui caractérise les relations d'altérité.

[53] Nous répétons ici ce qui a déjà été souligné dans ce chapitre à propos de l'entropie et de la disvaleur.

Le Traité de Lisbonne est tellement ambigu et contradictoire, qu'il ne donne pas de réelle *perspective personnelle*, qu'il ne définit pas précisément la *citoyenneté européenne*[54], parce qu'il permet bien la liberté de circulation des personnes mais, il soumet celles-ci à la libre circulation des capitaux et à la dictature de l'économie et des marchés. Certains prétendent que si le Traité de Lisbonne n'était pas aussi ambigu et contradictoire, il n'y aurait pas eu de traité du tout tant les positions respectives des États étaient opposées. C'est un fait, mais les citoyens européens ne s'y retrouvent pas et le traité n'a pas démontré sa pertinence dans la gestion de la crise et en particulier dans la réponse apportée aux attaques spéculatives contre l'euro en général et la Grèce en particulier. Le traité n'a pas même montré sa pertinence dans la zone euro parce que les États, qui ont adopté la même monnaie (l'euro), n'ont pas suffisamment fait la preuve de *solidarité interétatique* pour venir supporter la *solidarité* indispensable à l'exercice, dans une perspective personnelle, de la *citoyenneté européenne*.

4.5.2. Perspective sociale

Nous venons de voir que l'individu n'est plus une personne ou un sujet, mais qu'il devient de plus en plus un objet marchand en l'absence de normes de sociabilisation à caractère éthique. La question se complique encore dans un espace économique mondialisé ou globalisé.

La relation entre l'État et l'économie globalisée devient impossible sans l'intervention d'une forme institutionnelle supranationale. L'Union européenne pourrait jouer ce rôle, mais ne le fait pas[55] ou ne peut pas le faire faute de cadre redistributif suffisant : les moyens mis à disposition sont insuffisants puisqu'il s'agit principalement de la Politique agricole commune (PAC) et des Fonds structurels et/ou autres Fonds de cohésion.

Le marché est bien un lieu d'échange, mais il n'est ni capable de définir les valeurs, ni capable d'assurer une transparence sur l'information, ni capable d'assurer une quelconque coordination, ni capable d'assurer la rationalité, ni capable d'assurer la justice, etc.

Toutes les organisations internationales chargées de mission de régulation sont en crise : Organisation des Nations unies, G8, Fonds monétaire international, Banque mondiale, Organisation mondiale du commerce, Banque des règlements internationaux, Organisation de coopération et de développement économique. De plus elles souffrent toutes d'un déficit de légitimité.

---

[54] Voir le chapitre consacré à celle-ci.

[55] Nous avons vu que la Convention a échoué sur les questions sociales.

Le poids des acteurs dans l'économie mondiale dépend de leur *pouvoir relationnel*, de la mesure de leurs ressources matérielles (population, territoire, puissance économique, capacités militaires, etc.) et repose encore sur la force, qu'elle soit militaire ou économique.

La nébuleuse des acteurs regroupe des dirigeants transnationaux comprenant des hauts responsables des États et du secteur privé qui contrôlent les rapports de production, les États et créent un consensus idéologique en leur faveur dans l'ensemble des institutions internationales. Ainsi, pour prendre un exemple, les grands cabinets d'audit internationaux ont joué un rôle déterminant dans la définition de nouvelles règles comptables internationales qui se sont imposées à tous, Union européenne comprise. On peut rappeler par exemple que le cabinet Arthur Andersen effectuait les audits comptables d'Enron et qu'il a aidé Enron à dissimuler des opérations financières illicites. Arthur Andersen a disparu de la scène pour une partie de ses activités de l'époque, une autre partie de la société existe toujours mais sous un autre nom : Accenture.

Les intérêts se regroupent au sein de cartels d'États comme au sein de cartels d'entreprises multinationales. La finance internationale, qui utilise avec la complicité de certains états les paradis fiscaux (le Royaume-Uni est reconnu par le FMI comme un paradis fiscal depuis avril 2007) et juridiques peut être qualifiée de zone de non-gouvernance, et donc capable de déstabiliser l'ensemble du système mondialisé comme cela s'est produit en Russie, en Asie du sud-est, en Argentine, au Mexique, et dans l'ensemble de l'Afrique et comme cela pourrait se produire en Turquie.

L'Union européenne en tant que telle est quasi absente des organisations internationales et de la nébuleuse des dirigeants transnationaux.

L'absence d'éthique est manifeste et la volonté affichée par le Royaume-Uni de sortir la Charte des droits fondamentaux du Traité constitutionnel puis d'exiger que celle-ci ne s'applique pas à lui dans le Traité de Lisbonne, est une preuve de plus que cet État est un État bandit.

L'Union européenne a donc besoin d'un acte juridique lui donnant une personnalité juridique, des principes éthiques qui puissent donner du contenu à la citoyenneté européenne et surtout une véritable démocratisation à double détente : une démocratie parlementaire et une démocratie participative.

L'Union européenne a besoin d'un organe exécutif de sociabilisation avec un budget redistributif plus important qui soit contrôlé dans sa gouvernance par la double démocratie avec des mécanismes *ex ante* et *ex post*. La Commission pourrait très bien jouer ce rôle si elle voulait bien sortir de sa dialectique technocratique.

4.5.3. Perspective politique

Actuellement, la dérive politique intergouvernementale empêche toute action politique au niveau de l'Union européenne. Le blocage qui a résulté de la crise à propos de la ratification du TCE et du Traité de Lisbonne était avant tout intergouvernemental. Il ne résulte pas, comme on essaie de le faire croire à l'opinion publique des deux NON français et néerlandais, mais bien du refus de certains pays de poursuivre le processus de ratification alors que ces mêmes pays ont signé le Traité. Cette attitude est inacceptable, parce qu'elle permet à ceux qui utilisent ce moyen de pression de revenir sur un processus qu'ils ont eux-mêmes accepté. Le rejet du projet de Traité de Lisbonne par les Irlandais a été une preuve de plus du fossé existant entre les *élites européennes* et les peuples européens. L'Europe est accusée d'être *technocratique* et de rester sourde aux préoccupations des citoyens. Il y a un mur d'incompréhension qui n'est pas prêt de disparaître et qui rend l'Union européenne impopulaire.

L'incompréhension et l'impopularité sont des manifestations évidentes d'un fonctionnement non démocratique et non transparent de l'Union européenne. Le cadre global est toujours basé sur un partage de souveraineté entre États membres sans que ces États ne soient soumis à un respect de leurs obligations dans le cadre de la signature de traités et de leur ratification. Ceci provient sans doute d'un manque de clarté institutionnelle qui n'est même pas résolu complètement par le TCE, ni par le Traité de Lisbonne parce qu'ils ne prévoient pas de deuxième chambre, qui serait une Chambre des États à côté du Parlement européen, qui est censé être la Chambre des représentants des citoyens européens. Le Conseil agit en tant qu'organe législatif et délibératif en dehors de toute transparence. C'est inacceptable sur le plan éthique.

Le Parlement lui-même est élu sans que les partis européens ne présentent de programmes (à l'exception des Verts) et sans listes transnationales. C'est une autre question politique et éthique à régler. Le Parlement devrait pérenniser l'expérience des Agoras citoyennes telle qu'elle a été organisée en 2008 et en 2009 pour réserver une place à la démocratie participative sous une forme consultative. Le Parlement organiserait deux sessions par an sur des questions de fond qui engage les actions de l'Union à moyen et plus long terme. La société civile pourrait ainsi apporter sa contribution à titre consultatif et délibératif. Le Parlement devrait ensuite tenir compte des délibérations et conclusions et les mentionner dans les attendus des propositions qui sont soumises à débats et votes en son sein. Ce qui n'a pas été le cas après les deux sessions expérimentales.

À supposer que le principe de représentation politique soit convenablement résolu, cela ne règle pas le principe d'intervention du citoyen européen qui devrait pouvoir s'exprimer par référendum sur des questions dont les citoyens se saisissent directement, au même moment, sur n'importe quelle question, en engageant les institutions et non pas en laissant le pouvoir discrétionnaire à la Commission d'évacuer une question en vertu d'un principe laissé à son libre arbitre et finalement en obligeant l'organe exécutif le l'Union d'intégrer les résultats d'un référendum dans sa gouvernance et d'en indiquer les conséquences pratiques.

Politiquement, l'Union devrait à l'inverse de ce qui est proposé en matière d'immigration, de politique de voisinage et d'élargissement pratiquer une politique d'inclusion, de reconnaissance de l'altérité selon les principes de proportionnalité et de subsidiarité à l'intérieur de l'Union et en pratiquant une politique d'intégration différentiée à l'extérieur de l'Union définie à partir des principes d'alliance tout en respectant les temporalités nécessaires à la construction des convergences sans imposition de règles qui vont au-delà de principes éthiques fondamentaux.

Cette politique devrait pouvoir admettre le concept d'anneaux imbriqués plutôt que celui d'une relation entre le centre et la périphérie telle qu'elle est conçue actuellement et telle qu'elle pose déjà des problèmes à l'adoption du TCE dans le cadre des élargissements à 25 puis à 27 sans approfondissement ou sans politique *à la carte*, qui existe de fait, mais qui est niée dans les textes.

4.5.4. Perspective environnementale

Sauf la référence à « un niveau élevé de protection et d'amélioration de la qualité de l'environnement », il n'y a rien dans le Traité de Lisbonne qui ouvre véritablement des perspectives en matières environnementales. L'Union a bien mis en œuvre de politique en tentant de respecter et de faire respecter les accords de Kyoto. Mais dans les faits, il y a un énorme retard dans la mise en œuvre des directives par les États membres et il y a par ailleurs des conflits entre les mesures environnementales et les intérêts des acteurs économiques. C'est particulièrement visible en matière de transports et de normes d'émission des moteurs produits et à produire par l'industrie automobile.

Toutes les mesures prises l'ont été dans le cadre et en fonction de critères du passé. Mais aujourd'hui. Nous n'en sommes même plus là, nous avons à faire face à une crise financière mondiale, doublée d'une crise économique, la crise sociale a déjà commencé et la crise environnementale frappe à la porte.

C'est une crise du *modèle technico-économico-capitaliste*. C'est une crise du *modèle productiviste de croissance et de développement*, même si on le camoufle sous l'appellation *développement durable*.

Et si l'Union européenne des États égoïstes devait s'ouvrir au monde au lieu de se fermer comme une forteresse ?

Et si l'Union européenne n'était pas un marché unique où la concurrence est libre et non faussée ?

Et si l'Union européenne réintroduisait la préférence communautaire sur le marché intra-communautaire ?

Et si le Traité de Lisbonne était dépassé ?

Tout démontre que le Traité de Lisbonne est dépassé, qu'il ne répond plus aux exigences de régulation des marchés financiers, de bon fonctionnement de l'économie réelle. Il ne répond pas à la nécessaire mise en œuvre du principe de proportionnalité, de principes éthiques. Certains évoquent encore des principes « *humanistes* » pour défendre les bases de ce traité et de la construction européenne[56]. Les principes humanistes sont empiriquement en faillite.

Pascal Lamy a été collaborateur de Jacques Delors au ministère de l'Économie et des Finances français, puis à la Commission européenne sous la présidence de celui-ci. Il a aussi été commissaire européen au commerce et est actuellement directeur général de l'Organisation mondiale du commerce (OMC). Voici quelques extraits de son interview dans *Le Monde* du 27 août 2009. À propos de la crise financière, nous laissons au lecteur le soin de lire l'interview complète, mais nous relevons tout particulièrement ces points soulevés par Pascal Lamy :

> En matière de régulation mondiale de la finance, il y a deux problèmes majeurs : il faut vaincre de puissants *lobbies*, et les États ont déjà délégué une partie de leur pouvoir à des autorités indépendantes : les banques centrales. De même, sur le plan des institutions internationales, il faut réfléchir aux liens entre le G20, les organisations internationales spécialisées et l'ONU. Le premier a le leadership, les deuxièmes la capacité, la troisième la légiti-

---

[56] Gore, A., *La raison assiégée*, Paris, Le Seuil, 2008, cite différents auteurs dont S. Ramachandran, l'un des plus grands neurologistes du monde : « Notre vie mentale est essentiellement gouvernée par un ensemble d'émotions, de motivations et de désirs dont nous sommes à peine conscients, et ce que nous appelons notre vie consciente est en général la rationalisation *a posteriori* d'actions que nous faisons en réalité pour des motifs bien différents » et Charles Taber « Le modèle du siècle des Lumières selon lequel la raison dépourvue de passion est un devoir citoyen est empiriquement en faillite », il rejoint ainsi Jean-Didier Vincent cité auparavant.

mité, mais il faut repenser le triangle. Il n'y a donc aucune solution immédiate de ce côté-là.

Il a également ajouté :

Je pense qu'il y a dans le capitalisme de marché des inégalités inhérentes, intrinsèques, qu'il faut contester à la racine. Peu d'Occidentaux le font. Amartya Sen y travaille. Sur l'échelle économie-anthropologie, la pensée indienne ou chinoise est beaucoup moins matérialiste et étriquée (rationaliste ou rationnalisante, c'est nous qui ajoutons) que la pensée occidentale. C'est pour cela que, au-delà de la limite écologique du capitalisme, désormais bien connue, il faut réfléchir à la limite anthropologique du capitalisme de marché. L'Union (européenne) est très en avance par rapport aux autres tentatives d'intégration régionale. Elle a su faire le saut technologique du pouvoir supranational, mais il n'y a toujours pas de légitimité supranationale. Trop de juristes et d'économistes, pas assez d'anthropologues ou de sociologues.

Edgar Morin dans *Vers l'abîme ?* se demande si notre civilisation du développement, de la croissance, du capitalisme, de la science, de la technique, de l'économie ne nous conduit pas tout droit à la catastrophe, parce la rationalisation économique du capitalisme se paye en gain d'ignorance par son incapacité de contextualiser, de relier ce qui est séparé, impossibilité d'appréhender les phénomènes globaux, planétaires. Cette crise est-elle la crise-abîme ?

Jean-Pierre Dupuy pense aussi que la science, la technique, l'économie nous conduisent tout droit à la catastrophe lorsqu'il plaide pour un catastrophisme éclairé[57]. Albert Jacquard propose de changer la planète[58], Michel Serres replace sa réflexion dans un contexte de guerre[59]. Aucun n'est vraiment optimiste.

Et si l'Union européenne démontrait qu'elle est vraiment une nécessité autrement que par le marché et par l'économie, mais pour l'humain et pour la planète ? Une Union européenne éthique en quelque sorte !

4.6. Pour une régulation « cybernéthique »

La cybernétique est le terme utilisé pour décrire la branche d'étude concernée par les systèmes de communication et de contrôle autorégulateurs chez les organismes vivants et les machines. La fonction primaire des systèmes cybernétiques est de gouverner selon un cours optimum au travers des conditions changeantes vers un objectif prédéterminé.

---

57 Dupuy, J. P., *Pour un catastrophisme éclairé*, Paris, Le Seuil, 2002, et *La marque du sacré*, Paris, Carnets Nord, 2008.

58 Jacquard, A., *Le compte à rebours a-t-il commencé ?*, Paris, Stock, 2009.

59 Serres, M., *La guerre mondiale*, Paris, Le Pommier, 2008.

Revenons aux objectifs de l'Union européenne : « L'union a pour but de promouvoir la paix, ses valeurs et le bien-être de ses peuples ». Nous nous sommes expliqués ci-dessus sur les valeurs, il nous reste donc deux objectifs : la paix et le bien-être de ses peuples. La paix et le bien-être de ses peuples signifient donc la paix et le bien-être du vivant, tout le vivant, pas seulement les hommes sans leur biotope, la planète Terre, Gaïa, « la Terre au large sein, résidence à jamais inébranlable de tous les êtres »[60].

Compte tenu des crises économiques récentes et des dérèglements des marchés résultant de la mondialisation et de l'absence de gouvernance mondiale, l'Union européenne devrait envisager de construire une *cybernéthique* lui permettant de réaliser ses objectifs. Cette *cybernéthique* de l'Union européenne doit être basée sur l'éthique du vivant pour que les buts de l'Union puissent réellement être la paix et le bien-être de ses peuples.

L'éthique du vivant et la cybernéthique de l'Union (nous préférons ce terme à celui de *gouvernance* qui favorise l'irresponsabilité) ne sauraient être le capitalisme parce que le capitalisme n'est pas moral[61]. Si ce qui est moral est ce qu'on fait par devoir, le capitalisme est par essence immoral, parce que la recherche du profit est essentiellement égoïste et que la cupidité individuelle peut s'exercer sans entrave.

L'économie est une fausse science, comme nous l'avons vu ci-dessus, la plupart de ses hypothèses et de ses théories sont simplistes, fausses ou approximatives. L'économie continue à propager des mensonges, les décisions qui sont prises par les acteurs ne sont pas rationnelles, parce que les acteurs agissent en fonction de leurs propres intérêts et qu'ils influencent les mécanismes par leurs décisions. L'économie mise au service des multinationales organise ses propres systèmes de détournement de richesses, elle organise systématiquement un mode de fonctionnement des marchés qui sont en contradiction avec le « *marché où la concurrence est libre et non faussée* ».

Le Traité de Lisbonne fait la part belle aux marchés sans faire la distinction entre les différentes sortes de marchés et de droits : les marchés des besoins individuels, les marchés des besoins collectifs, les marchés financiers, les marchés du travail, les biens privés, les biens publics, les biens communs, les droits individuels, les droits collectifs, etc.

Si les marchés des désirs et des besoins privés concurrents peuvent sembler fonctionner relativement bien à certains points de vue, ils dysfonctionnent selon des critères de répartition des ressources. Ils

---

60 Lovelock, J. E., *La terre est un être vivant*, Paris, Le Rocher, 1986.

61 Comte-Sponville, A., *Le capitalisme est-il moral ?*, Paris, Albin Michel, 2004.

provoquent de la surconsommation, énormément de gaspillage de ressources[62], et ne sont pas conçus pour assurer la justice sociale.

En ce qui concerne les besoins collectifs, tels que le maintien de la paix, le maintien de la sécurité et de l'ordre, la protection de l'environnement, la préservation de la biodiversité, de la qualité des ressources naturelles et l'accès à ces ressources naturelles, ils ne sont pas pris en compte par les forces des marchés sans incitations et pénalités appropriées par une action politique, sans régulation. Ils ne sont pas plus pris en compte par le Traité de Lisbonne, sauf en ce qui concerne très partiellement les services d'intérêt général (SIG)[63].

Sans cette action politique, sans régulation, il est impossible de traduire les besoins collectifs en forces des marchés. Ignorer la nécessité d'actions politiques entraîne des conséquences néfastes, parce que l'ignorance des besoins collectifs favorise les riches aux dépens de pauvres.

Sans régulation, les marchés sont incapables de pourvoir aux besoins collectifs comme ils sont tout aussi incapables de pourvoir aux besoins d'éducation, de formation continuée, de santé, de transport en commun, de distribution équitable d'eau, d'énergie, etc.

Sans régulation au niveau de l'Union européenne, les égoïsmes nationaux trouvent et trouveront la possibilité de s'exprimer et d'impressionner les dirigeants politiques qui manquent d'envergure communautaire au sens de la communauté de destins des peuples européens. C'est ce qui vient de se produire avec la crise de la Grèce et de l'euro ; la solidarité a fait défaut et le bien commun que représente la monnaie unique n'a pas été défendu comme il se devait. Chacun a cru pouvoir tirer la couverture à soi et profiter des faiblesses des autres. Les marchés (ce qui signifie la spéculation sur la division et les faiblesses) ont failli faire capoter des dizaines de constructions laborieuses, mais insuffisantes : comme un barrage trop faible, l'euro a failli céder sous les coups de boutoir des vagues spéculatives. L'absence d'éthique dans la construction politique a brutalement été mise à nu. La construction s'est révélée à tous ce qu'elle est véritablement : un bricolage interétatique

62 Aux États-Unis, selon les études de Timothy W. Jones de l'Université d'Arizona, 40 à 50 % des produits alimentaires ne sont jamais mangés, ils sont jetés. Un ménage américain jette 582 gr de nourriture par jour soit 212,4 kg/an, soit un budget annuel de 43 milliards de dollar par an pour le pays. Ceci ne tient pas compte des pertes dans la distribution et dans la restauration rapide, dont les pertes résultent principalement de la politique « juste à temps ».

63 Le Traité de Lisbonne apporte une petite avancée par son article 14, qui complète l'article 16 du Traité d'Amsterdam en ajoutant une phrase qui permet de faire du droit dérivé, un protocole sur les SIG annexé au traité, la valeur contraignante de la Charte des droits fondamentaux.

pseudo-économique sans fondement éthique. Le bricolage des intérêts nationaux sans éthique des êtres vivants qui se trouvent dans les nations constitutives.

L'éthique est de l'ordre de l'amour. L'éthique du vivant impose une « *économie du vivant* » et non pas une économie du profit, certainement pas une économie du profit à court terme. Dans l'univers, le vivant est apparu tardivement, c'est le résultat d'un temps long, l'humanité n'est apparue que dans les minutes les plus récentes de l'univers. Le vivant a besoin d'une temporalité longue. Gaïa, la planète Terre, sur laquelle la vie s'est développée, a eu besoin d'un temps long pour pouvoir développer un équilibre permettant au vivant d'apparaître et à une cybernétique du vivant de s'installer[64]. On commence seulement, depuis peu, à comprendre comment cette cybernétique du vivant peut fonctionner.

Elle est fondamentalement différente de la cybernétique de la technoscience qui est un des fondements des sociétés occidentales, *a fortiori* des sociétés occidentales basées sur l'économie capitaliste du profit immédiat, qui régit les sociétés occidentales telles que nous les connaissons.

Le vivant s'est construit sur la néguentropie[65], c'est-à-dire l'accumulation d'informations dans des systèmes capables de se créer des cybernétiques propres et de les faire évoluer au fur et à mesure de cette accumulation d'informations.

Cette opération n'est pas neutre dans l'univers, parce qu'elle suppose une concentration de l'information, c'est-à-dire une création d'ordre ou de néguentropie, qui nécessite une augmentation du désordre à un autre endroit de l'univers, c'est-à-dire une augmentation de l'entropie pour compenser la création de néguentropie ou d'ordre à l'endroit où cela se produit. C'est une loi scientifique qui fait que si vous créez de l'information ou de la néguentropie, vous devez nécessairement créer de l'entropie ou du désordre, soit l'absence d'information, ailleurs dans l'univers. Comme l'univers est grand, nous pouvons créer de la néguentropie sur la Terre, c'est ce qui c'est produit naturellement pendant des milliards d'années et que nous sommes en train de détruire parce que nous n'avons pas encore adopté une éthique du vivant, c'est-à-dire une *cybernéthique*.

---

64 Lovelock, J. E., *Les âges de Gaïa*, Paris, Robert Laffont, 1990.

65 Je rappelle que Shannon, père de la théorie de l'information, a montré que – de même que le degré de structure d'un système de molécules peut se décrire à contrario par une mesure du degré de désordre appelée « entropie » (la structure d'ordre étant la néguentropie) – de même le degré de structure d'un système de signaux peut se décrire par l'ordre ou le désordre appelé « quantité d'information ».

L'économie basée sur la consommation, l'utilisation à outrance des ressources non renouvelables et le gaspillage devra être transformée en *économie positive*[66], dont les cinq enjeux sont :

- la stabilisation du climat,
- le remplacement des énergies fossiles par des énergies « renouvelables », et surtout l'indépendance énergétique des habitations, des bâtiments privés et publics et leur mise en réseau,
- la restauration des ressources par un recyclage intégral, l'utilisation de ressources renouvelables, la restauration de l'eau (y compris la mer), de l'air et des sols,
- la régénération de la santé (alimentation, hygiène de vie, environnement sain, prévention, etc.),
- la recréation de la diversité (biodiversité, diversité des produits, des cultures, etc.).

Il ne faudrait pas permettre à l'économie de créer de la *disvaleur* dissimulée dans la comptabilisation du PNB ou du PIB ou de la *croissance* ou du *développement*. Nous avons besoin d'autres indicateurs que les indicateurs actuels pour éclairer nos dirigeants et notre personnel politique. L'économie positive sera encadrée par une régulation *cybernéthique* sur la base de ces nouveaux indicateurs.

L'adoption de cette *cybernéthique* prendra du temps, mais aucune structure institutionnelle, en dehors de l'Union européenne n'est capable de la mettre en place. L'Union européenne a été et peut encore être sur la bonne voie, si elle revient aux fondamentaux de ce qu'est l'humain en tant qu'individu, ce qu'est l'humain dans ses rapports d'altérité – son existence sociale – et ce qu'est l'humain en tant que *vivant parmi les vivants*. Il faut donc retourner aux fondamentaux du vivant, et non pas aux fondamentaux de l'économie pour résoudre le problème.

Il faut aussi entrer dans l'ère de la connaissance, l'homme doit relever son défi et entrer dans l'ère noétique : noologie[67] et écologie seront compatibles. L'homme doit se dépasser lui-même, devenir adulte et responsable, créer beaucoup de connaissance en prélevant peu dans la nature. C'est la fin de l'homme égocentrique et des sociétés anthropocentriques, la fin du primat du politique et de l'économique sur l'humain.

---

[66] Pour une meilleure compréhension de l'économie positive voir Lester, B., *Le Plan B – Pour un pacte écologique mondial*, Paris, Calmann-Lévy, 2007, ainsi que Rouer, M. et Gouyon, A., *Réparer la planète*, Paris, JCLattès, 2007.

[67] La noosphère désigne génériquement l'ensemble des réseaux d'idées et de connaissances où se déroulent les processus de création, de mémorisation, de transformation et de transmission des noèmes (le noème est un objet intentionnel des actes de la conscience, de la pensée). Le mot a été inventé par Pierre Teilhard de Chardin dans *La place de l'homme dans la nature*, Paris, Le Seuil, 1995.

Cela nécessitera la déconstruction des structures anciennes qui sont devenues obsolètes comme l'État, le capitalisme spéculateur, le rationalisme ou le cartésianisme.

Nous devons mettre fin au déficit démocratique de l'Union par la mise en place d'une Confédération d'États souverains, par la participation des populations des États membres à des mécanismes de consultation et de délibération avec le Parlement européen.

Pour se libérer de l'Étatisme, elle devrait être basée sur une meilleure interprétation de la subsidiarité et de la proportionnalité en redéfinissant le rôle des différents niveaux : pouvoirs nationaux, pouvoirs régionaux et locaux et pouvoirs supranationaux, le renforcement du rôle de la société civile pour l'exercice de la démocratie, seule capable de lutter contre la démagogie et le clientélisme généralisé.

Pour se libérer du capitalisme spéculateur, l'Union devrait contrôler durablement les systèmes boursiers, les banques et toutes les institutions spéculatives, mettre fin aux fluctuations incohérentes et erratiques du prix de l'argent selon la déraison des arbitrages internationaux, supprimer les paradis fiscaux et juridiques qui permettent la montée du pouvoir et de la puissance des organisations mafieuses.

Pour se libérer des contraintes de la globalisation et de la mondialisation[68], l'Union devrait réintroduire la préférence communautaire sur les marchés intracommunautaires (à concurrence de 80 % au moins de la consommation communautaire par une production communautaire dans tous les secteurs d'activité) et elle devrait sortir de l'OMC.

Du point de vue politique, l'Union sera qualitative et non plus quantitative, l'unité dernière et finale ne doit plus être l'argent, nécessaire mais insuffisant pour assurer la qualité de la vie. La gestion ne devra pas se réduire à des budgets comptables qui ne tiennent absolument pas compte de l'essentiel, parce que l'unité argent n'en tient pas compte. L'éthique et son contrôle par la *cybernéthique* introduiront des variables qualitatives dans la gestion de la démocratie.

Comme nous l'avons montré auparavant, toute régulation ou contrôle *cybernéthique* devra introduire trois types de fonctions correctrices :

- une fonction proportionnelle pour s'occuper des écarts dus au *hasard bénin*,
- une fonction dérivée, qui s'occupe du hasard chaotique et des accélérations que ce hasard peut imprimer au système,
- une fonction intégrante, qui s'occupe du *hasard lent* et des dérives lentes mais opiniâtres du système.

---

68 Allais, M., *L'Europe en crise. Que faire ?*, Paris, Clément Juglar, 2005, et *La mondialisation : la destruction des emplois et de la croissance*, déjà cité.

Il sera indispensable de séparer l'*économie réelle* de l'*économie financière spéculative* en séparant les deux métiers de la banque et en contrôlant étroitement la spéculation monétaire et financière.

Si les dirigeants politiques persistent à ne rien comprendre au vivant ou à la connaissance, et soient obnubilés, une fois de plus, par l'économie à court terme, alors, malheureusement, la *cybernéthique* sera rangée dans les oubliettes de l'histoire, et la construction européenne rangée au musée des *machins* institutionnels. On devra craindre pour l'humanité et la planète toutes entières.

Cependant, nous voulons conclure que, même si la justice et l'économie positive nécessitent des institutions dont les conditions ne sont pas réunies actuellement, il faut que nous nous battions pour une *éthique humanitaire* qui régirait nos rapports à toute autre personne et aussi aux êtres vivants qui nous entourent. Une éthique qui nous permettrait aussi de bâtir des stratégies à long terme en vue de changer radicalement les dispositifs institutionnels actuels.

***

CHAPITRE 3

Paix, sécurité et défense

Ignace BERTEN

La paix est pour nous une valeur fondamentale. Elle est aussi le premier objectif déclaré de l'Union européenne[1] : « L'Union a pour but de promouvoir la paix, ses valeurs et le bien-être de ses peuples » (TUE, Art. 2,1, selon le Traité de Lisbonne[2]).

Si la paix est ainsi à la fois une valeur fondamentale et un objectif de l'Union, celle-ci se donne-t-elle les moyens adéquats et proportionnés pour la réalisation de cet objectif ? De ce point de vue, nous nous demanderons en particulier si un instrument militaire armé peut se justifier comme instrument de paix ? Si oui, comment, dans quelle mesure, avec quels moyens, à quelles conditions ?

1. L'Union européenne et la politique étrangère

Il n'y a de politique étrangère qui ait sens que s'il y a quelque chose à faire valoir. Cela devrait aller de soi. Or, de ce point de vue, le problème est double. D'une part, il n'y a pas de consensus sur le type de société qu'il s'agit de promouvoir par cet instrument qu'est l'Union européenne, et d'autre part, il n'y a pas de cohérence institutionnelle entre les valeurs déclarées – en particulier celles de solidarité, de progrès social et de coopération, – et les principes décisionnels, ceux-ci accordant un privilège démesuré aux règles du marché et de la concurrence par rapport aux exigences sociales. On pourrait dès lors se demander : y a-t-il quelque chose de commun à promouvoir et à défendre ?

---

1 Dans ce chapitre, où il est question de la politique de sécurité et de défense de l'Union européenne, nous utiliserons aussi parfois le vocable Europe, à la fois par facilité d'expression, mais aussi parce que l'Union européenne a sans doute vocation à s'étendre un jour à toute l'Europe, quelle que soit par ailleurs la réponse qu'on peut donner à la question complexe des frontières futures de l'Union.

2 Le Traité sur l'Union européenne (TUE) et le Traité sur le fonctionnement de l'Union européenne (TFUE), anciennement Traité instituant la Communauté européenne, sont cités selon la version du Traité de Lisbonne consolidé publié au Journal officiel du 9 mai 2008.

Par ailleurs, il y a aussi des obstacles externes à un projet européen autonome : la pression de la mondialisation, les règles de l'OMC, le poids de l'OTAN, mais aussi la prédominance de la politique des États-Unis, à laquelle l'Union est plus ou moins fortement liée. Il y a aussi le lobbying des milieux d'affaires, principalement les multinationales aussi bien américaines qu'européennes regroupées au sein du *TransAtlantic Business Dialogue* (TABD) et liées à la *European Round Table of Industrialists* (ERT)[3]. Les Commissions depuis celles de Jacques Delors ont été à l'écoute des « avis » émis par ces organisations.

Les différents chapitres de ce livre manifestent bien les limites du projet européen et plus particulièrement la forme que prend son projet dans le Traité de Lisbonne. Si on considère les instruments dont dispose l'Union européenne d'un point de vue éthique, à partir du principe de proportionnalité – c'est-à-dire si on prend en compte, d'une part, les gains ou avantages obtenus et, d'autre part, les dommages causés, pris dans une perspective universelle – on voit qu'ils ne sont pas à la hauteur de l'exigence éthique.

Il faut constater que, malgré les limites de l'Union européenne telle qu'elle est et telle qu'elle fonctionne, les populations européennes tiennent à la démocratie, à l'État de droit, à une protection sociale significative, etc., même si la réalité ne correspond pas, loin de là, à l'accomplissement parfait de ces valeurs. Elles souhaitent en tout cas que ces acquis soient défendus à l'intérieur, mais aussi par rapport à d'éventuelles menaces extérieures.

Nous n'envisagerons pas ici, sous l'angle éthique, l'ensemble de la politique étrangère européenne (relations politiques en général, relations commerciales[4], coopération, etc.) mais bien la dimension sécurité et défense de cette politique. Nous n'envisagerons pas non plus la question de la sécurité intérieure, bien qu'il y ait des liens entre sécurité par rapport à des menaces extérieures et sécurité par rapport à des menaces intérieures, en lien, entre autres, avec la problématique du terrorisme. Sur ce plan, il y a lieu de s'inquiéter des dérives sécuritaires auxquelles peut donner lieu cette question. Il s'agit donc bien ici de nous interroger sur le volet sécurité et défense de la politique étrangère européenne. Nous nous poserons la question : les moyens que se donne l'Union européenne au niveau de la PESC (Politique étrangère et de sécurité commune) et de la PESD (Politique européenne de sécurité et de défense)

---

[3] Voir à ce propos Balanya, B., Doherty, A., Hoedeman, O., Ma'anit, A., Wesselius, E., *Europe Inc.*, Marseille, Agone, 1999, et de Sélys, G., *Privé de public*, Antwerpen, Epo, 1995.

[4] Les relations commerciales ont été examinées dans le chapitre 2.

sont-ils proportionnés aux objectifs déclarés ? Quelles propositions faire pour assurer une meilleure cohérence à ce niveau ?

1.1. Géopolitique et rapports de force

On peut rêver d'un monde entièrement pacifié, fait de coopération et de générosité de tous envers tous. On peut rêver d'un monde entièrement et définitivement désarmé. La réalité est tout autre. Les relations politiques, tant à l'intérieur des pays qu'entre les différents États, sont faites à la fois de coopération et de rapports de force. L'institution même de l'Union européenne vise fondamentalement la coopération, mais la réalité est aussi faite de rapports de force entre les différents États[5], dont tout à la fois les options idéologiques et les intérêts sont différents ou partiellement différents. C'est particulièrement le cas en ce qui concerne la politique étrangère et les questions de défense : ce n'est pas un hasard si ces deux domaines continuent à relever de l'intergouvernemental et non du communautaire, c'est-à-dire précisément de la négociation entre intérêts nationaux concurrents ou divergents. *A priori*, il faut se demander dans quelle mesure les décisions prises dans ce domaine peuvent être proportionnées à l'intérêt général ou au bien commun européen.

D'un point de vue politique et éthique se pose donc nécessairement la question de l'usage de la force et du rapport entre force, d'un côté, justice et droit de l'autre.

Pascal, dans une réflexion assez désabusée mais largement réaliste, écrivait :

> Il est juste que ce qui est juste soit suivi, il est nécessaire que ce qui est le plus fort soit suivi. La justice sans la force est impuissante : la force sans la justice est tyrannique. La justice sans la force est contredite, parce qu'il y a toujours des méchants ; la force sans la justice est accusée. Il faut donc mettre ensemble la justice et la force ; et pour cela faire que ce qui est juste soit fort, ou que ce qui est fort soit juste. La justice est sujette à dispute, la force est très reconnaissable et sans dispute. Ainsi on n'a pu donner la force à la justice, parce que la force a contredit la justice et a dit qu'elle était injuste, et a dit que c'était elle qui était juste. Et ainsi ne pouvant faire que ce qui est juste fût fort, on a fait que ce qui est fort fût juste[6].

Il faut, dit-il, mettre ensemble la force et la justice. Mais par rapport à cet impératif, il conclut que c'est nécessairement la force qui l'emporte. Peut-on penser que la force se mette davantage au service de la justice ? Encore faut-il s'interroger sur la force elle-même : quelle force ? Morale, économique, politique, diplomatique, militaire ?

---

5 Voir au chapitre 2 la politique de désinflation compétitive et de concurrence fiscale et sociale qui sont loin d'être des politiques de coopération.

6 Pascal, B., *Pensées*, n° 298 (éd. de M. Brunschvicg), Paris, Hachette 1897.

Entre rapports marqués par la coopération libre à l'avantage réciproque et la confrontation brutale et armée, la guerre, il y a un vaste espace de pratiques marquées par un mélange de coopération et de rapports de force : celui de la négociation politique mais aussi tout l'arsenal des menaces, des pressions diplomatiques, des pressions et des impositions commerciales, des traités inégaux ou léonins, etc. Le sens même de l'institution des Nations unies est de faire prévaloir la négociation librement acceptée, et dans certains cas difficilement imposée, à la confrontation armée.

En géopolitique, on parle de puissances et de grandes puissances. Il s'agit d'un certain nombre d'États qui entretiennent entre eux des rapports d'équilibre, d'alliances, de concurrence, de conflits… De 1945 au début des années 1990, il y avait deux grandes puissances : les États-Unis et l'Union soviétique, qui régissaient très largement les rapports politiques mondiaux. Après la chute de l'Union soviétique, pendant une décennie, il y a eu une seule superpuissance, les États-Unis, sans concurrence possible. Plus récemment, se sont levées des puissances émergentes : la Chine, principalement, mais aussi l'Inde, et le Brésil dans une certaine mesure et surtout régionalement, et la Russie qui se redresse et s'affirme sur la scène internationale. Jusqu'où, dans ce cadre, l'Union européenne est-elle ou est-elle encore une puissance ? Nous y reviendrons.

Les États puissants, mondialement ou régionalement, développent souvent des rapports de suprématie (domination, exploitation, soumission protectrice, marginalisation, etc.) par rapport à d'autres États, beaucoup plus nombreux, qui ne sont pas considérés comme des puissances. Le concept de suprématie montre immédiatement les ambiguïtés que comporte le thème de la puissance.

Toute puissance joue au sein de rapports de force : il y a donc une relation évidente et étroite entre puissance et force, mais les deux ne s'identifient pas. Géoscopie, site Internet sur les questions internationales[7], définit ainsi la puissance : « La puissance est la capacité d'employer des forces pour influer sur le comportement d'autrui ». On peut encore préciser : la puissance est la capacité d'employer des forces pour influencer le comportement d'autrui, en l'orientant dans un sens que celui-ci n'aurait pas nécessairement choisi de sa propre initiative. Forces est bien utilisé au pluriel : des forces matérielles, économiques, politiques, culturelles, technologiques, militaires, etc. La puissance est donc la mise en œuvre de forces dans le rapport à un autre. Du point de vue politique, il s'agit d'un rapport de force entre États.

[7] http://www.geoscopie.com.

Pour être puissant, il faut être fort ; non seulement être doté de forces (au pluriel), mais être doté de force (au singulier), c'est-à-dire de la capacité de mettre en cohérence les forces et de les utiliser adéquatement, la force étant une des conditions de la puissance.

1.2. La force, enjeu éthique

Il est bon de rappeler que, traditionnellement, la force est une vertu. Elle est une vertu parce que nous vivons dans une société et un monde où les intérêts, légitimes ou non, ne sont pas concordants et souvent concurrents, et parce que la poursuite du bien et du bien commun ne va pas de soi.

Qu'est-ce que la force ? Elle est d'abord vertu personnelle. Selon Georges Gusdorf, dans son petit livre sur *La vertu de force* : « Être fort, c'est se maintenir en face d'autrui, résister ou prévaloir[8]. » Gusdorf montre que la force est la capacité de s'affirmer tel qu'on est et tel qu'on veut être face à la multiplicité des événements et des obstacles et face aux autres. Elle est un acte permanent qui mobilise les diverses ressources (physiques, mentales, spirituelles) de l'être personnel, compte tenu aussi de ses faiblesses, afin de faire face, afin d'être soi et de perdurer dans cet être. La force repose sur une conscience de soi, une identité assumée, une capacité de projet. Elle consiste, d'une part, en la capacité de résister à tout ce qui en soi fait obstacle à cette identité (en un mot tout ce qu'on peut mettre sous le terme de tentation : de la facilité, de la consommation, etc.) et, d'autre part, la capacité de résister à ce qu'autrui veut imposer en contradiction à cette identité, et donc, en cela, de s'imposer à lui. Il faut encore préciser que la force est vertu seulement dans la mesure où ce qu'elle cherche à mettre en œuvre et à imposer est de l'ordre du bien, car la force peut aussi être mise en œuvre pour des objectifs ou des intentions qui sont de l'ordre du mal (comme le meurtre ou le vol par exemple).

Ce qui est ainsi dit au niveau personnel peut être transposé au niveau collectif et politique. En ce sens, l'Union européenne peut-elle être forte ? Et si oui, cette force peut-elle être mise au service de l'intérêt général de l'Europe et de ses populations, dans l'intérêt général de l'humanité ? L'Allemagne nazie était un État fort et puissant, mais sa force était mise au service d'un projet éthiquement inacceptable. La force est politiquement souhaitable, mais elle demande à être évaluée éthiquement selon les objectifs au service desquels elle est mise en œuvre. Pour l'Europe, une difficulté majeure réside dans le fait que l'identité de l'Union européenne est faible, que son projet est faible, en

---

8 Gusdorf, G., *La vertu de force*, collection « Initiation philosophique », Paris, PUF, 1957, p. 74.

raison de ses tensions et contradictions internes, et que de plus les moyens institutionnels et décisionnels, mais aussi budgétaires dont elle dispose sont eux aussi faibles. Dès lors, elle ne peut guère se donner les moyens de mettre en œuvre son projet déclaré quand elle affirme un certain nombre de valeurs ou d'objectifs. Du fait de ce manque de cohérence politique, l'Union est et restera géopolitiquement relativement faible. Cette observation n'invalide cependant pas la nécessité d'une réflexion politique et éthique sur l'usage de la force. Même si l'Europe est un acteur géopolitique assez faible, elle ne l'est pas dans tous les domaines : en ce qui concerne les négociations commerciales, en particulier au sein de l'OMC, elle s'est donné les instruments lui permettant d'être un acteur fort, puisqu'elle parle d'une seule voix. Il y aurait certainement à dire à ce sujet d'un point de vue éthique, mais ce n'est pas l'objet de ce chapitre[9].

1.3. Qualité éthique de la politique étrangère ?

Le cadre de la PESC est défini par les traités. Cette politique est précisée par le document *Une Europe plus sûre dans un monde meilleur. Stratégie européenne de sécurité*, souscrit par le Conseil européen de décembre 2003 et actualisé par le Conseil de décembre 2008. « Nous nous donnons pour objectif de construire une société internationale plus forte, des institutions internationales qui fonctionnent bien et un ordre international fondé sur un ensemble de règles. »

Il est clairement déclaré que la sécurité de l'Union européenne dépend étroitement de l'amélioration de l'ordre mondial et que l'objectif prioritaire de la politique étrangère de l'Union européenne est d'y contribuer par toute la panoplie des moyens disponibles, civils et militaires : dialogue politique, action diplomatique, aide au développement, capacité de dissuasion et, en dernier recours, usage de la force armée.

Pour que la politique européenne extérieure soit une politique de puissance, c'est-à-dire une politique qui compte dans les relations géopolitiques, et que cette politique intègre réellement une dimension éthique, il ne suffit pas que le discours européen présente une plus ou moins forte tonalité morale et d'affirmation de valeurs, à l'image du discours états-unien, discours qui était devenu véritablement manichéen sous la présidence de George W. Bush en opposant le bien et le mal.

Il ne suffit pas non plus qu'il y ait des fragments de discours ou des discours partiels valorisant les dimensions éthiques de la politique européenne ou faisant appel à une prise en compte de ces dimensions. Il faut qu'il y ait clairement une recherche de cohérence globale entre les

[9] Voir à ce sujet le chapitre 2.

principes énoncés et les pratiques politiques mises en œuvre, et, en rapport avec l'opinion publique, une manifestation argumentée de cette cohérence. La participation de plusieurs pays membres de l'Union à la guerre en Afghanistan, au travers de l'OTAN, et sous un mandat ambigu de l'ONU, guerre qui se fait largement contre les opinions publiques, pose de graves questions du point de vue d'une éthique de la politique extérieure.

Il n'est pas inutile d'observer qu'il n'y a pas de lieu institutionnel en Europe où puisse se développer une réflexion éthique des rapports politiques internationaux. La Commission européenne a bien, en ce qui concerne les questions éthiques, un Groupe européen d'éthique des sciences et des nouvelles technologies, comité consultatif émettant des avis, mais comme son nom l'indique il ne traite pas de questions politiques. Quant au Conseil de l'Europe, il ne traite des comportements politiques des États que sous le point de vue des droits de l'homme : ce n'est pas rien, mais c'est une approche très limitée si on considère l'ensemble des relations géopolitiques.

On a tendance assez souvent à comparer la politique européenne, plus ouverte, à celle des États-Unis, trop souvent cynique. Nous doutons cependant qu'on puisse dire que les États européens soient naturellement ou spontanément plus justes dans la conception de la force et de la puissance que les États-Unis. L'Union européenne est certainement moins tentée de recourir à la force que les États-Unis parce qu'elle est relativement faible, ce qui n'empêche pas certains pays à participer à des interventions militaires à l'extérieur.

Ce qu'on nomme les « intérêts vitaux » ou les « intérêts fondamentaux » a joué et continue à jouer trop souvent un rôle déterminant dans la politique des États européens, quelles que puissent en être les conséquences sur d'autres États et surtout sur d'autres populations plus faibles. La politique africaine en a été un exemple dramatique. Le rôle joué par l'intérêt national est sans doute davantage le fait des grands États héritiers d'une tradition plus ou moins impériale. Ou plutôt, il est à la mesure de la puissance des États, ce qui manifeste bien les ambiguïtés et les risques de la puissance.

Le tableau n'est cependant pas seulement négatif. Une réflexion de Pascal Boniface est, en effet, très pertinente :

> Alors que les Américains sont tentés par l'unilatéralisme et ne sont guère habitués à négocier avec des égaux, l'histoire de la construction européenne a presque fait une règle de l'acceptation du compromis, de la non-imposition d'une solution. L'Europe a un sens plus aigu du respect du droit international, des solutions négociées, du rejet de l'unilatéralisme, du soutien aux instances multilatérales, de l'équilibre entre l'individu et la société, du souci de préserver l'environnement et de rééquilibrer économiquement la planète.

> L'émergence de l'Europe serait donc le gage d'une multi polarisation du monde plus respectueuse des droits de chacun[10].

P. Boniface souligne avec raison le fait que, par tradition, les États européens ont, dans les relations internationales, une posture différente de celle des États-Unis, en valorisant davantage le droit international. Cette posture n'est pas sans signification éthique. Il faut par ailleurs observer qu'un monde multipolaire serait mieux à même de permettre un équilibrage des différents intérêts et une coexistence des différentes sensibilités ou traditions sociales et culturelles. On peut dire que, de ce point de vue, l'URSS, à l'époque où elle était une grande puissance, a été un facteur mondial d'équilibre : les États-Unis ne pouvaient pas faire n'importe quoi dans les pays du Tiers Monde, et réciproquement. Mais cet équilibre n'est pas automatique : la guerre froide était dangereuse, car un accident ou un dérapage étaient toujours possibles. Un monde multipolaire peut aussi conduire à des conflits majeurs s'il n'est pas géré politiquement par des institutions appropriées, qui font défaut à l'heure actuelle. Ce monde multipolaire est en tout cas beaucoup plus imprévisible.

Dans ce jeu d'équilibrage, on peut ajouter qu'il y a en Europe une culture politique différente de celle des États-Unis, et cette culture comporte certaines dimensions éthiques significatives.

Sans doute dans les États européens, et dans les opinions publiques, y a-t-il une sensibilité plus forte à l'humanitaire. Mais du côté des pouvoirs publics, le discours humanitaire est peut-être en partie le masque de l'impuissance et parfois même le masque du jeu réel des intérêts. Il prend trop facilement la place d'une véritable politique de coopération et de développement, capable de travailler sur le long terme.

Il existe cependant quelques traits significatifs, d'un point de vue éthique, dans les options européennes. Il importe de le relever. Il y a des dossiers, à fort contenu éthique, dans lesquels l'Europe a joué et continue à jouer un rôle moteur, comme par exemple l'interdiction des mines antipersonnel (Traité d'Ottawa) et celle des bombes à sous-munitions (Traité d'Oslo), ainsi que l'institution d'une Cour pénale internationale (Traité de Rome), alors que les États-Unis refusent toujours de ratifier ces trois traités. Certains États européens, et parmi eux la Belgique, jouent aussi un rôle important dans la Conférence internationale sur le trafic illégal des armes légères, afin d'y mettre fin par l'élaboration de critères légaux internationalement reconnus. Pour ces différentes questions, l'intérêt n'est pas proprement politique et encore moins économique, il est directement éthique et humanitaire.

---

10 « Puissance : les nouvelles armes sont économiques et culturelles », *Croissance*, janvier 2000.

De même dans le domaine de l'environnement, l'Europe mène une politique qui tient davantage compte du long terme que les États-Unis, qui font prévaloir les intérêts économiques immédiats. Sur ce terrain, l'Europe est parfois capable de parler d'une seule voix (à La Haye, lors de la Conférence des Nations unies faisant suite à celle de Kyoto, et récemment à Poznan, par exemple, même s'il faut reconnaître que l'Europe ne va pas assez loin dans ses propres décisions à ce sujet). Malheureusement, cela n'a pas été le cas à Copenhague, où sa voix a été faible, entre autres parce qu'elle n'était pas portée par un consensus interne suffisamment fort et clair : de ce fait, elle a été complètement marginalisée dans la négociation politique.

On peut dire aussi qu'il y a en Europe, jusqu'à présent du moins, un sentiment plus fort d'inacceptabilité par rapport à des inégalités économiques trop fortes ou une moins grande tolérance sociale de la grande pauvreté[11]. Mais ce n'est pas pour autant que l'Union européenne prend des mesures cohérentes pour lutter contre le chômage et la pauvreté.

Il y a donc bien des spécificités européennes importantes, à dimension éthique, qui trouvent un appui dans les opinions publiques. Ces éléments révèlent une certaine identité de l'Europe. Ils demandent à être confirmés.

1.4. Une puissance juste ?

Dans ce monde fait de rapports de force, l'idée de puissance juste peut être pensée comme un impératif catégorique, un axe de référence, un horizon de sens, une exigence permanente. Il s'agit bien d'un objectif à poursuivre en politique, en étant conscient du fait qu'il n'est jamais totalement réalisé. Dans la poursuite de cet objectif, la référence et le critère des droits humains, selon leur formulation dans les différentes déclarations et chartes, doivent jouer un rôle décisif de discernement.

Une puissance juste, de la part d'un État ou d'une entité politique comme l'Union européenne, serait une puissance qui répondrait au moins à deux conditions fondamentales :

- la promotion du caractère éthique du projet de société : dimensions de respect des droits humains, de solidarité, d'État de droit, etc., tant dans les pratiques intérieures au pays ou à l'Union elle-même, que dans les actions et interventions conduites dans les pays tiers ou en relation avec eux ;

[11] Il est certain, qu'actuellement le discours de Barak Obama est plus humaniste que celui de George Bush, plus ouvert à la négociation, au multilatéralisme, aux enjeux environnementaux et climatiques, aux enjeux sociaux (santé). Jusqu'où cette posture réorientera-t-elle de façon significative la politique états-unienne ? Il est difficile de le dire.

- une maîtrise rigoureuse de l'utilisation de la force, – qu'elle soit politique, économique ou militaire – quand il s'agit de sauvegarder les intérêts vitaux européens ou de faire valoir le modèle européen de société par rapport à d'autres puissances, ou à d'autres États dépourvus de puissance, pour éviter que l'usage de la force ne porte atteinte aux intérêts légitimes de ces autres États, et surtout aux intérêts vitaux de leurs populations.

Rappelons que l'usage de la force n'est pas seulement ni d'abord de l'ordre militaire. L'embargo est aussi très clairement un usage de la force tout comme les conditionnalités d'ordre social imposées dans les relations commerciales avec les pays pauvres. Dans ce domaine, que vise-t-on en fait prioritairement (au-delà du discours moral) : le bien des travailleurs et des populations dans les pays concernés, la protection contre une concurrence menaçant l'emploi chez nous, ou encore des intérêts purement économiques de nos entreprises ?

Une puissance juste serait ainsi une puissance capable de maîtriser sa propre puissance, une puissance contenue, capable à la fois de résister face à d'autres puissances, éventuellement plus puissantes, afin de faire valoir son propre projet de société, mais en même temps capable de laisser aux autres sociétés plus faibles, aux non-puissances, le pouvoir de se déterminer elles-mêmes, de développer leurs propres modèles de société autonomes et différents, capable de soutenir et promouvoir cette autonomie. Une puissance juste, en ce qui concerne l'Union européenne, serait une puissance qui délibérément limiterait et orienterait son propre pouvoir d'action et d'intervention par le principe de la solidarité, et cela à des degrés divers selon les différents cercles de liens : entre les États membres, avec les pays candidats, avec les pays associés ou avec lesquels sont développés des contrats de partenariat (Méditerranée, Lomé, etc.), avec le reste du monde[12].

L'usage de la force pour s'imposer à l'autre n'est jamais l'idéal : il va de soi (ou il devrait aller de soi) que le consensus libre et donc la négociation permettant de conduire au consensus grâce à des compromis sont toujours préférables au recours à la force. La réalité cependant est celle d'intérêts, qu'ils soient légitimes ou non, qui ne sont pas identiques ni convergents, qui parfois même s'opposent. Et quand ce sont des intérêts vitaux qui entrent en contradiction, la délibération est particulièrement difficile.

Dès lors, quel rapport établir, quel équilibre, ou quel compromis possible et acceptable chercher entre réalisme politique (ou éthique de

---

12 Certains auteurs ont développé des propositions, notamment « L'Alliance des trois mers », dans Boual, J.-Cl., Grosjean, Ph. D, Rabier, J.-R., Spoel, D., Van Ermen, R., « *Plan B : changer la gouvernance européenne* », Bruxelles, Labor, 2006.

responsabilité) et appel idéaliste à des principes intangibles et non négociables (éthique de conviction) ? Remarquons que dans la perspective d'une éthique fondée sur le principe de proportionnalité, l'opposition entre éthique de conviction et éthique de responsabilité n'a guère de sens : ni un comportement idéaliste, comme le pacifisme absolu, qui risque de fait de causer de très nombreuses victimes, ni un comportement pragmatique et dit réaliste, comme celui qui, par exemple, s'abrite sous l'intérêt national en ne tenant aucun compte des dommages causés à l'extérieur ne peuvent répondre au critère de proportionnalité. Il semble possible de préciser quelques critères qui permettent de discerner les conditions auxquelles une pratique politique dans le domaine de la sécurité et de la défense répondent au principe de proportionnalité, des conditions d'ordre politique et des conditions d'ordre moral, étant entendu qu'il y a une interrelation entre ces deux ordres, sans prétendre en aucune façon être exhaustif.

Toutefois, il sera toujours difficile de promouvoir une éthique dans la politique extérieure de l'Union européenne tant que la question éthique aussi bien sur le plan social qu'environnemental ne sera pas réglée à l'intérieur de l'Union. Le poids des questions économiques et plus particulièrement de la priorité donnée au marché et à la concurrence, à la compétition et à une certaine forme de croissance sur le marché intérieur par rapport aux questions de solidarité et de respect de l'environnement y compris dans leurs conséquences possibles sur la santé, sur l'accès à l'éducation première, sur la formation et sur la culture doit d'abord être remis en débat à propos du fonctionnement interne de l'Union avant de pouvoir être débattu en ce qui concerne les rapports entre l'Union et le reste du monde.

Lorsqu'il s'agit de développer les instruments analytiques et éthiques qui permettent de discerner les moyens d'atteindre, par l'usage de la force et de la puissance, les objectifs visés ou les intérêts recherchés, tout en s'assurant de ne causer que le moindre dommage pour toutes les parties pouvant être touchées ou concernées par l'action, il faut d'abord savoir quels sont les principes qu'on s'applique à soi-même avant de vouloir les appliquer aux autres.

L'horizon éthique est celui du bien commun dans sa dimension universelle. Le principe de proportionnalité implique la volonté de limiter les dommages qu'une action pourrait infliger à qui que ce soit. Et en ce sens il a une dimension universelle. Une éthique orientée par l'exigence du bien commun exigerait cependant qu'on fasse un pas supplémentaire. Selon la définition proposée par l'Église catholique, le bien commun est l'ensemble des conditions sociales qui permet à toutes les personnes et à tous les groupes humains d'accéder au mieux à leur propre accomplissement. Dans cette perspective, une politique de paix, de sécurité et de défense devrait non seulement s'interdire de porter atteinte aux intérêts de toute population humaine et à l'intégrité de la nature, mais devrait aussi viser à contribuer positivement à l'amélioration des conditions d'existence et de la qualité de la vie pour l'humanité entière. On pourrait d'ailleurs se demander sur quoi pourrait se fonder une véritable politique de coopération et de développement (ce qui n'est pas l'objet de ce chapitre) sans une telle perspective du bien commun.

Il y a certes un bien commun propre à chaque État ou nation et il y a le bien commun propre à l'Union elle-même : ces biens communs, qui sont des critères d'action, restent cependant des biens communs particuliers par rapport à celui, plus englobant, de l'humanité, ou plus concrètement celui qui concerne, dans telle ou telle situation, à la fois l'Union et le ou les pays ou populations avec lesquels elle est en rapport. Dans la poursuite de l'intérêt ou du gain, dans l'action politique menée en vue de la sécurité et de la défense, il s'agit donc d'éviter au maximum les dommages causés à des tiers, compte tenu du fait que, dans l'action politique (comme le plus souvent dans l'action humaine en général) l'évitement de tout mal est impossible. Autrement dit, dans l'action extérieure, dans la mesure où l'Union agit comme puissance, quel est l'intérêt ou quels sont les intérêts poursuivis ? Cherchant son intérêt et celui de ses États membres, l'Union tient-elle effectivement et suffisamment compte de l'intérêt des États et des populations vis-à-vis desquels elle agit ou cherche à s'imposer ? Cherche-t-elle objectivement à minimiser au maximum les dommages pour les autres dans sa propre action ?

Au cœur de la poursuite et de l'usage de la puissance, il faut pouvoir déterminer quelle pratique politique permet d'éviter

- d'une part, le divorce entre le discours éthique public ou la rhétorique morale qui entretiennent la bonne conscience, et la pratique économique, politique et militaire cynique déterminée exclusivement par les intérêts particuliers (souvent déclarés intérêts vitaux) ;
- d'autre part, au nom d'un purisme moral refusant les compromis, le refuge dans la passivité, en se livrant ainsi à la complicité objective avec le mal et la violence.

Pour être éthique, la PESC devrait articuler trois exigences : la conformité aux valeurs déclarées par l'Europe, les intérêts politiques et économiques de l'Europe, et la responsabilité vis-à-vis des États tiers (liens historiques, comme en Afrique, proximité géographique, lien avec les communautés immigrées, etc.).

Comme le déclare la Commission Justice et Paix de France (Commission de l'épiscopat de l'Église catholique en France) :

Le recours à la force ne peut être fondé uniquement sur des considérations d'équilibre géostratégique et de maximisation des intérêts (en l'occurrence non pas nationaux mais communs aux pays de l'Union européenne participant à la PESD). Il doit aussi être moralement légitime. Pour autant, la perspective morale qui oriente la décision politique ne saurait se substituer à elle : la prudence politique est une des composantes de la légitimité morale. Immorale serait une décision politique qui ne prendrait en compte que les « valeurs » en jeu, en oubliant que toute action s'inscrit dans une logique de rapports de forces et de conflits d'intérêts. [...] Il n'y a pas à opposer les « valeurs » et les « intérêts » : certains discours sur les valeurs peuvent être immoraux (soit par idéalisme irresponsable, souvent contre-productif, soit par hypocrisie) et la défense de certains « intérêts » stratégiques communs est parfois légitime[13].

2. Une politique étrangère appuyée sur un volet militaire ?

2.1. Sécurité et défense

Il ne faut pas confondre sécurité et défense. La sécurité d'un territoire est une notion complexe. La sécurité a une dimension territoriale évidente, mais fondamentalement, ce n'est pas un territoire qu'il s'agit de défendre, mais bien une société avec ses valeurs partagées et son autonomie.

Il y a la sécurité interne (risques de violences, de déstabilisation, de terrorisme, etc.) et la sécurité externe : c'est de cette dernière qu'il est ici question. La sécurité concerne les possibles agressions extérieures, mais aussi la sécurité aux frontières, l'accès aux ressources naturelles, les voies de communication, etc.

La défense est l'ensemble des moyens assurant la sécurité par rapport à toute menace venue de l'extérieur : moyens économiques, politiques, diplomatiques et militaires, couvrant des actions préventives ou répressives.

Si une dimension européenne de puissance, c'est-à-dire la capacité pour l'Union européenne, dans le contexte géopolitique, de faire valoir et prévaloir son propre projet de société et ses intérêts est légitime, et d'assurer en ce sens à la fois sa sécurité et sa défense, cette politique de puissance doit-elle comporter un volet militaire ?

2.2. Une Europe désarmée ?

L'Europe pourrait-elle envisager, comme objectif, un désarmement unilatéral total, dans un monde extérieur qui resterait plus ou moins fortement armé ? Pourrait-elle renoncer à tout instrument militaire ?

---

13 *Les interventions militaires extérieures*, Dossier de réflexion, juin 2000, p. 6.

Certains auraient tendance à dire : personne ne nous menace réellement, donc nous pourrions désarmer. Sans doute, à l'heure actuelle, aucune menace militaire extérieure significative ne pèse sur nous (les actes terroristes sont d'une autre nature, et on sait que l'outil militaire est très peu performant pour contrer une telle menace). Le document stratégique « *Une Europe sûre pour un monde meilleur* » déclare explicitement que « Une agression de grande envergure contre un des États membres est actuellement improbable ». Mais en sera-t-il toujours ainsi ? On sait que la Russie accepte difficilement le démembrement de ce qui était l'Union soviétique. L'autonomie politique des pays baltes et leur intégration à l'Union européenne restent sans doute quelque peu en travers de la gorge des Russes. S'ils en venaient à considérer que, pour leur sécurité, un large couloir leur donnant accès direct à Kaliningrad et à son port était un enjeu stratégique important, une Europe totalement désarmée constituerait pour eux une sérieuse tentation… En ce cas, la solidarité déclarée par le Traité de Lisbonne au cas où un État serait victime d'une attaque extérieure, serait dépourvue de toute signification, de toute réalité possible. La guerre récente en Ossétie du Sud et en Géorgie, conséquence de l'imprudence du président Saakachvili, a montré que la Russie est redevenue un acteur géopolitique important : il s'agit en effet de la toute première intervention militaire à l'extérieur de ses frontières depuis 1990. Dans l'avenir, d'autres scénarios de menace extérieure pourraient aussi être pensables.

La majorité des États membres de l'Union européenne sont aussi membres de l'OTAN. L'Europe a beaucoup d'intérêts communs avec les États-Unis, mais il y a aussi de notables différences d'intérêts. Les États-Unis, jusqu'à présent, ont une volonté hégémonique mondiale affichée (Obama nuancera-t-il réellement cette revendication ?) et veulent empêcher l'émergence de toute puissance concurrente. D'où leur politique systématique de *containment*, de contrôle et d'encerclement de la Russie (et de la Chine ?). Tel n'est pas l'intérêt de l'Union européenne : en raison de sa frontière commune avec la Russie, son intérêt premier est le développement de relations de confiance mutuelle et de partenariat. De ce point de vue, l'OTAN est une organisation ambiguë : organe de solidarité transatlantique, solidarité positive et souhaitable, mais en même temps, largement dominée politiquement par les États-Unis, et donc par ses intérêts. De plus, à la différence des États-Unis, l'Europe dépend des moyens stratégiques et tactiques de l'OTAN pour toute intervention militaire extérieure un peu importante.

On peut comprendre que, pour leur sécurité et compte tenu de leur histoire, les pays anciennement soumis au joug soviétique font, dans l'ensemble et jusqu'à présent, bien plus confiance au parapluie américain qu'aux forces armées européennes. Ils ont d'ailleurs tous intégré l'OTAN avant d'entrer dans l'Union européenne. Mais il y a lieu de s'interroger : est-il normal que, comme Européens, nous n'assumions pas nous-mêmes l'essentiel des moyens de notre propre défense, si on juge que celle-ci est nécessaire ? Il est un peu contradictoire de critiquer les États-Unis, pour leur surarmement, comme on le fait souvent et légitimement, en leur demandant en même temps de nous défendre. Par ailleurs, si nous ne nous donnons pas les moyens de nous défendre, est-il aussi évident que cela que les États-Unis seront toujours prêts à s'engager dans une guerre difficile et coûteuse pour nous défendre, surtout si nous ne constituions plus un intérêt majeur pour eux : commercialement et industriellement, la zone Pacifique pourrait devenir bien plus déterminante pour eux que la zone Atlantique[14] ?

En résumé, dans le contexte géopolitique des rapports de force, un désarmement européen complet, – sauf évidemment le maintien d'une police intérieure disposant d'un minimum d'armement, – ne serait ni raisonnable ni proportionné à une réelle volonté de paix. Cela ne signifie nullement que l'armée soit le principal outil de la défense.

2.3. Les principes de la politique européenne de sécurité et de défense

La PESD est partie intégrante de la PESC, qui elle-même fait partie de la politique étrangère de l'Union européenne. La politique étrangère reste largement une prérogative nationale, et à ce niveau, il n'y a pas toujours convergence, ce qui fragilise grandement l'Europe dans le jeu des puissances. De plus, la PESC garde son caractère intergouvernemental, échappant donc aux procédures proprement communautaires et largement aux prérogatives du Parlement européen (sous réserve de voir ce à quoi peut conduire le Traité de Lisbonne). La France et la Grande-Bretagne, en particulier, seules puissances nucléaires de l'Union, tiennent fortement à l'autonomie nationale en ce domaine.

Le Traité de Lisbonne devrait cependant permettre d'avancer un peu. Il précise les objectifs de l'action extérieure de l'Union. En ce qui concerne la sécurité et la défense, il déclare :

> L'Union définit et mène des politiques communes et des actions et œuvre pour assurer un haut degré de coopération dans tous les domaines des relations internationales afin :
>
> a) de sauvegarder ses valeurs, ses intérêts fondamentaux, sa sécurité, son indépendance et son intégrité ;

---

[14] Faut-il rappeler que ce n'est qu'à partir du moment où ils ont été attaqués dans le Pacifique, que les États-Unis se sont engagés dans la guerre, en décembre 1941 seulement.

> b) de consolider et de soutenir la démocratie, l'État de droit, les droits de l'homme et les principes du droit international ;
>
> c) de préserver la paix, de prévenir les conflits et de renforcer la sécurité internationale, conformément aux buts et aux principes de la Charte des Nations unies, ainsi qu'aux principes de l'acte final d'Helsinki et aux objectifs de la charte de Paris, y compris ceux relatifs aux frontières extérieures ; [...]
>
> h) de promouvoir un système international fondé sur une coopération multilatérale renforcée et une bonne gouvernance mondiale. (TUE, Art. 21, par. 2).

La question est de savoir si l'Union européenne se donne réellement les moyens de répondre aux objectifs qu'elle déclare. Il faut répondre clairement que non : la volonté et les conditions d'un haut degré de coopération ne sont pas présentes. Il y a cependant quelques avancées réelles.

Le Traité crée le poste de haut représentant pour les Affaires étrangères et la Politique de sécurité (le projet de Constitution lui attribuait le titre de ministre des Affaires étrangères, ce qui était politiquement de plus grand poids), qui n'aura cependant que le pouvoir que lui accorderont les États. Ce haut représentant a une double compétence : il est l'un des vice-présidents de la Commission européenne et il préside le Conseil des affaires étrangères. On vise par là une plus grande cohérence de l'action extérieure.

La politique de défense et de sécurité n'est cependant pas une politique entièrement partagée : elle reste d'abord nationale, et de ce fait la politique européenne de défense est essentiellement intergouvernementale.

Dans ce cadre, l'outil militaire n'a de sens que pour manifester qu'on est prêt à défendre, par la force s'il le faut, son territoire, son autonomie, les moyens indispensables pour assurer la vie et la survie de la société. Donc se faire respecter.

Mais l'outil militaire n'est qu'un moyen de cette politique de défense.

Le premier niveau de défense, le plus important sans doute, est d'abord civil et politique. La question est de savoir si la population adhère suffisamment à la société telle qu'elle est que pour vouloir la défendre si elle est menacée. Il est évident que, pour un éventuel agresseur, la perception de la réponse donnée à cette question est un élément d'évaluation stratégique capital. Cette solidité de la conscience collective de soi est très loin d'être acquise. Il faut observer que la Seconde Guerre mondiale n'a pas montré qu'une attitude fondamentale de résistance à l'ennemi était partagée par tous, loin de là. Les identités nationales ne sont peut-être pas aujourd'hui dans tous les pays suffisamment fortes que pour être défendues par tous. C'est vrai *a fortiori* de l'identité européenne, en ce temps de scepticisme assez largement répandu. De plus, il n'est pas évident que le sentiment de solidarité entre tous soit tel que la menace qui pourrait peser sur un membre soit vécue comme une menace vis-à-vis de tous, malgré les engagements pris par le Traité de Lisbonne… Les interventions militaires en cours, avec de très gros moyens (Irak, Afghanistan) montrent qu'elles mènent à l'échec face à une population déterminée. De ce point de vue, la question de la sécurité et de la défense rencontre, en Europe, une fragilité civile certaine.

La conscience identitaire, condition pour une mobilisation défensive, est faible. De son côté, l'éducation civique qui devrait préparer à l'autodéfense civile, qui est essentiellement de l'ordre de l'action de résistance non violente, est pratiquement nulle, entre autres parce qu'il n'y a pas conscience collective d'une menace.

2.4. Sécurité, défense et élargissement de l'Union européenne

L'Union européenne compte actuellement 27 États. Il est évident qu'elle ne va pas en rester là. On ne peut envisager ici toutes les questions liées aux frontières de la future Union. Mais il est important d'envisager cette problématique du point de vue de la sécurité et de la défense.

Des négociations sont actuellement en cours avec la Croatie : il n'y a normalement pas de problème, elle sera intégrée assez rapidement. Beaucoup plus récemment, dans le contexte de la crise financière et économique mondiale, il est question d'une demande de l'Islande. Et l'Union européenne a déclaré que tous les pays qui ont fait partie de l'ancienne Yougoslavie ont vocation à l'adhésion. Cela concerne la Serbie, avec laquelle l'Union a un accord d'association préalable aux négociations en vue de l'intégration. Les autres pays concernés sont la Macédoine (mais il y a conflit avec la Grèce portant sur le nom officiel de cette république), le Monténégro et la Bosnie-Herzégovine, ainsi que de l'Albanie. Quant au Kosovo, ce pays n'est pas reconnu par la Serbie, alors que l'Union a pris acte de sa proclamation d'indépendance, sans la reconnaître officiellement, tandis que plusieurs États européens l'ont fait. D'ici une dizaine d'années, ces pays qui constituent les Balkans occidentaux, seront sans doute membres. Et il est bien probable qu'un jour ou l'autre, la Suisse et la Norvège le feront également.

À plus long terme, on pourra sans doute envisager la candidature de pays riverains de la Russie, qui faisaient partie de l'Union soviétique : Ukraine, Bélarus (ou Biélorussie) et Moldavie, de même que les petites républiques du Sud Caucase : Arménie, Azerbaïdjan et Géorgie. Mais est-ce bien raisonnable faute d'un projet politique de l'Union européenne plus identifiable ?

La question de l'adhésion de la Turquie constitue un cas particulier et difficile à l'heure actuelle. La Turquie a officiellement demandé son adhésion à la Communauté européenne en 1959 ; elle a le statut de pays associé depuis 1963 et elle est liée par un accord d'union douanière depuis 1995. Elle a été officiellement acceptée comme candidate à l'adhésion en 1999. Les négociations sont en cours. D'un point de vue géopolitique, il y a beaucoup de raisons qui militent en faveur de cette adhésion : d'une part, cela contribuerait certainement à la stabilité, à la démocratie et au développement de l'État de droit dans ce pays ; d'autre part, celui-ci devrait jouer un rôle de stabilisation et de sécurité en direction du Caucase et de l'Asie centrale. Mais il y a beaucoup de résistance de la part des opinions publiques de l'Union : la raison principale de cette opposition, raison tue le plus souvent, est le fait que c'est un grand pays musulman. Du côté de la Turquie, il y a cependant aussi de grands obstacles en ce qui concerne les droits de l'homme, l'État de droit et la liberté religieuse. Sans parler des relations difficiles avec la Grèce et du problème épineux de Chypre.

Il faudra dans un avenir assez rapproché donner une réponse claire à ce pays : l'Union s'est politiquement engagée sur le chemin de l'adhésion, cela demande à être confirmé sans ambiguïté. Il faudrait préparer les opinions publiques à ratifier ce processus, tout en maintenant fermement les conditions de réforme en vue d'une pleine démocratie, et en prenant le temps nécessaire pour cela. De toute façon, on n'envisage pas une adhésion possible avant dix et plus probablement quinze ans.

Il y a des arguments géopolitiques importants qui militent en faveur d'un élargissement qui intègre la grande Europe, jusqu'à la frontière russe, même s'il ne faut surtout pas précipiter les choses. Le projet européen est né d'une volonté de paix, paix européenne et paix mondiale. Après la chute de l'empire soviétique, on avait espéré que naîtrait un nouvel ordre mondial de paix et de développement pour tous. Près de vingt ans plus tard, le constat est que le monde est plus instable et conflictuel et que, par les chemins pris par la mondialisation, il est de plus en plus inégalitaire. De ce point de vue, créer un grand espace européen pourrait contribuer à la fois à la stabilité mondiale et à un meilleur équilibrage de la mondialisation, pour autant que l'Union soit capable de sortir de ses contradictions et de préciser son propre projet.

L'expérience historique montre que la solidarité de fait – solidarité économique en tout cas, politique partiellement, sociale trop peu – créée entre les États membres de l'institution européenne, Communauté puis Union, est telle que la guerre et la solution des conflits interétatiques par les armes sont devenues impensables. Or les marges de l'Union actuelle sont instables et potentiellement conflictuelles. Pacifier durablement la grande Europe est un impératif majeur pour aujourd'hui. Cette pacification suppose aussi que soient fortement établis les principes des droits de l'homme, de l'État de droit et de démocratie. Le respect de ces principes est un préalable non négociable à l'adhésion, mais réciproquement, l'objectif d'adhésion, même assez éloigné, contribue fortement aux réformes qui vont en ce sens.

Par ailleurs, alors que la superpuissance des États-Unis montre aujourd'hui ses limites (Irak, Afghanistan, etc.) et que, jusqu'à présent, ce pays fait tout pour ne pas perdre son leadership et empêcher la montée de puissances concurrentes, la Russie se redresse de plus en plus et entend bien s'imposer à nouveau comme acteur global, tandis que la Chine est à l'évidence une puissance montante dont les ambitions seront sans doute de plus en plus mondiales. Dans ce contexte, il est important que l'Europe puisse jouer, comme acteur mondial, un rôle de stabilité et de paix, en renonçant clairement à toute puissance hégémonique et à toute menace impériale, et en développant des partenariats équilibrés avec les autres puissances que sont les États-Unis, la Russie et la Chine. L'Europe devrait aussi jouer un rôle plus actif par rapport au monde musulman, humilié à l'heure actuelle et se sentant menacé par la prévalence des intérêts pétroliers états-uniens et par un soutien jusqu'à présent inconditionnel à Israël. Il s'agirait, en particulier, de développer une politique plus équilibrée au Moyen-Orient.

À cet égard, la politique états-unienne des dernières années pose de nombreuses questions. Plus que l'Europe, au cours des dernières décennies, les États-Unis ont fait de l'armée l'instrument de leur politique et de leur volonté de suprématie. Plus que l'Europe, ils ont tendance à utiliser l'intervention armée pour résoudre des problèmes externes mettant en cause leurs intérêts. De plus, les deux législatures de Bush ont clairement signifié un durcissement de la politique américaine marquée par l'unilatéralisme : doctrine de l'intervention préventive, décision de principe d'agir dans ou hors du cadre de l'ONU, dans ou hors du cadre de l'OTAN selon les circonstances et les intérêts en jeu... Les années récentes ont clairement montré les limites et les impasses d'une telle politique. Barack Obama annonce des changements, plus de nuances, une réintégration des perspectives multilatérales. Il n'est pas exclu qu'il développe donc une politique plus coopérative et moins agressive, si cela permet de préserver les intérêts des États-Unis. Mais jusqu'où, il est difficile de le dire.

Le rôle de pacification et de stabilisation impliquerait des options politiques et des décisions difficiles à envisager dans l'immédiat, mais fondamentales. Il s'agirait de développer volontairement et consciemment l'image de l'Europe comme « *soft power* » qui privilégie la régulation des rapports internationaux par le droit. Si nous voulons avoir du poids concernant l'avenir de notre planète et de l'humanité, il faut jouer la puissance, mais il faut aussi viser la possibilité d'une puissance contenue et maîtrisée. Il ne faut pas être naïf : nous avons et nous aurons toujours besoin dans l'avenir d'un bras de défense armée, mais celle-ci doit être mesurée dans une perspective stricte de défense.

2.5. L'Union européenne et la Russie

Il est clair, à l'heure actuelle, que les intérêts des Européens et ceux des Américains convergent pour une part assez importante, mais divergent aussi de façon significative. En particulier, les relations avec la Russie ne sont pas marquées par les mêmes intérêts de part et d'autre de l'Atlantique en raison de ce que, à la différence des États-Unis, la Russie est située à la frontière de l'Union et de ce qu'elle est un important fournisseur de pétrole et le principal fournisseur de gaz pour les pays qui en sont membres.

Il importe donc que la politique étrangère de l'Union, y compris sa politique de sécurité et de défense soit à la mesure de cette situation, en intégrant les facteurs suivants : la proximité géographique, le fait que la Russie ne représente pas à l'heure actuelle une menace militaire pour l'Union européenne, la dépendance énergétique, le caractère autoritaire du système peu respectueux des droits de l'homme et de l'État de droit. C'est dire que la politique étrangère doit viser à la fois à stabiliser les relations, à négocier des relations commerciales comportant des engagements réciproques clairs, à favoriser une transition vers plus de démocratie, en évitant une rupture des relations par trop d'intransigeance (quel équilibre entre pressions en vue de la démocratie et concessions nécessaires à un maintien des relations ?) et en évitant surtout toute menace ou attitude pouvant être interprétée comme une menace.

De ce point de vue, les options militaires jouent un rôle déterminant. Ni les politiques militaires nationales, ni l'embryon de défense européenne ne représentent une position menaçante pour la Russie. Les armes nucléaires françaises et britanniques, dans ce contexte, sont clairement de type dissuasif. Par contre, la politique militaire de l'OTAN est plus préoccupante, et surtout la politique unilatérale des États-Unis. En effet, ceux-ci ont entrepris une véritable manœuvre d'encerclement de la Russie par leurs multiples bases établies sur le territoire de l'Union et des pays frontaliers de la Russie. Le projet d'installation par les Américains et sans négociation avec l'Union européenne de missiles anti-missiles et de radars en Pologne et en République tchèque, projet actuellement (provisoirement ?) suspendu, accroît le sentiment de menace : personne ne peut croire en effet que ces moyens visent à une protection du territoire des États-Unis contre une attaque de missiles iraniens. Dans le contexte présent fortement tendu, l'annonce faite par Medvedev de l'installation de missiles à Kaliningrad, en réponse à celle de missiles antibalistiques en Pologne, n'est pas étonnante. Cette politique ne peut avoir pour effet que de relancer la course aux armements, course dans laquelle l'Europe elle-même risque d'être plus ou moins entraînée. Barak Obama a déclaré vouloir engager des négociations avec la Russie sur ce dossier.

2.6. Sécurité, défense et OTAN

Depuis la chute de l'Union soviétique, l'OTAN, qui était essentiellement un instrument militaire de défense de l'Europe contre cet État et le Pacte de Varsovie, considérés comme l'ennemi, a pris des orientations nouvelles, plus politiques. Elle est devenue un instrument de défense des intérêts américano-européens partout dans le monde : les différentes interventions dans les conflits et l'ex-Yougoslavie et en Afghanistan sont significatives de ce changement.

Pour la plupart des pays européens, l'OTAN est l'organe politique et militaire principal de défense commune. Une remarque est ici importante en ce qui concerne la problématique de la sécurité. Jusqu'à présent, il semblait plus ou moins acquis que les nouveaux pays candidats adhéreraient à l'OTAN avant d'être intégrés à l'Union européenne : il en a été ainsi pour l'ensemble des pays d'Europe centrale. Tous les membres actuels ne sont cependant pas membres de l'OTAN : l'Irlande, la Suède, l'Autriche, la Finlande, Chypre et Malte. Ces pays (Chypre et Malte étant hors jeu du point de vue militaire) ont cependant des liens avec l'OTAN : interopérabilité des forces armées, participation à des actions conduites par l'OTAN. Il n'y a donc aucun lien automatique entre adhésion à l'Union européenne et adhésion à l'OTAN. Si on veut développer des relations de voisinage positives avec la Russie, il est indispensable de déconnecter appartenance à l'Union et appartenance à l'OTAN. Cette organisation dominée par les États-Unis est perçue par la Russie, peut-être pas tout à fait à tort, comme une machine de guerre dirigée contre elle. Malgré toutes les pressions américaines, il serait géopolitiquement important que les pays frontaliers de la Russie, dont on envisage la candidature, comme l'Ukraine et la Géorgie, restent hors de l'OTAN, bien qu'ils en soient déjà candidats, car ce serait une provocation et vécu par la Russie comme une menace pour sa sécurité.

Il ne s'agit pas, dans un avenir prévisible de démanteler l'OTAN[15]. Nous croyons que le partenariat euro-atlantique reste important. Dans l'avenir proche, en tout cas, les forces armées européennes sont incapables seules de soutenir un conflit armé de grande ampleur. Mais il serait souhaitable 1° que l'Europe assume davantage sa propre défense

---

15 L'appartenance à l'OTAN des pays qui en sont membres est explicitement reconnue par le Traité de Lisbonne (TUE, Art. 42, par. 2).

et donc une certaine autonomie par rapport aux États-Unis ; 2° qu'il y ait claire distinction entre appartenance à l'Union européenne et appartenance à l'OTAN, en particulier pour les candidats se situant à la frontière de la Russie, la garantie de la solidarité militaire en cas d'attaque, prévue par le Traité de Lisbonne (TUE, Art. 42, par. 7) devrait suffire ; 3° à moyen terme, il faudrait assurer la dénucléarisation de tout le territoire européen ; et 4° fermer toutes les bases étrangères installées sur ce territoire : le nombre croissant de bases américaines[16] situées tout le long de la frontière russe et totalement soustraites à l'autorité de l'OTAN ne peut être perçu par ce pays que comme une menace. Cette fermeture des bases étrangères vaut aussi, bien sûr, pour les bases russes installées hors du territoire de la Russie.

2.7. L'armée : outil de défense contre une agression extérieure

L'Union européenne déclare que la paix est l'une de ses valeurs fondamentales et que la sécurité et la stabilité en Europe font partie de ses objectifs. De ces valeurs et objectifs devraient se dégager un certain nombre d'orientations déterminantes guidées par un juste principe de proportionnalité.

Si le monde est régi, entre autres, par des rapports de force et si l'équilibre de ces rapports de force dans l'avenir est imprévisible, un instrument militaire européen non seulement se justifie, mais est nécessaire. Mais quel instrument et à quelles conditions ?

L'outil militaire de défense ne remplacera jamais les autres moyens de défense et ne peut être qu'un dernier recours lorsque les actions et interventions économiques, politiques et diplomatiques ont échoué.

En 1953-54, le projet de Communauté européenne de défense (CED) a échoué, en raison des susceptibilités nationales françaises. Peut-être était-ce trop tôt ? Il est sûr en tout cas que si le projet avait abouti, l'Union européenne serait très différente aujourd'hui : inévitablement, elle aurait davantage été politique, dans un sens plus fédéral. Il aura fallu quarante ans, avec le Traité de Maastricht (1992), pour que, plus ou moins timidement, puisse être reposée la question d'une défense commune.

Où en est-on aujourd'hui ? L'essentiel de la défense reste une prérogative nationale. Mais il existe un organe d'intégration assez fort, l'OTAN, à laquelle tous les pays membres de l'Union ne participent pas.

---

[16] Il faut bien distinguer les bases américaines qui sont exclusivement sous commandement américain et qui échappent totalement, d'un point de vue politique et militaire aux autorités du pays d'accueil, et les bases de l'OTAN, qui sont sous commandement intégré.

De plus, cet organisme n'est pas proprement européen, et il est très marqué par la dominance des États-Unis.

Cependant, le Traité de Lisbonne déclare :

> La compétence de l'Union en matière de politique étrangère et de sécurité commune couvre tous les domaines de la politique étrangère ainsi que l'ensemble des questions relatives à la sécurité de l'Union, y compris la définition progressive d'une politique de défense commune qui peut conduire à une défense commune (TUE, Art. 24, par. 1).

Par ailleurs, le traité prévoit la possibilité de mise en place d'une coopération structurée :

> Les États qui remplissent des critères plus élevés de capacités militaires et qui ont souscrit des engagements plus contraignants en la matière en vue des missions les plus exigeantes, établissent une coopération structurée permanente dans le cadre de l'Union (TUE, Art. 42, par. 6).

Ouvertures timides donc à ce qui pourrait un jour être une nouvelle CED. Plusieurs éléments vont en ce sens. Du point de vue militaire, il n'y a qu'un embryon d'armée européenne qui est davantage tourné vers des interventions extérieures que vers la défense intérieure. Il y a cependant différentes avancées. Tout d'abord trois organes ont été mis en place : un Comité politique et de sécurité (COPS), qui contribue à la définition des politiques dans la cadre de la PESC ; un Comité militaire de l'Union européenne (CMUE), chargé d'établir des recommandations et avis sur les aspects militaires dans le cadre de la PESC et de la PESD ; un État-major de l'Union européenne (EMUE), pour la planification stratégique. Ce sont essentiellement des organes intergouvernementaux de coordination. Une petite unité militaire européenne existe aussi : l'Eurocorps, auquel participent l'Allemagne, la Belgique, l'Espagne, la France et le Luxembourg. Est constituée par ailleurs une force européenne de réaction rapide de 60 000 hommes[17]. Une avancée significa-

---

[17] Le Conseil européen de décembre 2008 précise : « L'Europe devrait être effectivement capable, dans les années à venir, dans le cadre du niveau d'ambition fixé, notamment de déploiement de 60 000 hommes en 60 jours pour une opération majeure, dans la gamme d'opérations prévues dans l'objectif global 2010 et dans l'objectif global civil 2010, de planifier et de conduire simultanément :
– deux opérations importantes de stabilisation et de reconstruction, avec une composante civile adaptée, soutenue par un maximum de 10 000 hommes pendant au moins deux ans ;
– deux opérations de réponse rapide d'une durée limitée utilisant notamment les groupements tactiques de l'UE ;
– une opération d'évacuation d'urgence de ressortissants européens (en moins de 10 jours) en tenant compte du rôle premier de chaque État membre à l'égard de ses ressortissants et en recourant au concept d'État pilote consulaire ;
– une mission de surveillance/interdiction maritime ou aérienne ;
– une opération civilo-militaire d'assistance humanitaire allant jusqu'à 90 jours ;

tive et opérationnelle, dont la mise en œuvre est difficile, se situe sur le terrain industriel, par la création de l'Agence européenne de défense (Art. 42, par. 3 ; les missions en sont définies à l'Art. 45) : il s'agit de la mise en place d'une coopération industrielle dont l'objectif est de définir les besoins tout en évitant les gaspillages dus aux doublets, lorsque des programmes nationaux, visant des mêmes moyens ou systèmes, sont concurrents entre eux (il y a par exemple à l'heure actuelle seize différents véhicules blindés de combat au sein de l'Union européenne !). Élément certainement positif, à condition que cela ne contribue pas à une augmentation injustifiée du niveau d'armement dans le cadre d'une nouvelle course aux armements.

Pour l'avenir, pourra-t-on un jour penser à une véritable Communauté européenne de défense, une nouvelle CED ? On en est certainement loin. Une condition serait qu'on aille vers une Europe politique de nature davantage fédérale, quelle que soit la forme que prendrait cette fédération. Il est évident que les États européens ne sont pas mûrs actuellement pour une telle option. Les prérogatives de défenses resteront donc dans un avenir prévisible des prérogatives principalement nationales.

Ce constat ne nous empêche pas de nous poser et de poser des questions. La divergence et la concurrence des objectifs politiques nationaux ne contribuent pas à faire de l'Europe une puissance qui compte. Elles ne contribuent sans doute pas non plus à augmenter la sécurité et les capacités réelles de défense commune. Dans ce cadre, il faudrait aussi s'interroger sur la politique nucléaire militaire de la France et de l'Angleterre. Si, d'une part, dans l'esprit du Traité de non-prolifération des armes nucléaires, il s'agit non seulement d'éviter que de nouveaux pays s'équipent d'armes nucléaires, mais aussi de la part des puissances nucléaires du moment de contribuer à un désarmement nucléaire mondial, et si d'autre part, l'objectif est une défense commune, comment justifier encore 1° que, indépendamment des questions morales fondamentales portant sur la possibilité d'emploi de l'arme nucléaire, deux États membres de l'Union fondent pour une part substantielle leur propre défense sur l'armement nucléaire, et 2° que l'utilisation ou non de l'arme nucléaire comme arme de dissuasion dépende exclusivement des chefs d'État de ces deux pays, quelles que puissent être les conséquences d'un éventuel emploi pour tous les autres pays européens ?

– une douzaine de missions PESD civiles (notamment missions de police, d'État de droit, d'administration civile, de protection civile, de réforme du secteur de sécurité ou d'observation) de différents formats, y compris en situation de réaction rapide, incluant une mission majeure (éventuellement jusqu'à 3 000 experts), qui pourrait durer plusieurs années.
Pour ses opérations et missions, l'Union européenne a recours, de façon appropriée et conformément à ses procédures, aux moyens et capacités des États membres, de l'Union européenne et, le cas échéant pour ses opérations militaires, de l'OTAN. »

2.8. L'armée : outil de politique étrangère

Les années récentes montrent clairement que les armées nationales et l'embryon d'armée européenne ne servent pas seulement à assurer la défense interne, mais aussi à assurer, par intervention externe, les intérêts politiques ou les intérêts vitaux (ou les intérêts dits tels), et à répondre à des missions de pacification ou des missions humanitaires, c'est-à-dire répondre au devoir de protéger.

> La politique de sécurité et de défense commune fait partie intégrante de la politique étrangère et de sécurité commune. Elle assure à l'Union une capacité opérationnelle s'appuyant sur des moyens civils et militaires. L'Union peut y avoir recours dans des missions en dehors de l'Union afin d'assurer le maintien de la paix, la prévention des conflits et le renforcement de la sécurité internationale conformément aux principes de la charte des Nations unies. L'exécution de ces tâches repose sur les capacités fournies par les États membres (TUE, Art. 42, par. 1).

Il est ensuite précisé :

> Les missions visées à l'article 42, paragraphe 1, dans lesquelles l'Union peut avoir recours à des moyens civils et militaires, incluent les actions conjointes en matière de désarmement, les missions humanitaires et d'évacuation, les missions de conseil et d'assistance en matière militaire, les missions de prévention des conflits et de maintien de la paix, les missions de forces de combat pour la gestion des crises, y compris les missions de rétablissement de la paix et les opérations de stabilisation à la fin des conflits. Toutes ces missions peuvent contribuer à la lutte contre le terrorisme, y compris par le soutien apporté à des pays tiers pour combattre le terrorisme sur leur territoire (Art. 43, par. 1).

Dans ces diverses missions de pacification, de rétablissement de la paix, de stabilisation, il importe de toujours se rappeler que les moyens civils sont premiers, et que l'usage des armes est un dernier recours. Trop souvent, on est conduit à l'intervention militaire faute d'avoir géré les situations par les moyens politiques, et faute d'avoir suffisamment investi en moyens politiques et diplomatiques, voire en moyens proprement économiques. L'exemple de l'Afghanistan devrait rester présent dans tous les esprits, sans parler de l'invasion de l'Irak, qui constitue une violation manifeste du droit international.

Il importe que tout engagement militaire extérieur de l'Europe se fasse toujours, selon le traité, dans le respect de la Charte de Nations unies (TUE, Art. 21, par. 2 c). Le traité ne vise que les interventions proprement européennes : il ne lie pas en cela les États en tant que tels. Ainsi, la participation de l'Angleterre, de l'Espagne, de la Pologne, etc., dans la guerre menée par les États-Unis en Irak, en dehors de tout mandat de l'ONU, n'est pas une infraction au Traité européen. On doit cependant regretter 1° qu'il n'y ait eu aucune concertation permettant une prise de position commune et 2° que cela se fasse précisément en dehors du cadre des Nations unies[18].

Par ailleurs, l'intervention dite humanitaire, pour éviter des massacres ou leur perpétuation, est trop souvent sélective, en fonction des intérêts. Une certaine sélectivité est évidemment nécessaire : il faut mesurer les forces en présence, et le rapport de force dont on peut disposer pour intervenir. Il serait, par exemple, exclu que l'Europe ou l'OTAN interviennent en Tchétchénie, quelle que puisse être la brutalité de l'action militaire russe, parce qu'il serait politiquement imprudent et fou d'engager une confrontation militaire directe avec la Russie.

2.9. Une perspective stratégique et éthique pour l'avenir

Le premier niveau de défense, comme il a été dit, est d'abord civil et politique. On pense généralement la question de la défense en termes géographiques marqués par les frontières : il y a un territoire à défendre contre un agresseur extérieur. On pense ensuite la défense en termes d'intérêts vitaux, en visant principalement par là les approvisionnements indispensables pour faire fonctionner l'économie interne. Or ce qui est d'abord à défendre, c'est la société elle-même, la société dans ses valeurs partagées : démocratie, État de droit, droits de l'homme. Or, c'est à ce niveau que se situe le déficit majeur : si les instruments d'une véritable défense commune sont gravement insuffisants, c'est avant tout par manque de projet politique commun. Non seulement, il n'y a pas de véritable projet politique commun entre les différents États européens (l'horizon d'un grand marché sans frontières ne constitue pas un projet politique !), mais il y a sans doute de moins en moins de projet politique commun au sein des différents États : la montée inquiétante des partis d'extrême droite, certains d'entre eux étant clairement d'inspiration nazie, dans nombre de pays membres de l'Union, manifeste que le consensus minimum requis pour une défense de la société démocratique en tant que telle fait défaut aujourd'hui.

Il faut bien constater que le fondement civil sur lequel devrait se construire un instrument militaire est aujourd'hui très fragile, et s'est fragilisé au cours des dernières années. Ce sont par là les ressources éthiques d'un véritable projet européen de défense qui font largement défaut. Dès lors la question éthique de la proportionnalité de la politique actuelle de défense et de sécurité pose question : que voulons-nous, que sommes-nous, collectivement, prêts à défendre ?

---

[18] Les récentes auditions au Parlement britannique sont édifiantes à cet égard.

À plus long terme, si les conditions culturelles et politiques d'une adhésion citoyenne, sinon unanime, du moins largement majoritaire aux valeurs et objectifs tels que définis aux articles 2 et 3,1 du TUE, quelle politique de sécurité et de défense serait-il souhaitable d'envisager ? Il s'agirait, en interne, de promouvoir et de développer une éducation citoyenne aux techniques de la résistance civile non violente. La perception par un éventuel envahisseur de la détermination d'une population à défendre l'autonomie de ses valeurs est une force dissuasive importante (l'inverse étant vrai aussi !).

Quant à la politique de défense dans sa configuration internationale, outre la dénucléarisation de tout le territoire européen et la visée d'une abolition de toutes les armes nucléaires au niveau mondial, ainsi que le retrait de toutes les troupes étrangères du territoire européen, il s'agirait de viser à plus long terme un démantèlement de l'OTAN et la définition d'une position européenne de neutralité vis-à-vis des puissances étrangères, en particulier les États-Unis, la Russie et la Chine. Cette neutralité resterait cependant armée, mais au niveau le plus bas compatible avec une capacité défensive non menaçante pour l'extérieur.

3. Conclusion

Un regard éthique sur la politique européenne de sécurité et de défense ? Cette politique manque de force, par manque de cohérence à un double niveau : manque de cohérence dans le projet politique et le projet social entre les différents États membres ; manque de cohérence entre les valeurs déclarées, la hiérarchie des normes (l'économie versus le social), les processus décisionnels, les moyens dégagés. Il est clair qu'une révision profonde des traités est encore nécessaire et que le processus entamé après la Déclaration de Laeken est resté largement insuffisant au cours et après la deuxième Convention.

Cette politique ne manque pas totalement de dimensions éthiques, et celles-ci sont même significatives dans certains domaines (traités internationaux sur les mines antipersonnel ou les armes à sous-munitions, par exemple), mais parfois trop timides ou improprement orientées (environnement et climat). L'Union européenne assure, tant bien que mal, des missions humanitaires et des missions de reconstruction, mais elle reste en deçà de ce qu'on pourrait attendre d'elle, de ce qu'attendent d'elle certaines populations, quand il s'agit d'agir efficacement et rapidement pour désarmer les conflits ou les prévenir, à la fois parce qu'elle n'est pas prête à y mettre les moyens et parce que, trop souvent, elle est paralysée par des intérêts politiques ou économiques divergents ou concurrents.

De plus, il faut se demander si plus fondamentalement, dans la perspective globale de la PESC, les objectifs de sécurité ne priment pas de fait sur les objectifs de paix, en tout cas au niveau des moyens mis en place et des préoccupations politiques effectives.

Enfin et surtout, sans doute, l'Union manque d'une instance d'évaluation et de projet, dans le domaine de la politique étrangère et dans celle de sécurité et de défense, capable de mesurer la pertinence des institutions et des moyens mis en place par rapport aux objectifs internes et géopolitiques. Le compromis entre les intérêts nationaux et le peu de capacité ou de volonté d'envisager l'ensemble du processus européen dans la perspective du bien commun ou de l'intérêt européen, dont le Traité de Lisbonne à la suite des traités précédents est l'expression, sont signe d'une grave déficience éthique.

La seule tentative d'amélioration du fonctionnement des institutions en ce qui concerne les instances d'évaluation a été celle engagée par le Parlement européen lorsqu'il a organisé les deux Agoras citoyennes, à titre expérimental, en permettant aux acteurs de la société civile européenne de s'exprimer sur des questions de fond. Ces deux sessions ont permis de se pencher sur deux questions d'avenir essentielles : l'une étant la suite à donner au Traité de Lisbonne et l'autre étant les mesures à mettre en place pour faire face au réchauffement climatique. Dans les deux cas, la société civile a fait preuve d'une maturité que les institutions ne soupçonnaient pas. Malheureusement, le Parlement européen a trop peu tenu compte des conclusions et recommandations déposées par la société civile dans ses propres attendus et avis sur ces questions.

***

CHAPITRE 4

L'environnement naturel

Frank TURNER

Commençons par un point de vue anthropologique, qui place le thème de l'environnement, déjà large et à multiples facettes, dans une perspective anthropologique encore plus large. Nous sommes conscients que certains (disons les « écologistes puristes ») prétendront que ce choix anthropologique est une désastreuse erreur. Selon leur point de vue, proposer la personne humaine comme première et centrale consiste à exagérer l'importance du genre humain dans le cosmos. Bien plus, c'est précisément ce faux pas, cette erreur fondamentale d'approche, qui est à l'origine de notre crise environnementale. Mon objection à cet argument est la suivante : en bref, ce sont seulement des personnes et des communautés humaines qui peuvent apporter une réponse efficace à cette crise, et elles ne le feront qu'en appréciant son importance et ses conséquences pour elles – mais, bien évidemment, pas *seulement* pour elles.

1. Anthropologie

Chacune de nos vies, c'est-à-dire le vrai bien de chacun d'entre nous, a plusieurs dimensions. Ces dimensions peuvent être distinguées l'une de l'autre mais jamais séparées.

1.1. Notre vie corporelle

Nous ne sommes pas des personnes qui « possèdent » des corps, comme si ceux-ci étaient en quelque sorte détachés de notre identité. Notre expérience est une expérience *incorporée*, nos perceptions et nos pensées sont inséparables de nos sens, de leurs ouvertures au monde et de leurs réponses actives à celui-ci. Le « bienfait » de cette dimension de notre vie est au moins de deux sortes : premièrement la satisfaction des besoins corporels basiques nécessite aliments et boissons, abri, chaleur et vêtement, air frais et eau propre ; deuxièmement, absence de violence, d'emprisonnement, de maladie ou de handicap grave (formulé en positif, le don d'une vigueur appropriée pendant notre durée de vie) et ainsi de suite. Une certaine liberté par rapport à nos propres besoins est admirable, si elle endigue notre appétit illimité pour un plus grand bien. Elle devient illicite, si elle n'exprime simplement qu'un manque de « respect de soi ». Négliger consciemment les besoins de base *d'autrui* est un sérieux dommage moral.

1.2. Notre vie intérieure

Nous ne sommes pas des êtres humains séparés de notre « vie intérieure » *unique* : notre conscience, nos joies et nos peines, nos rêves, nos espoirs et nos craintes, ne sont reproduites par nulle autre personne. Le « bien » inclura ici des éléments tels que la liberté prise par rapport aux craintes paralysantes, au désespoir, au sens démoralisant que la vie est futile ou qu'elle n'a pas de sens.

1.2.1. Nos relations personnelles

C'est une erreur de penser que nous sommes des personnes isolées qui rencontrent parfois d'autres personnes. Au contraire, nous ne sommes simplement pas des humains séparés de nos relations avec d'autres humains. Ces relations peuvent être aléatoires (avec un vendeur dans un magasin, avec des personnes que nous ne « connaissons » qu'au travers d'une liaison téléphonique) ou intimes (entre époux, partenaires, enfants, amis proches). Dans chaque cas, ils ou elles sont une partie de ce que nous sommes. En d'autres mots, le « soi » ne s'arrête pas à l'enveloppe de la peau. Dans cette dimension le « bien » signifie des qualités telles que la courtoisie et le respect, une capacité de chaleur, de tendresse et de loyauté, mais aussi de liberté par rapport à l'aigreur, la manipulation/domination des autres ou rapport d'une trop grande dépendance à leur égard. Aimer (et être aimé) *nous change*, parce que nous grandissons dans une large mesure en tant que personne lorsque nous pouvons accepter les autres sans devoir d'abord les « censurer », nous rétrécissons lorsque nous les rejetons. Mais ce bien est aussi sous tension avec les autres. Le romancier anglais E. M. Forster déclara un jour qu'il est moralement préférable de « trahir son pays que de trahir un ami ». Ce jugement implique la priorité absolue donnée aux relations personnelles – et cette affirmation n'est pas nécessairement justifiée, car les relations personnelles, elles aussi, ne sont pas toute la vie.

1.2.2. Nos vies comme membres de la société

La société dans laquelle nous vivons n'est pas simplement une scène ou une toile de fond, dans laquelle nous vivons nos vies indépendantes d'individus. Une ligne de pensée depuis Platon et Aristote jusqu'à Thomas d'Aquin et même au-delà, prétend que l'être humain est un « animal politique ». Aucun individu n'est autosuffisant, prétend Aristote, parce les biens humains sont créés collectivement : dans *La*

Politique il a écrit : « Celui qui est incapable de vivre en société ou qui n'en a pas besoin parce qu'il se suffit à lui-même, est soit une bête soit un dieu » (1253a).

Le terme grec *idiot* signifie à la fois une personne privée qui répudie tout soin de l'état, et une personne mal informée ou ignorante ! C'est uniquement dans la *polis* que l'on peut réaliser tout le spectre des « excellences », et que la fonction spécifique de l'état peut réaliser ces excellences.

Le langage lui-même est intrinsèquement une capacité sociale. Au delà de cela, « appartenir » est un besoin personnel fondamental. Notre société affecte nos existences au plus profond d'elles-mêmes, et nous sommes tous ensemble la « société ». Dans l'Allemagne hitlérienne, l'identité juive ou aryenne a dû déterminer leurs expériences profondes, y compris celles apparemment les plus « privées ». Nous sommes reliés les uns aux autres, c'est pourquoi, comme *membres de groupes*, nos vies respectives sont affectées pour le pire et le meilleur. Il en résulte que nous sommes vraiment impliqués avec des gens dont nous ne verrons jamais le visage. Dans cette dimension de nos vies, le « bien » peut se concevoir en termes de justice : par exemple, comme une délivrance « d'exploiter » ou « d'être exploité » par les autres (c'est-à-dire gagner systématiquement par leur souffrance). Ceci aussi est moins que l'histoire toute entière, et il est nécessaire de retenir le sens de la liberté individuelle (et de groupe) par rapport à la « société dans son ensemble ».

1.2.3. Nos vies comme habitants de la Terre

Le fait que nous habitons la Terre n'est pas un accident dans nos vies, mais il en est l'essence même. Nous dépendons de la Terre pour nous soutenir, et nous ne pouvons pas survivre si nous la détruisons. Nous sommes les « enfants », ou les « locataires » de la Terre plutôt que ses propriétaires. Même les biens d'essence humaine nécessitent pour cette raison d'avoir une éthique appropriée : la limitation de notre liberté d'action (celle qui nous pousse à cause d'un sens dénaturé de notre propre « bien ») qui nous amène à polluer ou à ruiner notre habitation. Nous devons cultiver à la fois le respect de la Terre et apprécier sa beauté.

1.3. La vie comme un tout

Il est évident que la cinquième catégorie se superpose à la quatrième. La pollution crée un dommage pour d'autres personnes, plus spécialement les pauvres qui ont peu de chance d'y échapper. Mais, en fait, toutes les catégories se confondent constamment, parce que nos vies sont des unités que nous conduisons dans toutes leurs dimensions en même temps. La vie « sexuelle » d'une personne, par exemple, a évidemment des aspects corporels et interpersonnels. Mais notre sexualité est néanmoins vécue dans notre psyché intérieure (dans nos rêves quotidiens, nos peurs) et dans notre appartenance à la société (puisque l'incorporation sexuelle est inextricablement connectée aux « rôles des genres » culturellement construits, et avec les attentes de la société à notre égard). Que nous nous conformions à ces attentes ou que nous nous y soustrayions, nous en sommes profondément affectés.

Il est possible que nos horizons rétrécissent, de sorte que nous négligions la vie dans l'une ou l'autre de ses dimensions. Ce point ne pose pas de problème s'il est temporaire mais il est destructeur s'il persiste. Nous reconnaissons l'étroitesse mentale de ceux qui sont obsédés par leur poids ou leur apparence ou leur santé, ou le dirigeant brutal qui n'a pas de temps pour ses amis ou sa famille. D'autre part, il est tout à fait légitime de se concentrer sur une ou plusieurs dimensions (être un coiffeur ou un chirurgien s'occupant du corps, un conseiller qui se focalise sur la « vie intérieure »; un fonctionnaire ou un homme politique se préoccupant de la politique, etc.) pour autant que chacun ne nie pas la réalité des autres dimensions, pas plus que la légitimité de se focaliser aussi sur elles.

Il est impossible de dire *a priori* si certains domaines de l'expérience humaine doivent réellement être privilégiés pour focaliser la réflexion. Ils émergent largement lors des réponses apportées aux besoins, aux changements de paradigmes intellectuels, aux réalités sociales.

1.4. L'environnement et le changement climatique : une question d'actualité

Le sentiment actuel d'une crise environnementale et la réalité d'un changement climatique imminent, couplés avec la conviction que les pratiques humaines sont significativement responsables de ce changement climatique, contribuent à ce changement de paradigme. Jusque très récemment, les préoccupations environnementales étaient regardées (à la fois dans les cercles séculiers et religieux) comme des préoccupations quasi-excentrique. La « modernité » séculière insistait par dessus tout sur l'autonomie individuelle humaine et la prospérité en opposition avec des traditions communautaires sociales, mais aussi en opposition à toute réflexion sur la perception de notre « place » sur la Terre. La version religieuse de la modernité insistait sur les mêmes questions : ainsi dans la chrétienté, par exemple, s'est développée une forte tradition de réflexion sur la dimension sociale, les questions de justice, etc., mais les sources de réflexion n'incluaient pas la terre elle-même. Une culture rapidement urbanisée a perdu le contact avec la nature, et tant le communisme que le capitalisme ont partagé une approche instrumentale de la « nature » comme réserve de ressources, ou au mieux comme une compensation esthétique réservée au temps de loisirs. Il y avait une conscience de la beauté et de la peur, peut-être, mais sans aucun sens des responsabilités. En fait ce sens esthétique alimentait un autre cycle d'exploitation commerciale-industrielle de la nature, sous la forme du « tourisme ».

L'affirmation de l'autonomie humaine individuelle incorpore une perception cruciale qui était peu respectée dans le domaine environnemental, mais qui devint elle-même destructrice lorsque prise d'une manière quasi-absolue.

La suite du texte s'efforcera d'appliquer la perspective anthropologique à la question spécifique de l'environnement.

2. Interconnexion des questions et des crises

Une liste de problème actuels connus montrera combien le défi environnemental auquel nous devons faire face est ramifié et complexe. Toutes ces questions sont abondamment discutées : la présente tentative se limite à dresser une « carte du territoire ».

La menace d'épuisement des ressources limitées et non renouvelables :

Eau : probablement l'ultime ressource non renouvelable. Les politiques de l'eau sont à l'origine de nombreux conflits nationaux et internationaux : Israël – Palestine – Syrie (ce n'est pas une coïncidence si les implantations israéliennes illégales se font souvent sur des nappes aquifères, de sorte qu'elles réquisitionnent simultanément les rares approvisionnements en eau) ; les projets de barrage sur le Nil qui coule dans plusieurs pays ; le barrage sur l'Ilisu en Turquie qui va inonder une région kurde mais aussi porter atteinte aux intérêts de la Syrie et de l'Irak, etc. Si l'on s'intéresse à l'eau, on doit aussi constater la *pollution de celle-ci* : on estime que les maladies directement liées à cette pollution provoquent environ 5 millions de morts, y compris 1 à 2 millions par la malaria, et à peu près 2 millions dus à la diarrhée (Programme des Nations unies pour l'Environnement, PNUE, 2003).

Pétrole : En 2008, le prix du pétrole a dépassé les $140 par baril. En 2000, l'augmentation soudaine des prix par l'OPEC a créé une panique dans les pays occidentaux, le prix envisagé avec horreur n'était que de $40 par baril. Aucune panique ne s'est produite lorsque le prix n'était que de $8 quelques années plus tôt. Lorsque le prix était bas, les pays occidentaux importateurs en appelaient aux forces des marchés et lorsqu'il a augmenté, ils ont demandé une action compensatrice aux exportateurs : les marchés libres fonctionnent, ou ne fonctionnent pas, suivant la volonté des idéologistes.

Ressources halieutiques : La surpêche est évidement autodestructrice, destructrice pour les stocks qui pourraient nous nourrir à plus long terme. Chacun sait cela, mais n'a pas agi en conséquence ; la Commission européenne et d'autres institutions internationales essayent d'agir, au prix de marchandages politiques sans fin. Les plus pauvres subissent les plus grandes pertes, et le plus rapidement, parce que la petite pêche est en compétition avec les flottes industrielles, les filets capturent même les poissons les plus jeunes, etc.

Intervention militaire et conflits : Les effets écrasants de cette destruction du développement économique et social sont assez évidents. Les milliers de mines antipersonnel non explosées en Angola rendent l'agriculture quasi impossible pour plusieurs décennies. Mais de plus les activités militaires sont responsables d'environ 30 % de toutes les dégradations de l'environnement et des pollutions[1]. Personne n'a oublié l'incendie des champs pétroliers au Koweit au moment de l'invasion iraquienne sous Saddam Hussein en 1990, pas plus que l'épouvantable impact social, environnemental et génétique de l'Agent orange au Vietnam. Des événements bien précis sont là pour nous rappeler le danger : le 24 août 2008 en Géorgie, deux semaines après le début du conflit entre la Géorgie et la Russie, un train de carburant a explosé en heurtant une mine à proximité de la ville de Gori.

Bien que les puissances occidentales aient accepté le principe de non-prolifération *nucléaire* (à l'exception de quelques cas d'alliés bien choisis) le commerce des armes en général n'a jamais été aussi florissant. Au cours des cinq dernières années, les États-Unis d'Amérique ont été le plus gros exportateur, avec \$63 milliards d'exportations d'armes. Le Royaume-Uni occupe la deuxième place avec \$53 milliards et la Russie la troisième avec \$33 milliards. En 2007, le Royaume-Uni devint le plus gros exportateur d'armes au monde, avec £9,7 milliards (\$17,3 milliards) en termes de nouveau business cette année-là[2]. Cette croissance des exportations est reconnue comme un succès économique, pas comme un sérieux problème éthique.

Désertification et déforestation : la désertification est le résultat d'un « processus de conversion productive des sols en sols dégradés par l'utilisation intensive et la mauvaise gestion »[3]. Le processus s'est accéléré dans les dernières décennies. Les pays africains sont en sérieux danger de détérioration dans l'avenir. Entre 1950 et 2006, la population du Nigeria a été multipliée par quatre, passant de 34 millions à 145 millions,

---

1 Brown, L. *et al.*, *State of the World*, 1991, New York, W. W. Norton, 1991, p. 139.

2 *The Times*, 18 juin 2008.

3 Brown, L., *Plan B 3.0 : Mobilizing to Save Civilization*, New York, Earth Policy Institute, 2008, p. 94.

mais son cheptel a été multiplié par dix (de 6 à 67 millions) : la partie septentrionale du pays se transforme petit à petit en désert à cause des besoins de forages non soutenables. Ailleurs dans le monde, on a calculé qu'en Chine, au cours des cinquante dernières années, 24 000 villages ont été entièrement ou partiellement abandonnés en conséquence des ravages des amoncellements de sable. 700 000 Mexicains quittent les campagnes chaque année, pour aller vivre dans des villes à proximité ou tenter d'aller vivre aux États-Unis[4].

Usage de la terre : des pays comme le Guatemala, le Costa Rica, le Salvador, l'Éthiopie, cultivent des produits pour l'exportation comme le café, le sucre et les bananes sur plus d'un cinquième des terres cultivables (souvent les meilleures terres). Cette politique a été exigée au nom des Programmes d'ajustement structurel, une condition exigée pour recevoir des prêts dans les années 1980 et 1990 pas le Fond monétaire international ou la Banque mondiale. Naturellement ces terrains sont rendus indisponibles aux populations de ces pays pour cultiver les aliments nécessaires à leurs besoins de base. Cela a aussi déplacé des populations rurales vers les villes, ou vers des terres moins productives qui se sont rapidement épuisées[5].

Le changement climatique/Le réchauffement de la planète : il faut noter le rapport de novembre 2007 publié par le Groupe intergouvernemental sur le changement climatique (GIECC) qui résume et synthétise les trois rapports précédents ; grâce à une large production de travaux scientifiques, le GIECC prévient que la réalité du changement climatique est « indubitable ». En termes de caractéristique éthique et politique de cette affaire, il insiste sur les émissions de gaz à effet de serre d'origine humaine qui représentent plus de 90 % des causes probables. Le changement climatique pourrait avoir des effets « abrupts et irréversibles »[6]. Cependant, les complexités conceptuelles sont ici aussi surprenantes et urgentes que l'urgence des actions correctives[7]. Le changement climatique opère à l'échelle du temps géologique. Mais il opère aussi dans une mesure indéterminée, à l'échelle du temps historique, ce qui complique les évaluations des causes sous-jacentes et offre la possibilité

4 Brown, L., *op. cit.*, p. 95-97.

5 Korten, D. C., *When Corporations Rule the World*, West Hartford (Connecticut), Kumarian Press, 1995, p. 30. Voir le fort paragraphe de Korten au sujet du « succès » contre-productif de tels programmes, p. 49. Ils ont permis le remboursement de la dette avec un coût social immense.

6 IPCC, *Climate Change 2007*, Synthesis Report.

7 Je me réfère ici à l'analyse produite par Choucri, N., « *Environmentalism* », The Oxford Companion to Politics of the World, éd. Joel Krieger, Oxford, Oxford University Press, 2001, p. 253-255.

de déni et d'évasion. Les générations futures devront hériter des conséquences de l'irresponsabilité de leurs parents.

Pollution : Le profil de cette question a été soulevé en 2008 à cause de la manière dont on a traité les Jeux olympiques à Beijing. Les compétitions d'endurance ont été menacées de devoir être reportée à cause des dangers pour la santé, en dépit des mesures radicales (mais parfois à court terme) imposées par le gouvernement chinois (restriction de l'utilisation de la voiture, fermeture de plusieurs usines locales). Déjà en 2003, le Programme environnemental de l'ONU estimait que la pollution de l'air était responsable d'à peu près 5 % de toutes les maladies. Selon l'Organisation mondiale de la santé, la pollution aux États-Unis tue 70 000 personnes par an, par rapport à 45 000 morts dans les accidents de voiture[8].

Le Programme pour l'environnement de l'ONU estime aussi que les maladies reliées à la *consommation d'eau* (suite à la pollution) provoquent aux environs de 5 millions de morts par an : 1-2 millions dus à la malaria, environ 2 millions dus à la diarrhée. En France, en 2008, le Gouvernement a interdit la pêche de rivière sur le Rhône, entre Lyon et l'embouchure en Camargue. Le poisson contenait plus de 12 fois le niveau permis de polychlorure de biphényle, ou PCB. Ceux qui ont régulièrement nagé ou mangé du poisson pêché dans le fleuve ont 20 fois plus de PCB dans leur sang que ceux qui ne l'ont pas fait. De nombreuses protestations à propos des pratiques et émissions des sociétés minières internationales rendent la pêche locale et l'agriculture impossible ou empoisonnée[9].

Disparition des espèces : le PNUE estime qu'il y a 14 millions d'espèces de la flore et de la faune dont moins de 2 millions ont été identifiées. Cette diversité est affectée à une échelle jamais atteinte par un risque d'extinction, spécialement dans des zones forestières, dans l'océan, les récifs coralliens, etc.

3. Réponses entrecroisées

Les questions environnementales provoquent des demandes dans toutes les dimensions de la vie humaine : depuis les questions les plus évidentes de choix individuels de style de vie (par exemple minimisation des voyages en avion ; ou choix d'une petite voiture plutôt qu'un 4x4) jusqu'au niveau de la géopolitique : traités internationaux qui présupposent un engagement politique et une compréhension partagée

---

8 Brown, L., *op. cit.*, p. 113.

9 Voir le rapport de la *European Coalition for Corporate Justice*, « With Power comes Responsibility » (a report funded with assistance from the European Commission), Bruxelles, mai 2008.

entre les cultures. Agir dans quelque domaine que ce soit présuppose un changement dans les attitudes mentales. Pour choisir la simplicité personnelle, ou éventuellement une mesure d'austérité, il faut une forte motivation. Pour un gouvernement signer, ratifier et mettre en œuvre un traité (sans essayer de profiter au détriment des autres en jouant « cavalier seul ») demande une conscience sociale suffisante de son peuple pour être capable d'accepter de telles obligations internationales. L'action, à quelque niveau que ce soit, présuppose une sorte de « conversion » à partir d'une perspective prise comme un acquis dans les Temps modernes – la « nature » est séparée des êtres humains, qui peuvent légitimement et raisonnablement la traiter simplement comme un gisement de ressources matérielles – pour un nouveau modèle dans lequel l'interaction entre le social et les systèmes naturels est vue comme quelque chose de fondamental. Peu des réponses spécifiques mentionnées ci-après arriveront à persuader les individus ou les gouvernements à moins que les êtres humains regardent leurs relations avec l'ordre ainsi créé comme symbiotique, plutôt que comme instrumental. En d'autres mots, on présuppose une telle compréhension anthropologique comme cela a été souligné au début de ce chapitre. Les principales réponses, aucune de celles administrées, peuvent être groupées en ordre ascendant de « généralité ».

Conservation : Les programmes de conservation ont naturellement un impact local spécifique. Ils tendent à imposer que l'on préserve ce qui existe déjà et ce qui est considéré comme ayant de la valeur. Les programmes de l'« Agenda local 21 » (établi par le sommet de Rio de Janeiro du PNUE en 1992) ont permis de mettre en place des partenariats entre des communautés locales, des autorités urbaines et des gouvernements. La conservation est une forme d'idéologie non dommageable de la responsabilité environnementale. Elle peut aussi être très conservatrice, préservant la « campagne » en tant qu'aménité pour une minorité fortunée qui apprécie ses valeurs tout en niant le droit à un égal accès à d'autres personnes. Si, par exemple, la tranquillité rurale appartient à la « beauté », plus le bien est partagé et moins il donne de satisfaction. En ce sens la « campagne » est ce que Fred Hirsch a appelé un « bien de position »[10].

Recyclage : Le recyclage a fait des progrès très rapides malgré que très inégaux, et il joue indubitablement un rôle pratique fort et un rôle éducationnel. Mais si le recyclage a progressé, la retenue du consommateur ou du fabricant ne l'a pas fait. Je cite un ouvrage écrit en 1989. Le point n'a pas perdu de sa pertinence, même si les statistiques précises ne sont peut-être plus aussi précises.

---

[10] Hirsch, Fr., *Social Limits to Growth*, London, Universe, 1999.

> On utilise plus de papier pour produire la partie publicitaire du New York Times que ce qui est disponible pour le peuple du Cameroun pour l'ensemble de son système éducatif. [...] Nous avons appliqué nos meilleures intelligences à produire des choses qui sont à jamais indestructibles malgré qu'elles ne sont utiles que pour une très courte période. Le sac en plastique semble être un symbole adéquat pour caractériser notre époque et notre attitude à l'égard de nos ressources et de notre environnement. Et la discussion autour de la manière de les rendre biodégradables est encore plus grotesque car elle démontre la faiblesse des raisonnements que nous faisons à propos de la crise dans laquelle nous sommes ainsi qu'à propos de sa signification. Peu importe ce qui est arrivé aux sacs et paniers réutilisables ?[11]

L'auteur critique la recherche incessante d'une solution technologique plutôt que la discipline « spirituelle » de la simplification qui consiste à se demander si on a vraiment besoin de ces choses. Je pourrais ajouter que l'expérience postérieure a souligné la validité de l'exemple cité. Le développement réussi d'un sac plastic qui disparaîtrait s'est avéré émetteur de méthane qui provoque encore plus de dommages[12].

Le développement technologique : cette réponse est naturellement la réponse favorite de l'occident riche. On prétend (avec une part de vérité) que le développement de nouvelles technologies économes en énergie va en soi stimuler la croissance économique sans détruire l'environnement ; néanmoins la recherche de voitures plus performantes sur le plan de la consommation de carburant (de même pour les avions), la culture de « biocarburants », etc. incitera à une plus forte consommation. La Chine est devenue un *leader* mondial dans la fabrication de panneaux solaires, et l'Algérie – qui n'est pas un *leader* dans le commerce et l'industrie conventionnelle – est en train de développer une capacité de production d'énergie solaire qui pourrait fournir 10 % des besoins énergétique de l'Allemagne fédérale. (Le principe de l'avantage comparatif pourrait ici être en faveur des nouvelles économies). Le développement technologique doit indubitablement faire partie d'une réponse rationnelle à la crise environnementale, puisque nous devons faire appel à toutes les ressources humaines, y compris la compétence scientifique.

---

11 Wood, B., *The Gifts of Peace*, Pax Christi Pamphlet, 1989, p. 6.

12 « Il semble parfois qu'un sort malin soit réservé à presque toutes les solutions apportées à un problème environnemental, dans son sillage naît un nouveau problème. Il y eut les produits chlorofluorocarbones, ou CFC, des gaz, qui, lorsqu'ils ont été développés il y a 80 ans, semblaient idéaux pour de nombreux usages industriels. Ce n'est que dans les années 1980 que des scientifiques ont découvert qu'ils détruisaient la couche protectrice d'ozone autour de la terre et qu'ils participaient au réchauffement de l'atmosphère. Alors il y eut le développement des sacs plastiques biodégradables, qui ont seulement été abandonnés lorsqu'on prouva qu'ils émettaient du méthane, et d'autres gaz à effet de serre, lorsqu'ils se décomposaient. » (« Food into fuel tanks », *The Tablet*, June 28, 2008, p. 14.)

Les problèmes soulevés par l'adaptation technologique sont, il faut l'admettre, formidables. L'Union européenne s'est engagée par exemple à réduire ses émissions de CO_2 de 20 % d'ici 2020. Dans le cadre d'un accord d'échange des émissions de carbone, les pays qui ne sont pas en mesure de rencontrer ces objectifs peuvent payer une redevance de compensation. Néanmoins plusieurs anciens États de l'est dans l'UE auront beaucoup de difficulté à convertir leurs régimes de production et de consommation d'énergie. La Pologne, par exemple, produit encore 90 % de son énergie à partir de centrales au charbon. Le calendrier doit évidemment être échelonné si on veut éviter les dommages causés aux économies vulnérables. L'exemple montre aussi comment les solutions technologiques nécessitent toujours une volonté politique.

Néanmoins, lorsqu'elle est élevée au stade de la réponse décisive, la technologie est une illusion. La confiance en l'avance technologique concentre le pouvoir en trop peu de mains, elle augmente les aspirations des consommateurs et multiplie le potentiel de destruction (comme par exemple, dans les extractions minières ou la pêche). Il en est de même pour l'invention des remèdes. Il reste de féroces controverses à propos des mesures technologiques sur lesquelles est fondée et subsiste la confiance. L'alimentation génétiquement modifiée offre-t-elle une solution au possible déficit de ressources, ou est-elle source de nuisance et de destruction si les choses tournent mal ?[13]

Développement & consommation durables : certaines stratégies semblent essentielles pour la durabilité dans virtuellement toutes les circonstances ;

- la réduction, par les industriels, de leurs besoins en matières premières et en énergie,
- l'augmentation du recyclage,
- l'utilisation maximale de ressources renouvelables,
- l'extension de la « durée de vie » des produits afin d'éviter « l'obsolescence planifiée » qui est un fait pour de nombreux produits industriels.

Cependant, pour revenir au point précédent, ces stratégies peuvent elles-mêmes présupposer des développements technologiques avancés. Et de tels développements demandent en retour la présence de réseaux efficaces d'information ; de grandes équipes de personnels compétents et des investissements substantiels pour effectuer les « transferts technologiques ». Aucune de ces conditions n'est présente en Afrique subsaharienne. C'est pourquoi, ce principe du « développement durable » se

[13] Voir par exemple l'analyse de Thomas Lines, « No way to feed the world », in *The Tablet*, August 23, 2008.

traduira très différemment dans les pays pauvres (où le développement est essentiel et urgent mais nécessite néanmoins d'être contrôlé par le principe qualitatif de durabilité) et dans les pays riches (où il y a besoin d'un contrôle de la croissance économique non seulement qualitativement mais aussi quantitativement – au moins dans son application aux biens matériels).

Principe de précaution : La Déclaration de Rio sur l'Environnement et le Développement (1992) a ce qui suit dans son Principe 15 :

> Pour protéger l'environnement, des mesures de précaution doivent être largement appliquées par les États selon leurs capacités. En cas de risque de dommages graves ou irréversibles, l'absence de certitude scientifique absolue ne doit pas servir de prétexte pour remettre à plus tard l'adoption de mesures effectives visant à prévenir la dégradation de l'environnement.

Il est intéressant de noter que cette formulation applique le principe de précaution dans deux directions. Il réprouve l'inaction lorsque l'action est une précaution nécessaire, de même qu'il préconise (implicitement) d'écarter des politiques dont il n'est pas certain qu'elles soient non nocives. Thomas Lines note :

> Pendant les années 1990 il y a eu une longue bataille pour faire accepter le « principe de précaution », de sorte que de nouveaux procédés n'ont pas pu être introduits sans avoir établi au préalable qu'ils étaient sûrs pour l'environnement. Il a été enchâssé dans le Protocole de sûreté biologique de Carthagène de 2000. Jusqu'à présent, l'Union européenne s'en tient au principe de précaution dans ce domaine et refuse de permettre une diffusion de l'usage étendu des OGM, mais sa résistance pèse peu sous la pression des campagnes pour relier les OGM aux besoins accrus de production alimentaire. Dans le Sud en développement, plusieurs pays comprenant le Soudan, l'Angola, le Malawi et la Zambie ont rejeté la culture des OGM malgré la prétention des entreprises de biotechnologies qu'ils sont la solution aux problèmes de la faim dans le monde. La Zambie a créé un précédent en refusant des aliments américains pouvant contenir des OGM[14].

Le principe du « pollueur payeur » : une fois de plus ce principe est reconnu par la Déclaration de Rio (Principe 13), qui s'applique notamment à des actes à l'extérieur du territoire des fautifs. De cette façon il devient un test crucial pour le principe d'équité : *Les États doivent élaborer une législation nationale concernant la responsabilité de la pollution et d'autres dommages à l'environnement et l'indemnisation de leurs victimes. Ils doivent aussi coopérer diligemment et plus résolument pour développer davantage le droit international concernant la responsabilité et l'indemnisation en cas d'effets néfastes de dommages causés à l'environnement dans des zones situées au-delà des limites de*

14 Lines, Th., *op. cit.*

leur juridiction par des activités menées dans les limites de leur juridiction ou sous leur contrôle.

La résistance culturelle au consumérisme : Ce complément vital aux autres stratégies manque encore toujours d'un large soutien politique et commercial. C'est particulièrement vrai dans l'Union européenne : le Traité de Lisbonne met l'accent sur le laissez-faire tant sur le marché intra-communautaire que sur les marchés extérieurs. Ceci implique la nécessité de bâtir une nouvelle stratégie, pour combattre et même défier l'idéologie de la croissance, qui reste trop radicale pour qu'on puisse espérer un changement de paradigme au sein des institutions. Nous avons insisté précédemment sur le fait qu'il y a une distinction cruciale entre la recherche légitime d'une croissance économique comme un objectif politique urgent, un remède contre la pauvreté, et une recherche douteuse de maximisation de la croissance là où il y a déjà des biens en suffisance[15]. En d'autres mots, chaque appel à la croissance devrait implicitement demander : « quelle sorte de croissance ? », « qui en bénéficie ? », « qui en souffre ? »

4. Effets négatifs, non désirés, ou inconsidérés

Nous examinons brièvement ce qui se dit être devenu la plus grande catastrophe écologique aux États-Unis : l'explosion de la plate-forme pétrolière dans le golfe du Mexique. Le *Deepwater Horizon*, exploité par BP, a coulé le 22 avril 2010, deux jours après une énorme explosion qui a tué 11 travailleurs. À la fin du mois de mai, les ingénieurs ont fait plusieurs tentatives infructueuses afin d'obstruer la fuite. Au pire, l'opération va prendre encore quelques mois. Cette catastrophe a interrompu et pourrait détruire des milliers de moyens de subsistance pour les communautés de pêche et le tourisme, ainsi que les marais eux-mêmes. La cause précise de l'explosion reste contestée. Le risque d'explosion d'une seule plate-forme est estimé par les experts comme de « faible probabilité ». Mais il y a entre trois et quatre mille plates-formes dans le Golfe, et une seule explosion affectera l'environnement sur des centaines de kilomètres de la côte pendant une décennie.

Dans un discours à la BBC, Isabel Hilton a rapporté un consensus des environnementalistes que l'ouragan meurtrier *Katrina* de 2005 a été beaucoup plus dévastateur par la présence d'exploitations pétrolières. Les marais, qui ont partiellement protégé la Nouvelle-Orléans et, plus généralement, la côte de la Louisiane, ont été érodés par de nombreux facteurs, mais notamment par les canaux de navigation multiples qui

---

[15] Turner, F., « Choking on Growth », in Askonas, P., et Frowen (eds.), *Welfare and Values : Challenging the Culture of Unconcern*, St. F., London, Macmillan, 1997, p. 144-156.

traversent les marais pour servir les plates-formes pétrolières. Il faut ajouter à cela d'autres coûts cachés du pétrole, tels que le coût militaire et politique de soutenir les alliés riches en pétrole de manière à garantir les approvisionnements futurs. Le pétrole est un bienfait très ambigu.

Enfin, alors que les effets d'une catastrophe spectaculaire aux États-Unis sont largement diffusés, un désastre pareil de l'environnement passe presque inaperçu en dehors du secteur industriel. Dans le delta du Niger, on estime que près de 7 000 déversements d'hydrocarbures se sont produits entre 1970 et 2000, plus d'un chaque jour. La pratique de « l'embrasement » du gaz associé, qui ne profite à personne, a coûté à l'économie nigériane 2,5 milliards de dollars par an, et cet embrasement au Nigeria a produit plus de gaz à effet de serre dans l'atmosphère de la Terre que la somme de toutes les autres sources en Afrique sub-saharienne[16].

5. L'environnement et la justice sociale

La justice environnementale est inséparable de la justice sociale, et ceci est manifeste à plusieurs différents niveaux.

Les pays qui ont bénéficié de l'exploitation des ressources naturelles de par le monde peuvent facilement exporter les coûts sociaux et environnementaux vers les territoires concernés. En d'autres mots, les pays qui ont bénéficié le moins de l'exploitation industrielle de leurs ressources sont ceux qui souffrent le plus de leurs impacts destructeurs. (Ce phénomène est parfois appelé « malédiction des ressources ».) Des villes emblématiques comme Bhopal ont été empoisonnées par des affluents d'un géant industriel étranger – en l'occurrence des États-Unis – qui, contrairement à ce qui se passera pour BP, a plus ou moins échappé à toute poursuite légale. Plus généralement ce sont les pauvres, qui supportent le moins de responsabilités en ce qui concerne le changement climatique mais qui sont le plus affectés par ses effets négatifs. Comme au Bangladesh, où à peu près 20 % de la population (soit 30 millions de personnes) vit à un niveau de 5 mètres seulement au-dessus de la mer. Le delta du Niger reste socialement sous-développé, marginalisé au sein du Nigeria lui-même, souffrant une pollution sévère de l'environnement : des décennies de protestation sociale se sont progressivement amplifiées de façon de plus en plus « militante ».

Les pays riches exigent d'urgence une protection environnementale vis-à-vis des autres, tout en évitant la surexploitation de la terre, etc., mais tout en accaparant toutes les ressources primaires, exigeant une agriculture « high-tech » et des brevets sur l'utilisation des terrains qui y

16 Rapport du *Friends of the Earth*, octobre 2004.

sont associés, alors qu'ils exportent leurs propres déchets industriels vers le tiers-monde pour retraitement. Il est donc évident que la justice environnementale est un concept clé[17].

Comme en 1995, 80 % des dommages environnementaux sont causés par 1,1 milliard de « sur-consommateurs » : ceux qui organisent leur vie autour des voitures/avions, maisons spacieuses et climatisées, produits carnés, boissons sucrées, l'usage de produits préemballés et jetables. En même temps, 20 % de la population mondiale (1 milliard) vit dans l'absolu dénuement, avec moins d'un dollar par jour. Ces personnes boivent de l'eau contaminée et mangent une alimentation inadéquate, vivent dans des abris de fortune ou à l'air libre, portent des vêtements de seconde main ou des haillons. Mais 60 % de la population vit dans des conditions acceptables : c'est-à-dire, en se déplaçant à bicyclette ou dans les transports publics, mangeant en majorité des céréales, des légumes, des fruits locaux ; achetant très peu de biens et souvent des biens recyclés, recyclent la majorité de leurs déchets, portent des vêtements fonctionnels (pas de mode), vivent dans des habitations modestes et ventilées naturellement[18]. Au cours de la dernière décennie, un nombre important de personnes, par exemple en Chine et en Inde, ont commencé à quitter la première catégorie et aspirent à rejoindre la troisième : un fait d'une immense signification environnementale.

6. Observations en guise de conclusions

Ce qui inhibe ou éventuellement paralyse une action efficace, ce n'est pas un manque de connaissances mais une idéologie profondément ancrée, décrite dans le chapitre 2 par le mot « chrématistique », un mot qui vient du grec et qui signifie « faire du profit en spéculant avec de l'argent ». Nous nous permettons de citer un concept figurant dans le Nouveau Testament. Dans les évangiles de Mathieu (6:24) et de Luc (16:13) sont cités les paroles de Jésus : « Personne ne peut être l'esclave de deux maîtres : soit on aimera l'un et haïra le second, soit on sera attaché au second et on décevra le premier. Vous ne pouvez pas être à la fois l'esclave de Dieu et de l'argent ». « L'argent est ici Mammon ». Mammon était le Dieu syrien de la richesse, de sorte que le terme ne se rapporte pas à la monnaie en tant que telle (ou à la richesse), mais à la richesse qui est devenue une idole. Il est prouvé que l'argent peut facilement devenir tellement attractif qu'il en devient une addiction à un point tel que la psyché de certaines personnes lui fasse allégeance. Ceci n'est pas seulement une pathologie individuelle. Il est surprenant de

---

17 Cf. les débats techniques complexes au sujet des « droits d'émission ».

18 Korten, D. C., *op. cit.*, p. 279-281.

constater combien d'analyses sophistiquées des problèmes mondiaux se terminent par la même prescription virtuelle – plus de croissance économique. Mais si la croissance est la réponse à tous les problèmes, ce n'est qu'un absolu fonctionnel – c'est-à-dire une idole, « Mammon ».

Depuis décembre 2008, le monde doit subitement faire face à une perspective de déclin économique, en lieu et place de la croissance. Le prix du pétrole a brusquement baissé en six mois, passant de $147 le baril à un niveau entre $40 et $50. On pourrait intuitivement supposer que ce déclin dans la consommation va diminuer la pression sur les ressources mondiales. Cependant, on notera que certains États regardent avec une nostalgie renouvelée vers les centrales électriques au charbon qui ont été bannies à cause de leur impact environnemental, ou vers l'énergie nucléaire. Une baisse temporaire de l'activité économique, éventuellement une crise du capitalisme, ne nous délivrera pas pour autant du besoin de changer notre approche des relations avec la planète et ses ressources.

L'UE est véritablement aux prises de ce défi, il faut le reconnaître. Mais comme le progrès devra être le résultat d'un consensus de vingt-sept états membres, cela demandera des manœuvres politiques sans fin. Le paquet accepté lors du sommet de décembre 2008 semble avoir été marqué moins par une réponse scrupuleuse aux besoins et aux objectifs que par la nécessité de formuler un paquet acceptable par les médias. Il en résulte donc :

- une réduction de 20 % des émissions de gaz à effet de serre, avec comme référence le niveau de 1990,
- une augmentation de 20 % de la consommation d'énergie renouvelable d'ici 2020,
- une diminution de 20 % de la consommation d'énergie par des améliorations de l'efficacité énergétique d'ici 2020.

Si le symbolisme semble un rien facile, il suffit à peine. C'est probablement une réponse insuffisante en soi : mais la question est de savoir si les engagements de l'UE peuvent galvaniser d'autres pays et les amener à s'engager aussi. La réponse donnée fin 2009 à Copenhague a été clairement non, alors que le Protocole de Kyoto expire en 2012. Or nous avons besoin d'une réponse globale.

Après la déconvenue de Copenhague, les parlementaires ont appelé l'Union européenne à surmonter ses divisions et à parler d'une seule voix dans les négociations sur le climat de l'ONU, critiquant de manière évidente les stratégies de communication personnelle de Nicolas Sarkozy, Angela Merkel et Gordon Brown. La révision à la hausse de l'objectif de réduction des émissions européennes est un premier pas indispensable pour redonner crédibilité, légitimité et *leadership* à l'Union européenne dans les négociations. Les eurodéputés ont à nouveau demandé à l'UE de passer à un objectif de 30 % de réduction des émissions d'ici 2020, en faisant remarquer qu'avec la récession économique et les politiques déjà mises en place, ce chiffre est d'autant plus facile à atteindre.

Une dernière considération anthropologique : il est facile de passer sous silence le fait que, historiquement, très peu de cultures se sont organisées autour de la recherche de la croissance et de la monnaie. D'autres objectifs (très différents les uns des autres, et pas nécessairement nobles) ont été l'amitié, l'harmonie sociale, la conquête et la gloire militaire, le plaisir, le salut. L'argent a joué une fonction relativement mineure pour fournir une vitalité suffisante. Les marchands étaient considérés avec quelque dédain – par exemple chez Platon, qui était tout à fait certain que personne ne permettrait à un État d'être dirigé par les riches et par ceux dévolus à « faire de l'argent » (La République VIII, 550e). L'État qui « se soumet à l'acquisition sans fin d'argent et qui dépasse les limites de ses besoins »[19] sera conduit à faire la guerre par besoin de conquêtes.

Chaque société a une économie, mais peu de sociétés sont déterminées par une logique purement économique. La suffisance – partagée par tous – est un objectif social crucial ; l'abondance n'en est pas un, cependant elle sera toujours populaire et commode. Dans une éthique tribale selon laquelle « personne ne meurt de faim si tous ne meurent pas », la générosité (pas la propriété) est ce qui procure le statut et l'estime. Orienter sa vie vers l'argent/la croissance c'est confondre la fin et les moyens. Notre compréhension « économistique » de la politique n'est pas inévitable. Elle est, en fait, historiquement inhabituelle. Si cette approche demeure inchangée, nous ne réussirons pas à résoudre nos problèmes environnementaux. Nous irons à la catastrophe.

****

[19] La République II, 373d.

CHAPITRE 5

La citoyenneté européenne et la démocratie « participative »

Gabriel FRAGNIÈRE

La notion du bien et du mal est insoluble au suffrage universel. Il n'est pas donné à un scrutin de faire que le faux soit vrai et que l'injuste soit le juste. On ne met pas la conscience humaine aux voix.

Victor Hugo dans : *Napoléon le Petit*

1. L'Union européenne comme réalité politique nouvelle

L'avenir ne naîtra pas des conclusions d'une réflexion. Il sera progressivement forgé par une suite de décisions concrètes, et constituera un amalgame plus ou moins cohérent de choix multiples et parfois contradictoires, qui seront constamment revus à la lumière des opportunités journalières. Les scénarios n'ont donc pas d'autre utilité que de nous aider à faire des choix. Aucun scénario, en effet, ne verra historiquement le jour dans sa plénitude et sa cohérence. Tous, par contre, ont l'avantage de nous éclairer sur les conséquences possibles de la mise en œuvre de nos préférences. Car nous savons que ce n'est pas ce qui est « prévu » qui arrive, mais ce qui est « voulu ». L'avenir dépend donc bien plus de nos actes volontaires que de la rigueur de notre pensée prospective[1].

Il en ira ainsi en ce qui concerne la construction de la démocratie européenne. Mais nous devons d'abord nous engager dans la réflexion afin de dégager peu à peu ce qu'il nous sera peut-être possible de « vouloir ».

Toute discussion philosophique ou éthique sur le problème de la démocratie part généralement et immanquablement de l'affirmation qu'il ne peut exister de démocratie sans *demos*, en d'autres termes, que l'existence d'un peuple est la première condition pour qu'une démocra-

---

1 Fragnière, G., in *L'Europe au-delà du chômage*, Raymond Racine (dir.), collection « Travail et Société », n° 12, Bruxelles, Presses interuniversitaires européennes, 1992, p. 179.

tie puisse se développer. C'est à partir de cette conviction que beaucoup pensent qu'il sera pratiquement impossible de développer l'idée d'une démocratie réellement européenne, les habitants actuels de l'Union ne constituant pas expressément un peuple, mais une population très hétérogène composée de nombreux peuples et ethnies, manifestant des cultures politiques parfois très divergentes, et surtout s'identifiant eux-mêmes avant tout par rapport à leur appartenance nationale, c'est-à-dire à leur nationalité, niveau auquel ces peuples ont vécu historiquement la naissance et le développement de leur propre expérience démocratique. Mais il est vrai, comme le souligne utilement le philosophe Georges Gusdorf, que « le mot "peuple" déguise la réalité plus qu'il ne la représente »[2]. Aussi sans faire un préalable de l'analyse de la réalité qui se cache sous les concepts et les paradigmes utilisés, nous devons admettre que notre réflexion se développe, au niveau européen, dans le cadre d'un certain nombre de modes de pensée qui révèlent une grande diversité des cultures politiques. Le processus de démocratisation ne peut donc se développer pour l'Union européenne selon des critères préexistants.

On peut en conclure que ce que les analystes de la situation européenne actuelle appellent le « déficit démocratique » de l'Union n'est que la conséquence logique des paradigmes dans lesquels s'est développé le caractère démocratique des régimes politiques des États nations. Et comme ces États se sont affirmés dans le contexte des principes westphaliens (qui ont été mentionnés dans l'introduction de cet ouvrage), on en conclut facilement que la démocratie caractérise exclusivement le système politique interne des États – au sein desquels les citoyens ont pu développer leurs libertés et leurs droits durant ces derniers siècles – mais ne s'applique pas directement aux relations « extérieures » de ces États.

Les rapports entre États demeurent dès lors conditionnés par le respect formel des souverainetés individuelles de chacun, rejetant catégoriquement toute soumission des uns aux autres. Certes, ce principe est facilement admissible et moralement justifié dans toutes les relations ne concernant que deux États – chacun faisant souverainement les concessions nécessaires pour trouver avec l'autre les accords utiles à leur entente – mais aucune forme de décision démocratiquement acquise, c'est-à-dire à la majorité des participants, ne peut intervenir contre, ni même remplacer, l'attitude souveraine d'un ou de plusieurs. C'est pourquoi les décisions entre plusieurs États, négociées et prises par des représentants gouvernementaux parlant au nom de ces États, doivent nécessairement être prises à l'unanimité. Il n'y a pas de rapports démocratiquement majoritaires qui puissent être décidés entre États. Le

---

2 Gusdorf, G., Introduction à : *Les révolutions de France et d'Amérique : La violence et la sagesse*, Paris, Perrin, 1998 (Poche : Paris, La Table Ronde, 2005).

principe de la souveraineté des États implique en effet qu'il ne peut y avoir de loi commune qui la dépasse. Cela n'est d'ailleurs pas surprenant, historiquement, quand on se rappelle que l'idée même de souveraineté se rattache à la croyance qui existait dans les royautés européennes : l'origine divine du pouvoir des « souverains ». Seul Dieu, pensait-on, pouvait décider de limiter la volonté du souverain. Ce dernier n'avait pas à se soumettre à une loi humaine qu'il n'avait pas choisie lui-même « souverainement ». Ainsi, aujourd'hui, seuls des traités entre États peuvent lier ces derniers. Certes on parle très souvent aujourd'hui de la « souveraineté des peuples ». Mais ce n'est pas le peuple lui-même qui négocie avec d'autres peuples, mais toujours le gouvernement qui agit en son nom.

Depuis plus de cinquante ans nous avons ainsi construit une Europe à l'aide exclusive de Traités interétatiques qui ont été décidés selon ces principes, sans faire intervenir des modes démocratiques de décision en dehors des frontières. Certes, certains gouvernements ont soumis la décision finale sur leurs engagements particuliers à leurs propres citoyens, sous la forme de référendums séparés. Mais ce processus pouvait avoir pour conséquence, en cas de refus, de mettre en cause l'accord unanime lui-même. Le principe de base de la souveraineté étatique exige l'unanimité formelle entre les États, ce qui a pour conséquence de nier le principe démocratique de base de la décision majoritaire. La démocratie est tuée, en fait, et perd toute la valeur morale sur laquelle elle fonctionne à l'intérieur de chaque pays, quand un seul peut interdire toute décision. Nous en faisons l'expérience ces dernières années. Voilà pourquoi on veut nous faire croire que l'Europe doit nier le jeu démocratique entre ses citoyens pour progresser.

Car c'est en effet l'existence d'un veto possible qui est la négation même de la démocratie. Or, nous découvrons justement que c'est dans cette accumulation successive de consensus inutiles que se trouve la menace institutionnelle sur la dimension démocratique que devrait avoir la construction européenne pour convaincre les citoyens. Le consensus, en effet, ne représente pas une forme de respect des plus faibles, comme on aimerait le faire croire, mais un moyen, pour les forts, de ne pas avoir à respecter le fondement de toute démocratie : l'acceptation des décisions de la majorité. En effet, si chacun pense que sa propre voix est absolument indispensable pour parvenir à des décisions communes, aucune décision n'est possible. Nous risquons donc d'en revenir à un système de relations entre les États dans lequel, finalement, le plus fort sera tenté d'imposer sa volonté aux autres par n'importe quel moyen. Les guerres d'autrefois sont nées de ce principe, et c'est justement de cette impasse mortelle du passé que la construction de l'Europe devait nous libérer.

Or il est frappant de constater que cette Europe nouvelle – qui avait justement pour but éthique de mettre fin aux folies suicidaires nationalistes de la première moitié du XXe siècle, événements qui avaient entraîné la destruction de la plupart des États européens eux-mêmes – s'est appuyée sur des principes communs hérités de notre culture commune et de notre expérience historique partagée. Ces valeurs éthiques communes étaient justement celles que toutes les nations engagées dans cette union avaient constitutionnellement confirmées dans chacun de leurs systèmes juridiques respectifs. Les notions de citoyenneté responsable, de démocratie, de pouvoirs distingués et séparés : législatif, exécutif et judiciaire, de participation démocratique active, d'économie ouverte, de droit au travail et de niveau social, de liberté de circulation et d'établissement, de ressortissants et de minorités, de droits de l'homme, etc., ont servi de points de repère et de principes aux initiatives politiques qui étaient prises aux niveaux des États. Mais il ne semble pas que cela ait conduit à la mise en place, aux niveaux transnational et supranational, de structures politiques qui y correspondent. Voilà pourquoi ces notions sont devenues de plus en plus ambiguës devant les évolutions plus récentes, non pas parce qu'elles ne seraient plus mentionnées, mais parce que le résultat de la construction européenne ne semble pas avoir abouti à les concrétiser de façon convaincante.

Pour comprendre ce « déficit », il est important de bien analyser la situation historique durant laquelle l'Europe s'est construite. Au sortir de la Deuxième Guerre mondiale, l'Europe (principalement de l'Ouest) s'est restructurée autour d'un réflexe de défense contre la menace que l'Union soviétique faisait peser sur nos conceptions de la liberté et de la démocratie, situant au centre des valeurs qui la constituaient une certaine philosophie politique et économique et une conception très précise du système démocratique qu'elle voulait défendre, en opposition à celui qu'elle rejetait. Ceci a été accompli sous la protection militaire des États-Unis, avec leur aide économique et financière, favorisant des échanges économiques transatlantiques qui ont grandement facilité la croissance et immensément amélioré le bien-être matériel des populations. Il n'est donc pas surprenant que l'idée de « marché » y ait joué un rôle prépondérant. Les États de l'Europe de l'Ouest, en raison de leur responsabilité directe dans la reconstruction de leurs propres sociétés, et se présentant à leurs citoyens comme des remparts assurant leur sécurité, ont pris la responsabilité de construire une « Communauté » d'intérêts qui permettait à la fois de garantir leur survie face aux menaces extérieures, et de maintenir la liberté de leurs ressortissants dans un ensemble plus solide. Ceci a été accompli dans une période de croissance économique et de développement technologique sans précédents dans l'histoire de l'humanité, ce qui a permis des évolutions qui étaient imprévisibles lors du lancement de cette entreprise. Mais cette intégration progressive par une économie dont les valeurs et les succès sont devenus de plus en plus envahissants et déterminants, a conduit de nombreux responsables européens à croire – illusion qui a été dominante parmi les milieux européens dans la deuxième moitié des années 1980 – que, suite à *l'Acte unique*, la création d'un grand marché intérieur allait automatiquement entraîner la naissance, au 31 décembre 1992, d'une Europe politique nouvelle, heureuse et riche, irrémédiablement soudée par le partage de son bien-être généralisé, sur la base de règles communes pour tous. Cet « OPNI », comme l'appelait alors Jacques Delors – *Objet Politique Non Identifié* – allait naître automatiquement, allait s'épanouir par les bienfaits d'une liberté s'exprimant dans une économie toute puissante, et allait rassembler les peuples et les citoyens autour d'un enthousiasme commun.

Mais comme chacun le sait, l'Europe ne s'est pas faite toute seule, et les lampions fêtant sa naissance n'ont pas été allumés au 1er janvier 1993. Comme toujours dans l'histoire, ce sont les événements qui déterminent l'évolution des sociétés et des individus et non les rêves et les planifications socio-économiques. Le monde avait entre temps changé, et l'Europe devait faire face à une nouvelle exigence, à laquelle elle n'avait pas été préparée, celle de devenir réellement un « sujet politique » et non plus cet objet favorisant le bien-être commun, cet instrument sans identité réelle qui propose un vivre ensemble sans finalité partagée. La rupture historique des années 1989-1991, avec la chute du rideau de fer et la désintégration de l'Union soviétique, a mis fin à cette illusion. Baignée par l'illusion que ces événements représentaient une « victoire » pour l'Ouest, l'Europe ne s'est pas tout de suite rendue compte du choc qu'elle subissait. Elle n'allait plus pouvoir se contenter de poursuivre sa route sur le chemin tracé. Les pays d'Europe centrale et orientale allaient demander d'en faire partie, car ils se sentaient aussi « Européens », et ils apportaient avec eux des conflits ethniques irrésolus et oubliés (car ils avaient été abandonnés à eux-mêmes pendant des décennies, puisqu'ils ne contribuaient en rien au succès d'un Marché commun qui apportait le bonheur matériel à l'intérieur de ses frontières protégées), entraînant la renaissance d'une guerre sur un territoire qui était manifestement européen, celui des Balkans. L'Europe se révèle alors comme muette, désunie, affaiblie de naïveté devant les événements et découvre que les institutions qu'elle a choisies ne lui permettent pas d'assumer sa part de responsabilité dans un monde qui ne correspond plus à l'image qu'elle s'est faite d'elle-même. Les questions concernant son identité, son fonctionnement démocratique, ses valeurs et plus particulièrement sa « culture politique », ne peuvent plus être esquivées. « Objet non identifié », elle fait face au danger de devenir un « objet non existant » si elle ne réagit pas en conséquence.

Une réflexion constructive sur ce problème demande de retenir deux faits importants. Pour franchir la première grande étape de l'unification européenne, c'est-à-dire depuis la déclaration Schuman en 1950 jusqu'à la rupture historique des années 1989-1991, l'Europe a conclu deux Traités intergouvernementaux pour fonctionner et progresser pendant près de quarante années : celui de Paris de 1951 pour la CECA, et celui de Rome en 1957 pour le Marché commun, qui a été complété par l'Acte unique pour préparer le Marché unifié, dans la ligne de ce que prévoyait le Traité de Rome. Depuis 1992, en une quinzaine d'années, l'Union européenne en a connu cinq : Maastricht, Amsterdam, Nice, le Traité constitutionnel de Rome, et Lisbonne. Et nous sommes aujourd'hui loin d'être certains du succès de ce dernier. Pourtant, sont-ils nombreux ceux qui se demandent pourquoi il faut en permanence recommencer ?

Il est indispensable, devant une telle évolution, de penser différemment, de tenter tout ce qui est possible pour parvenir à échapper à « l'Europe objet » afin de créer une entité politique qui soit réellement présente, celle que les traités ne semblent pas être capables d'établir. Pour cela, nous semble-t-il, les Européens doivent changer le regard qu'ils portent sur eux-mêmes. En 1987, le philosophe français Edgar Morin publiait avec succès un livre intitulé : *Penser l'Europe*[3]. Le titre était significatif. Il s'agissait de « penser » un objet – c'est-à-dire une réalité qui demeure extérieure au sujet qui pense – conduisant à situer l'Europe à laquelle on pense comme une réalité à laquelle on ne s'identifie pas, extérieure à la conscience de soi. Cette attitude est en effet la plus courante parmi les observateurs de la réalité européenne. Il suffit de parcourir la bibliographie des ouvrages consacrés à l'Europe pour s'en convaincre.

Ce qu'il semble nécessaire de faire, au contraire, c'est de « penser européen ». Cela signifie que les Européens eux-mêmes, en tant que personnes, doivent se penser eux-mêmes comme sujets de la situation historique dans laquelle ils se trouvent. C'est donc par les individus humains qui se penseront comme Européens que l'Europe cessera d'être une chose extérieure, pour devenir une réalité politique qui soit vraiment « sujet d'elle-même ». La première évidence, face à ce changement d'attitude, est que ce ne sont plus les États et ceux qui les représentent qui peuvent procéder à cette transformation de perspective. En effet, les représentants des États se sentent obligés de demeurer absolument fidèles aux structures étatiques souveraines, car elles sont la garantie de leur pouvoir. La parole d'un souverain n'est pas la parole d'un sujet individuel, c'est celle d'une structure objective de pouvoir. Voilà pourquoi il a été souligné plus haut que la situation actuelle de l'Europe

3 Paris, Gallimard, 1987.

révélait que les États ne pouvaient la faire progresser sans mettre en danger la démocratie.

Nous devons donc entrer dans une évolution plus radicale. Il a été dit, dans l'Introduction, que le processus d'unification de l'Europe était un processus « d'européisation », c'est-à-dire un processus qui invente une nouvelle réalité politique dans un nouvel ordre ontologique qui dépasse les États nations et le type de leur relation tel qu'il résultait de l'ordre « westphalien ». Cette façon de « penser européen » ne peut donc être accomplie que par des êtres qui pensent un devenir. Or seuls des êtres humains peuvent accomplir ce processus dans l'ordre de leur subjectivité. Si le devenir européen, la construction d'une Europe nouvelle est un projet essentiellement éthique, comme l'introduction l'a souligné, c'est parce qu'il ne peut devenir que par l'intention et la responsabilité d'êtres individuels. Eux seuls sont susceptibles de créer une réalité qui soit sujet d'elle-même, c'est-à-dire de susciter par leur volonté l'existence d'une réalité politique qui ne soit plus un « objet », mais un « sujet » par le fait même qu'ils y sont directement impliqués en tant que personnes. « Penser européen » est donc l'apanage des individus comme « citoyens », et c'est en le faisant et l'assumant qu'ils se créeront ainsi comme peuple, comme *demos* nouveau. En d'autres mots, cette « européisation » politique de notre continent exige une « citoyennisation » transnationale de la vie humaine au niveau de l'Europe.

Si nous examinons la situation au travers de la pensée de Cornélius Castoriadis, la construction de l'Union européenne par des États souverains qui abandonneraient réellement une partie de leur souveraineté pour la mettre en commun correspondrait à une collaboration d'organisations dites « ensidiques »[4]. Ce concept exprime le contenu d'une logique qui se veut à la fois *ensembliste* et *identitaire*. Cette logique rend possible l'identification de divers ensembles d'objets qui sont séparés par leur identité propre mais reliés de façon volontaire. Dans le cas de l'Europe construite par les traités, chaque objet peut être identifié et classifié en termes « clairs et distincts », où les relations entre les objets ou classes d'objets relèvent de la pure logique des traités, mais où parfois ces relations deviennent tellement compliquées que les textes des traités en deviennent souvent illisibles. Car le monde n'est pas limité à de telles organisations. On laisse en effet toujours échapper quelque chose du réel si l'on se borne à une appréhension de type ensidique. Il existe dans tous les domaines du réel d'autres strates qui restent insaisissables en termes de logique ensidique, en particulier celle du siège de la puissance créatrice. C'est cette création qui permet de redéfinir sans cesse la « solidarité » dans un nouveau contexte social-historique et qui

---

4 Voir au chapitre 2 une explication plus étendue de la pensée de Castoriadis.

peut prendre justement en compte l'intersubjectivité qui caractérise les relations d'altérité.

C'est ce que nous voulons souligner en affirmant la responsabilité directe des citoyens qui doivent eux-mêmes construire leur propre démocratie dans ce nouveau contexte social-historique. L'avenir doit vraiment être « voulu », et pour être voulu, il doit être « pensé ».

2. La citoyenneté : référence éthique de la démocratie

Mais quel est le statut que doivent avoir les individus pour se penser comme « sujets européens » ? Pour répondre à cette question, il est important de distinguer avec rigueur la signification de trois notions fondamentales avec lesquelles les individus se pensent comme sujets politiques : à savoir l'*identité*, la *nationalité* et la *citoyenneté.*

2.1. L'identité

L'*identité* concerne la manière d'être et de se connaître des individus. C'est une sorte d'instrument qui nous permet de savoir « ce que » et « qui » nous sommes, par rapport à notre environnement social et culturel, par rapport à l'image que nous construisons de nous-mêmes, et finalement par rapport aux « autres ». Elle résulte d'un processus psychologique et social dans lequel de nombreux éléments interviennent, conscients et inconscients, qui se rattachent d'une part à une prise de conscience de soi purement subjective de l'individu, et d'autre part à la réponse que donne l'individu aux influences identitaires imposées par l'environnement social et historique qui lui suggère une certaine façon de se connaître et de s'affirmer. Ceci est clairement défini par la citation suivante :

> L'identité est un processus d'élaboration d'un système signifiant, chez un acteur qui interagit à la fois avec d'autres acteurs et avec le système symbolique dans lequel ils évoluent ensemble. L'identité se réalise comme un processus dialectique, au sens d'intégration des contraires. Elle autorise l'émergence de particularités individuelles – donc l'affirmation de la singularité du sujet – et la conformité de l'individu avec le groupe (celui auquel il appartient et/ou celui auquel il se réfère) – donc l'uniformité sociale. Dans cette optique interactionniste l'individu est un sujet : acteur simultanément dans la construction de sa culture et dans celle de son identité[5].

Si l'identité est toujours une interaction entre l'individu et le groupe, le *moi identitaire est donc toujours un « nous » d'une façon ou d'une autre*, qu'il s'agisse d'un groupe temporaire (une classe scolaire, un lieu d'habitation, un quartier, une classe d'âge) ou d'une identification plus

[5] Vinsonneau, G., *L'identité culturelle*, Paris, Armand Colin, 2002, p. 12.

durable (une ethnie, une région, une religion, une race, une culture, un métier, une classe sociale, une nation). Ce groupe apparaît dès lors, même s'il est élaboré et construit dans une interaction avec les individus qui le composent, comme les dépassant et les transcendant. Dans une certaine mesure, si l'individu peut se considérer comme le créateur « actif » de son identité, il est aussi, de façon permanente, le ressortissant plus ou moins « passif » du groupe auquel il appartient et avec lequel il s'identifie.

Il faut aussi souligner que l'identité qui semble être donnée par nos origines ou notre héritage familial ou historique n'est pas statique et définie à l'avance de façon permanente, mais qu'elle se dégage et évolue progressivement de l'action et de l'adhésion de ceux qui la partagent. Notre identité se construit en permanence, elle est en perpétuel devenir.

Mais il faut tenir compte que dans ce processus continuel de construction de notre identité, nous sommes amenés à nous distinguer de « l'autre », et par là à être tentés parfois de le rejeter, de l'exclure et, dans les cas extrêmes, de le condamner. C'est ainsi que ce processus peut avoir des conséquences comportementales tragiques si ce besoin d'affirmation de son identité contre l'autre va jusqu'au conflit et à la persécution. C'est ainsi que ce processus identitaire peut avoir des implications destructrices. Amin Maalouf, par exemple, parle justement de certaines identités comme des *identités meurtrières*[6]. Ce sont celles qui, s'affirmant de façon absolue jusqu'au rejet total de l'autre, peuvent conduire à des politiques violentes et mortelles de purification ethnique, au génocide et à la guerre totale. L'Europe des nationalistes n'a malheureusement rien à apprendre dans ce domaine, elle a déjà commis, au cours de son histoire et jusqu'au XXe siècle, tous les crimes que certaines imaginations identitaires paroxystiques ont pu fantasmer.

Il y a donc une dimension éthique évidente dans l'affirmation de sa propre identité, car cette affirmation établit toujours une relation avec autrui, c'est-à-dire avec ceux qui ne sont pas nous. Jusqu'où peut donc aller le droit de s'affirmer soi-même ? La notion de « souveraineté » se rattache-t-elle à la prise de conscience d'un peuple par lui-même, lui donnant ainsi des droits et des pouvoirs de nature étatique ? Comment appliquer le « principe de proportionnalité » afin d'éviter que l'affirmation des différences conduise à créer des situations conflictuelles ? Le droit d'être différent est-il rattaché aux droits individuels ou aux droits des groupes ? Comment discuter du conflit qui peut ressortir du fait que l'affirmation de l'identité d'une communauté particulière puisse mettre en cause l'identité de la société dans son ensemble ? Dans la mesure où l'affirmation de l'identité implique la pratique de comportements spéci-

---

6 Maalouf, A., *Les identités meurtrières*, Paris, Grasset, 1998.

fiques qui diffèrent des habitudes majoritaires, comment le droit qui doit s'imposer à tous peut-il respecter les différences ? Peut-il exister une communauté humaine dans laquelle il y a une grande diversité de morales particulières sous la règle commune d'une seule loi ?[7] Toutes ces questions sont aujourd'hui présentes dans les rapports nouveaux créés par la diversification des identités sociales et nationales en Europe, qui vient de l'immigration et de la croissance rapide de sociétés multiculturelles.

Voilà pourquoi l'affirmation légitime de l'identité – que certains rejettent, à tort, comme une sorte de maladie d'un identitarisme réducteur – qu'elle soit locale, régionale, nationale, religieuse, européenne ou autre, doit être soutenue avec grande certitude, mais aussi avec beaucoup de prudence et de précaution, beaucoup de retenue et surtout de modestie. Pour éviter le piège d'une affirmation de soi qui devienne « meurtrière », il est préférable de toujours utiliser la notion d'identité – comme celle de culture d'ailleurs – à la forme *plurielle*. Ce qui correspond d'ailleurs à l'expérience de chacun, sachant bien que multiples sont les identités successives ou diverses qui nous constituent. Il est donc souhaitable, lorsque nous voulons parler d'une *identité européenne*, ou plutôt de nos « identités européennes », à savoir ce qui nous identifie de façon commune, de souligner l'importance de la *diversité* qui nous caractérise. Pour nous Européens, *notre identité est la diversité*. S'il y a une « identité européenne », elle est avant tout dans la diversité de nos cultures. On ne peut construire qu'une Europe plurielle, et tout ce qui peut être entrepris pour maintenir la diversité et la richesse que représentent nos différences doit être soutenu.

Dans cette ligne de réflexion, il faut insister sur le fait que « penser européen », en raison même de cette diversité multiculturelle, ne peut donc pas consister en un exercice rationnel de réductionnisme simplificateur qui ramènerait le tout à quelque idée claire et évidente, ou quelque principe unique. « Penser européen » devient donc un exercice de renouvellement et d'invention qui doit conduire les Européens d'aujourd'hui et de demain à imaginer et à construire une réalité politique qui facilite la vie commune de nos multiples identités partagées.

2.2. La nationalité

La notion de *nationalité*, elle, a un fondement plus objectif et plus facilement saisissable. Elle exprime le rattachement des individus à une entité politique étatique bien précise, c'est-à-dire avant tout à un territoire donné, et une certaine dépendance vis-à-vis de l'autorité qui le

[7] Voir à ce sujet : Löwenthal, P., *Un droit, des morales. Valoriser l'État laïque*, collection « Philosophie & politique », n° 16, Bruxelles, PIE Peter Lang, 2008.

domine. C'est une appartenance dont le sujet n'est pas en lui-même le créateur, qui est dès lors de nature plus passive, comme celle des « sujets » d'un souverain sous l'ancien régime. Elle est acquise par la naissance « naturelle » – selon le droit du lieu, *jus loci*, ou le droit du sang, *jus sanguini*, en fonction des traditions juridiques des différents pays – ou elle est obtenue par un processus dit de « naturalisation » (qui remplace la naissance « naturelle ») qu'accorde les États selon leur propre « code de la nationalité ». La nationalité fait de nous des « ressortissants » des États. Ce statut crée une sorte de relation d'appartenance que nous ne maîtrisons pas, les individus étant alors considérés comme dépendant d'un pouvoir qui leur est extérieur et qui les domine. C'est au nom de cette nationalité et des obligations qu'elle implique que les hommes ont pu être enrôlés dans les armées et envoyés se faire tuer sur les champs de bataille. Il est vrai que, au cours de l'histoire, la nationalité a souvent servi à l'asservissement des individus plutôt qu'à leur la libération.

La « possession » – ou ne devrions-nous pas plutôt parler dans ce cas de « l'imposition » ? – d'une nationalité entraîne, par contre, l'avantage de se savoir protégé par l'État qui la reconnaît. L'être humain devient par là sujet du droit d'un État particulier, car c'est par le statut de « national » que l'individu peut obtenir ces « papiers » qui garantissent pour lui les droits de l'homme sur un territoire donné. Il est important de souligner ici la dimension éthique de cette question, quand on sait que vivent de nos jours, dans nos sociétés, des milliers d'individus – que l'on plaint parfois ou que l'on méprise le plus souvent – mais que l'on désigne comme des « sans papiers », justement parce qu'ils ne possèdent pas la « nationalité » du lieu où ils vivent. Le discours tenu autour de cette question a des dimensions éthiques fondamentales. Alors que l'on entend partout parler de la protection des « droits de l'homme », valeur universelle soi-disant, ce ne sont en réalité que les « droits des passeports » qui sont protégés dans un monde où les États souverains ne se sentent réellement responsables que des seuls individus auxquels ils accordent la nationalité, et dans certains cas aux résidents qu'ils assimilent à ces derniers sur leur territoire en fonction d'accords diplomatiques avec d'autres États partageant la même logique, dont on respecte dès lors les « ressortissants » ou les « sujets ». Ce qui est le cas aujourd'hui, depuis le Traité de Maastricht, dans tous les pays membres de l'Union européenne.

Mais l'approche de base n'a pas changé, et nous vivons encore dans le cadre d'une pensée politique qui permet de dire ce que Joseph de Maistre déclarait à propos de la *Déclaration des droits de l'homme de 1789* : « Il n'y a point *d'homme* dans le monde. J'ai vu, dans ma vie, des Français, des Italiens, des Russes, etc. ; je sais même grâce à

Montesquieu *qu'on peut être persan* ; mais quant à l'homme, je déclare ne l'avoir jamais rencontré de ma vie ». À ses yeux, donc, seule la nationalité donne des droits, non la nature humaine.

Cette question morale doit nous interpeller, au moment où nous entendons partout, devant l'inhumanité de certaines crises actuelles, des appels aux droits de l'homme et au droit d'ingérence humanitaire, alors qu'au même moment certains gouvernements – et nous pensons ici à la réaction de Washington devant la blessure émotive que les événements du 11 septembre ont créée dans le peuple américain – qui recourent justement aux principes territoriaux de la nationalité pour enlever aux soi-disant ennemis terroristes de la nation tout droit et tout recours à la justice.

Car les droits et les devoirs que la possession de la nationalité procure ne dépendent pas de la nature humaine ou de la dignité absolue de la personne humaine, mais du simple bon vouloir des États nations qui les maîtrisent. Nous n'avons donc pas à faire ici à des « droits universels » reconnus, mais à des restrictions limitatives, et souvent très égoïstes, définies par les seuls intérêts d'un groupe particulier dans le but de protéger le territoire qu'il occupe. C'est un vieux principe hérité du paradigme westphalien, qui a fait des États et de leur gouvernement les seuls acteurs responsables dans les relations internationales et surtout les seuls sujets du « droit des gens ».

Or la construction de l'Europe n'est pas sortie de ce paradigme, et les traités ont tous été construits sur ces principes. Nous pouvons illustrer ce fait par une citation révélatrice de Alexis de Tocqueville qui, en observant le fonctionnement de la Constitution américaine, nous aide à mieux comprendre dans quelles structures institutionnelles les « pères fondateurs » ont engagé l'Europe.

> Dans toutes les confédérations qui ont précédé la confédération américaine de 1789, les peuples qui s'alliaient dans un but commun, consentaient à obéir aux injonctions d'un gouvernement fédéral ; mais ils gardaient le droit d'ordonner et de surveiller chez eux l'exécution des lois de l'Union.
>
> Les États américains qui s'unirent en 1789 ont non seulement consenti à ce que le gouvernement fédéral leur dictât des lois, mais à ce qu'il fit exécuter lui-même ses lois.
>
> Dans les deux cas le droit est le même, l'exercice seul du droit est différent. Mais cette différence produit d'immenses résultats.
>
> Dans toutes les confédérations qui ont précédé l'Union américaine de nos jours, le gouvernement fédéral, afin de pourvoir à ses besoins, s'adressait aux gouvernements particuliers. Dans le cas où la mesure prescrite déplaisait à l'un d'eux, ce dernier pouvait toujours se soustraire à la nécessité d'obéir. S'il était fort, il en appelait aux armes ; s'il était faible, il tolérait la

> résistance aux lois de l'Union devenues les siennes, prétextait l'impuissance et recourait à la force de l'inertie.
>
> Aussi a-t-on constamment vu arriver l'une de ces deux choses ; le plus puissant des peuples unis, prenant en main les droits de l'autorité fédérale, a dominé tous les autres en son nom ; ou le gouvernement est resté abandonné à ses propres forces, et alors l'anarchie s'est établie parmi les conférés, et l'Union est tombée dans l'impuissance d'agir.
>
> En Amérique, l'Union a pour gouvernés, non les États, mais de simples citoyens. Quand elle veut lever une taxe, elle ne s'adresse pas au gouvernement du Massachusetts, mais à chaque habitant du Massachusetts. Les anciens gouvernements fédéraux avaient en face d'eux des peuples, celui de l'Union a des individus. Il n'emprunte point sa force, mais il la puise en lui-même. Il a ses administrateurs à lui, ses tribunaux, ses officiers de justice et son armée[8].

À la lumière de cette observation, nous comprenons mieux comment l'Europe a été construite. Les véritables « gouvernés » de l'Europe ne sont que les États, les « États membres ». Il n'est donc pas surprenant que dans le Traité de Rome, par exemple, le terme de citoyen n'apparaisse pas par rapport à la Communauté économique européenne. Seuls les États membres en sont des sujets de droit. Les êtres humains, les individus, ne sont mentionnés que comme travailleurs, migrants, ou comme « ressortissants » des États membres, mais jamais comme citoyens. L'Europe a été construite avec des peuples, qu'il fallait rapprocher, avec des entités étatiques qui comprenaient des « nationaux » des États membres, non avec des « citoyens ».

2.3. La citoyenneté

Car la notion de *citoyenneté*, elle, ouvre d'autres perspectives dans la construction des entités politiques. Elle fait référence à la participation *active* et *responsable* des individus à la « gouvernance » de la société dans laquelle ils vivent et qu'ils contribuent à construire. Le citoyen ne subit pas, il participe ; il ou elle n'a pas que des droits, mais aussi des obligations et des devoirs ; la citoyenneté implique une coopération directe entre le pouvoir et les personnes qui en dépendent ; le pouvoir lui-même ne peut exister sans son soutien. Qu'est-ce que cela signifie ?

Sans vouloir remonter aux notions que nous avons héritées de l'Antiquité, tel le *politès* de la cité athénienne, cet « animal politique » autonome qui participait directement aux décisions qui le concernaient et qui devenait ainsi l'auteur de sa propre loi, ou mentionner encore le statut du *civis romanus* qui faisait des individus non pas seulement des

---

8 de Tocqueville, A., *De la démocratie en Amérique*, Œuvres complètes, Tome I, Paris, Gallimard, 1961, p. 159-160.

membres de la Cité ou de l'Empire, mais des sujets de droit, qui conduira à la notion de « personne » qui, elle, devait acquérir une dimension universelle, – faisant de nous tous les héritiers des « citoyens romains » – nous devons tenter d'expliciter ce que cette notion représente dans la société contemporaine, et ce qu'elle devrait devenir dans l'avenir de l'Europe.

Il faut tout d'abord affirmer et admettre qu'en faisant du « citoyen » le véritable auteur du « contrat social » qui le lie aux autres et constitue ainsi la cité, la philosophie politique héritée de nos traditions européennes, en particulier des Lumières, fait du citoyen le créateur de la communauté politique dans laquelle il souhaite vivre. Comme le dit Dominique Schnapper : « La citoyenneté est une utopie créatrice »[9]. Elle n'est donnée ni par l'identité culturelle ou ethnique, ni par la nationalité d'un État, mais par la volonté des individus de construire une société dans laquelle ils seront capables de prendre eux-mêmes la responsabilité de définir quels sont leurs droits, leurs devoirs et leurs obligations, donc de prendre part aux décisions qui les concernent et qui les obligent. Or

> l'histoire montre que la citoyenneté a été obtenue par les luttes sociales. Elle n'est pas donnée, elle n'est jamais acquise une fois pour toutes. Elle est vouée à connaître des réinterprétations et des développements. C'est une construction des hommes et elle ne peut durer que par leur volonté de renouveler le projet politique par lequel ils forment une société dont les exigences leur apparaissent légitimes. Le contenu et les formes changent et ils changeront nécessairement avec l'évolution de la vie sociale[10].

Or le développement de la citoyenneté européenne n'a pas compris ce phénomène. Si, selon Aristote, la citoyenneté est « la capacité de commander et d'obéir alternativement », il est évident que face à la construction de l'Europe telle qu'elle s'est développée dans la deuxième moitié du XXe siècle, le citoyen a eu l'impression de ne partager que l'obligation d'obéir. On comprend dès lors le scepticisme qui grandit dans les opinions publiques européennes chaque fois que l'Union tente de faire un pas en avant. Car c'est par la citoyenneté que la société politique devient une société civile. Or l'Europe n'a commencé à en parler ouvertement et de façon constitutionnelle qu'à partir de l'acceptation du Traité de Maastricht en 1992.

Jusqu'alors, l'Europe a été conçue dans la perspective idéologique de « l'État nation » du passé, qui consistait à considérer les trois notions ci-dessus : identité, nationalité et citoyenneté comme une seule réalité, pour ainsi dire « fusionnelle », sur laquelle se fondait, culturellement,

---

9 Schnapper, D., avec la collaboration de Bachelier, Chr., *Qu'est-ce que la citoyenneté*, Folio actuel, Paris, Gallimard, 2000, p. 305.

10 *Ibid.*, p. 303-304.

politiquement et légalement l'existence concrète des « peuples » des États membres. L'identité, la nationalité et la citoyenneté étaient acquises, ressenties et expérimentées avant tout passivement, mais de manière cohérente et totale. Par sa naissance comme citoyen national, l'individu acquérait automatiquement le fondement de son identité, ainsi que sa nationalité d'appartenance qui lui donnait automatiquement ses droits de citoyens. Certes, puisque c'était la nation qui accordait les droits liés à la citoyenneté, il est très souvent arrivé que, dans le but de poursuivre des politiques favorables aux pouvoirs de l'État, ces droits ont été restreints et parfois niés, en insistant sur la fusion de l'identité et de la nationalité pour exiger les plus grands sacrifices, et parfois pour réprimer toutes les tentatives de s'écarter du modèle unificateur national, justifiant ainsi l'exclusion de tous ceux qui n'entraient pas dans l'image unitaire que l'autorité se faisait de son pouvoir. Les droits de citoyens n'étaient au fond garantis que par la possession d'un passeport ou d'une carte d'identité qui définissait la nationalité de l'individu. Ces droits, dans la perspective de l'État nation, ne sont pas des droits universels de l'être humain, pris en tant que tel, mais des droits exclusifs des nationaux, limités d'ailleurs au territoire qui consacre leur identité. Cette logique de l'unité indissoluble de l'identité, de la nationalité et de la citoyenneté sur le territoire d'un État donné, explique les raisons pour lesquelles les individus qui quittent leur territoire de leur identité pour des raisons conflictuelles ou en vue de leur survie peuvent perdre toute reconnaissance de leurs droits. C'est aussi pour la même raison que, dans le cadre d'une nation unitaire, qui ne peut reconnaître par définition qu'une seule identité, il est difficile de faire accepter les droits de citoyens de populations minoritaires qui se distinguent de la majorité. Heureusement, l'Europe, en établissant une « citoyenneté européenne » contribue à mettre fin à cette impasse philosophique et juridique, et contribue ainsi à renouveler la dimension éthique de la citoyenneté.

3. Citoyenneté européenne : vers une nouvelle démocratie

L'établissement d'une « citoyenneté européenne » par le Traité de Maastricht transforme radicalement cet héritage et la logique des systèmes nationaux qui identifient identité, nationalité et citoyenneté. Certes, c'est à travers la nationalité des États membres que peut être obtenue cette citoyenneté européenne ; le texte de Maastricht le dit clairement : « Article 8 : 1. Il est institué une citoyenneté de l'Union. Est citoyen de l'Union toute personne ayant la nationalité d'un État membre ». Mais il est évident que cette citoyenneté s'en distingue. Ce qu'il y a de révolutionnaire, historiquement, dans l'institution de cette citoyenneté, est la création, au sein de l'Union, d'un espace politique dans lequel existe une citoyenneté commune européenne parallèlement et conjointement à une multitude de nationalités différentes.

Quels que soient les droits encore très limités qui sont rattachés à cette citoyenneté, c'est le principe de la distinction de fait entre citoyenneté et nationalité qui représente la plus grande innovation du Traité, car cela met en question la structure mentale et le paradigme intellectuel sur lesquels reposait la légitimité traditionnelle de la souveraineté de l'État national. Les gouvernements se sont sans doute rendu compte de cette rupture puisque, sortie de la mystérieuse et secrète conférence intergouvernementale de 1996, une phrase supplémentaire a été ajoutée à l'article 8 de Maastricht, dans le Traité d'Amsterdam, qui dit : « La citoyenneté européenne complète la citoyenneté nationale et ne la remplace pas ». Les gouvernements ont-ils voulu diminuer l'impact inattendu de la rupture de signification qui avait été introduite par Maastricht dans la conception que les individus allaient pouvoir se faire de l'État national, maintenant que le statut de « citoyen européen » pouvait leur permettre de transcender leur statut de sujet national ? Ont-ils voulu préciser la relation qu'il fallait établir entre les droits nationaux et les droits européens de citoyenneté ?

Le texte n'est pas clair en lui-même. Il est vrai que la logique des structures fédérales de l'Union avait été volontairement refusée et rejetée – et de façon très formelle par les Anglais – lors de la rédaction du Traité de Maastricht, aussi il devenait dès lors impossible de faire comprendre que la réalité de la citoyenneté existait aussi dans le « principe de subsidiarité », et que les citoyens pouvaient en conséquence exercer leurs droits et leurs devoirs à tous les niveaux de la réalité sociale et politique dans laquelle ils vivaient : local, régional, national, et européen. Comment pouvait-on alors encore penser que la démocratisation de la réalité politique européenne – car c'est cela que signifie l'existence d'une citoyenneté européenne – risquait de diminuer le caractère démocratique de la vie politique nationale ? Il est vrai que les responsables des gouvernements des États membres pensaient encore l'Europe comme un « objet » extérieur à eux-mêmes. Mais en acquérant la citoyenneté de l'Europe, les individus allaient pouvoir commencer à « penser européen ».

C'est là la grande révolution. La citoyenneté européenne « transcende » la réalité des États nations qui composent l'Union. Ce fait met dès lors en question la notion même de la souveraineté étatique traditionnelle, et ouvre la voie à une réflexion politique qui doit accompagner une nouvelle action citoyenne qui va se développer bien au-delà des doctrines communément admises. Un philosophe politique contemporain le reconnaît dans ces termes :

jamais, dans aucun temps de l'histoire, plusieurs centaines de millions d'hommes, peuplant une partie de continent et s'exprimant en une dizaine de langues, n'ont eu simultanément la possibilité de débattre de la fondation d'une communauté démocratique – non l'affirmation de la souveraineté personnelle et singulière d'un peuple, mais la fondation de la souveraineté communautaire de plusieurs peuples[11].

L'enjeu politique et démocratique en ce début du XXIe siècle est de proposer une vie démocratique transnationale à laquelle les citoyens européens vont devoir participer de façon active. Ils vont pouvoir enfin « participer ». C'est le sens même de ce que nous avons appelé la « citoyennisation » de l'Europe.

Un des premiers problèmes qu'il faut soulever concerne la façon dont les citoyens européens vont pouvoir agir. Car, dans les structures juridiques actuellement existantes, on ne parle du statut de la citoyenneté européenne qu'en termes de droits. Dans un texte récemment publié par la Commission, on souligne la chose de la façon suivante :

> Les droits des citoyens de l'Union incluent le droit de vote et d'éligibilité aux élections municipales et européennes dans l'État membre de résidence ; le droit à une bonne administration par les institutions européennes et le droit de déposer une plainte en cas de mauvaise administration ; le droit d'accès aux documents des institutions européennes ; le droit de bénéficier, sur le territoire d'un pays tiers où l'État membre dont il est ressortissant n'est pas représenté, de la protection des autorités diplomatiques et consulaires de tout État membre. Ces droits incluent aussi le droit de circuler et de séjourner librement sur le territoire des États membres.

À part le droit de participer aux élections locales et européennes dans le pays de résidence, tous ces droits apparaissent avant tout passifs. On ne mentionne pas les devoirs, les obligations ou les responsabilités des citoyens. Car, pour reprendre l'expression d'Aristote, où est cette « capacité de commander et d'obéir alternativement » ? Il semble en effet que l'approche concerne davantage les questions d'obéissance que d'initiative et de responsabilité. Il est vrai que la Commission, dans le texte cité ci-dessus, ne pouvait pas encore y introduire une des ouvertures que le Traité constitutionnel a proposée et qui a été reprise dans le Traité de Lisbonne – en raison du fait que celui-ci n'était pas encore approuvé – à savoir le droit d'initiative qui permet à un million de citoyens de proposer à la Commission, qui conserve l'exclusivité des propositions législatives, de nouvelles lois européennes. Il s'agit bien là de commander avant d'obéir.

---

[11] Mairet, G., Introduction au : *Du citoyen*, de Thomas Hobbes, Paris, Classiques de poche, 1996.

Cette évolution devrait conduire à ce que l'article I-47 du projet de Traité constitutionnel prévoyait, à savoir le principe de la « démocratie participative ». Cela implique que l'intervention des citoyens au niveau européen, justement parce que leur statut de « citoyens post-nationaux » transcende les États enfermés dans leur territoire, change la nature de l'espace public limité par la souveraineté des États. Il se crée ainsi une « société civile » qui n'est plus rattachée à un *ethnos* ou à un *demos* préexistant, mais à la « civilité » de la communauté des citoyens. Cette société civile se développe à travers un réseau d'associations d'individus qui sont liées entre elles justement par la conscience de partager le même statut de citoyen. Ainsi se crée un type de démocratie au niveau européen qui revêt un caractère entièrement nouveau. Celui-ci est justement analysé par un historien des différentes cultures politiques européennes en ces termes :

> Pour faire vivre ensemble une communauté politique il est essentiel que l'identité citoyenne et l'identité ethnique soient séparées... Il n'est pas nécessaire d'avoir une culture homogène pour développer une démocratie libérale. Le résultat principal du libéralisme du dix-neuvième siècle fut de lier l'État de droit à l'État nation. Notre devoir aujourd'hui est de rompre le lien entre citoyenneté et ethnicité... Ainsi l'identité de la nouvelle communauté politique sera déterminée par la civilité et non plus par la nationalité. Une distinction stricte entre l'*ethnos* (qui fait la nation) et le *demos* (sur lequel se fonde la démocratie) rendra possible, dans une Europe future, que des mondes culturels différents puissent coexister. C'est donc la mission de l'Union européenne de faire tout son possible pour que les citoyens de l'Europe développent une culture politique commune[12].

Il se crée donc, à travers la reconnaissance de la citoyenneté européenne et les initiatives des organisations de la société civile, une nouvelle forme de démocratie. Il est encore trop tôt pour dire quelle forme elle va prendre, mais il est évident qu'elle se composera de divers facteurs qui évolueront à partir des droits acquis ; comme le dit l'historien déjà cité : « la société citoyenne en Europe se construira à partir des droits individuels de l'être humain, et non à partir des droits des peuples ou des groupes »[13]. Nous en arriverons donc à ce que mentionnait Jürgen Habermas, la création d'un « patriotisme constitutionnel » qui crée la cohésion de la société sur le développement et le respect de droits communs et non sur l'origine nationale ou sur l'identité culturelle. Nous évoluerons peut-être, d'autre part, vers ce que Dominique Schnapper, déjà cité, appelle une démocratie de la participation, fondée sur une

---

12 Altermatt, U., « Politische Kultur und nationale Identität in West- und Otseuropa », in Mosser, A. (ed.), *Politische Kultur in Südosteuropa, Identität, Loyalität, Solidarität*, Bern, Peter Lang, 2006, p. 55 (notre traduction).

13 *Ibid.*, p. 51.

« citoyenneté de résidence », où c'est la participation de fait des individus à la vie sociale qui crée la société nouvelle.

4. Vers une démocratie « transnationale » : l'émergence d'une véritable « Cité européenne »

La « démocratie participative » au niveau européen est donc encore à construire. Alors qu'elle se développe dans de nombreux systèmes démocratiques pour faciliter la participation des citoyens aux niveaux locaux, communaux et régionaux, elle doit trouver sa forme dans le caractère transnational de la vie politique nouvelle. Comme le dit Loïc Blondiaux dans son nouveau livre : il faut « donner corps à ce "nouvel esprit de la démocratie" sans succomber aux faux-semblants d'une rhétorique de la proximité »[14]. Or c'est trop souvent ce que tente d'imposer l'inter-étatisme du Conseil européen. L'esprit démocratique de l'Europe est en fait entre les mains des citoyens eux-mêmes qui devront, par leur action et leurs initiatives, créer eux-mêmes une « Cité politique » nouvelle qui deviendra leur « bien commun » ou leur propre *res publica*. Ce mouvement qui devrait démentir une observation faite par un esprit conservateur qui résume le paradoxe qu'il voit dans la citoyenneté européenne par ces mots : « L'Europe crée les citoyens. Les citoyens ne créent pas l'Europe »[15]. Toute revendication pour plus de démocratie en Europe, contre le danger anti-démocratique de l'inter-étatisme actuel, est donc légitime et historiquement créatrice.

La première démarche qu'il faut préciser, en utilisant pour cela les termes adéquats, est que le « sujet politique » que doit devenir l'Europe va bien au-delà de ce que l'on appelle une « société civile ». Celle-ci se définit en fait par l'autonomie qu'elle manifeste vis-à-vis de la société politique, et qui s'incarne dans des organisations indépendantes privées, des ONG et autres mouvements plus ou moins spontanés qui se distinguent des pouvoirs étatiques. Or, *la démocratie se doit d'être politique, et pas seulement civile*. Les gouvernements des États membres sont actuellement trop heureux de soutenir de tels mouvements dits « civils » – et cela constitue l'ambiguïté de toute la discussion constitutionnelle de l'Europe actuelle – car cela leur permet de les distinguer et de les séparer du pouvoir exclusivement politique que les États continuent d'exercer en dehors de leurs frontières selon les principes westphaliens. Une société civile transnationale, en raison de ce caractère civil, ne mettrait

---

14 Blondiaux, L., *Le nouvel esprit de la démocratie. Actualité de la démocratie participative*, La République des Idées, Paris, Le Seuil, 2008.

15 Carlier, J.-Y., « Les enjeux de la citoyenneté européenne », in Leclerc, St., et Akandji-Kombé, J.-F. (ed.), *La citoyenneté européenne*, Bruxelles, Bruylant, 2006, p. 31.

pas en cause, en effet, le maintien de la souveraineté absolue des États. Or nous ne sommes plus dans l'ancien régime, où c'était l'origine divine du pouvoir et la souveraineté absolue du prince qui justifiaient l'existence du pouvoir régalien qu'il exerçait sur le territoire qu'il dominait.

Le pouvoir, dans le régime de « citoyennisation » que doit connaître l'Europe nouvelle, vient des citoyens eux-mêmes, transmis par les pratiques démocratiques des élections, du consentement référendaire ou de la participation directe à l'élaboration des lois. Pour cela, il est indispensable qu'il y ait un transfert de légitimité, donc de souveraineté, du niveau des États nationaux historiques à celui de la « Cité européenne » nouvelle. Or, comme l'expérience de ces soixante dernières années l'a montré, ce ne sont pas les États qui peuvent accomplir ce saut, car leur pouvoir demeure par définition limité territorialement ; ils ne peuvent s'engager que par des traités et non par l'adoption d'une loi commune qui les transcende. Le territoire de l'Europe n'étant plus celui des divers États, ceux-ci n'ont pas le pouvoir de prendre des décisions à son sujet. La réalité politique que représente l'Europe introduit dès lors une dimension nouvelle que les États ne peuvent réellement maîtriser, si ce n'est en la limitant ou en la niant. Seuls les citoyens peuvent franchir le pas permettant de passer du niveau d'un territoire national au niveau d'un territoire trans- ou supra-national.

Et ce qui est fondamental à affirmer dans cette circonstance, et qui transforme radicalement la dimension éthique de la question, est que si un tel développement n'était pas juridiquement possible dans les sociétés prédémocratiques, il devient possible au moment où, par la démocratie, c'est le citoyen qui devient maître de la loi qu'il s'impose. Surtout si, comme c'est le cas aujourd'hui en Europe depuis Maastricht, la citoyenneté est considérée comme plus universelle que les États et formellement distinguée de la nationalité, qui est par essence limitée au territoire d'une nation. C'est cela qui permet aux citoyens de décider formellement de l'espace sur lequel ils souhaitent que la loi qu'ils choisissent puisse être appliquée.

Certes, cette réalité est encore beaucoup plus ressentie que clairement exprimée. Il est évident qu'une telle rupture est encore difficile à comprendre. Comme le souligne le politologue Larry Siedentop : « Peu de sociétés sont capables de comprendre la signification des choses qu'elles considèrent comme évidentes »[16]. Il est vrai que les sociétés humaines ont des difficultés à se libérer des paradigmes de base qui conditionnent la façon dont elles se comprennent elles-mêmes. Mais cette vérité, qui consiste à reconnaître que seuls les citoyens seront légitimement habilités à construire la « Cité européenne », et non les États, se

[16] Siedentop, L., *Democracy in Europe*, London, Penguin Books, 2001, p. 81.

manifeste plus ou moins ouvertement ici et là dans des déclarations, des manifestes, les programmes de certaines organisations militantes. Le texte de la « Déclaration d'Interdépendance des citoyennes et citoyens européens » proposé en 2006 par le *Forum permanent de la société civile européenne* l'illustre quand il dit :

> Nous, les citoyennes et les citoyens européens, nous déclarons :
>
> *[...]*
>
> *Que nous n'acceptons plus de laisser aux seuls États membres le droit de décider des compétences attribuées à l'Union européenne, des objectifs qui lui sont assignés et des ressources qui lui sont allouées et de n'être autorisés qu'à approuver ou refuser ces décisions* a posteriori. *Nous exigeons de pouvoir assumer pleinement nos responsabilités de citoyennes et de citoyens dans la préparation de ces décisions ainsi que dans l'élaboration des choix politiques de l'Union et le suivi de ses actions.*
>
> *Et que pour cette raison, nous voulons que le pouvoir au sein de l'Union soit exercé dans le respect des principes de proportionnalité et de subsidiarité, principes nécessaires dans un monde de plus en plus global et interdépendant, et que la démocratie y soit exercée sur la base des principes de la démocratie représentative, participative et paritaire*[17].

L'avenir de la démocratie en Europe dépend donc directement de la capacité de l'Union à abandonner le plus rapidement possible, ou du moins à en limiter considérablement l'importance, l'inter-étatisme exclusif qui domine actuellement son système de prise de décision. La démocratie exige également que l'on passe à une loi commune de type « constitutionnel » adoptée à la majorité double, d'une part des voix de citoyens ou de leurs représentants, d'autre part des États membres participant à l'entité politique commune (selon le modèle helvétique), et que l'on mette fin à cette loi dangereuse des traités exigeant l'unanimité des participants. Une saine éthique de la vie humaine l'exige.

Certes, comme la citation de Victor Hugo placée en exergue à ce chapitre le fait remarquer, ce n'est pas un vote démocratique qui décide du bien et du mal. Mais il est évident que si les décisions ne sont pas prises par des êtres doués de conscience morale, engagés par leur responsabilité éthique et leurs choix personnels, le choix entre le bien et le mal risquera très vite de devoir faire place à la recherche d'avantages, de préférences et de pouvoir que poursuivent par leur nature les organisations impersonnelles que sont les États et les grandes organisations d'intérêts qui régissent le monde. Une construction européenne qui veut reconnaître la nature éthique de sa mission doit faire tout ce qui est en

---

[17] Document dactylographié du 9 septembre 2006, préparatoire à une éventuelle version remaniée de la version originale publiée en mai 2006 et reprise en annexe de cet ouvrage.

son pouvoir pour favoriser la dominance de la démocratie. Cela permettra aux citoyens du continent de « créer l'Europe » eux-mêmes. Et ils pourront le faire au nom de la solidarité qui les anime, comme le démontre le chapitre suivant.

***

CHAPITRE 6

Solidarité

Philippe D. GROSJEAN

> En n'importe quel domaine, – qu'il s'agisse des cellules d'un corps, ou des membres d'une société, ou des éléments d'une synthèse spirituelle, – *l'Union différencie*. Les parties se perfectionnent et s'achèvent dans tout ensemble organisé[1].
>
> Pierre Teilhard de Chardin

1. Définition

Définir la solidarité n'est pas chose facile. La notion est saturée de sens et les acceptations en sont multiples comme le révèle une recherche sur la grande toile Internet. La panoplie de réponses obtenues est large à souhait, notamment dans le cadre d'une analyse sociologique de ce concept.

Dans la perspective adoptée pour cet ouvrage, il faut observer que la solidarité est très généralement connotée, dans l'ordre du bien et du mal, comme étant *a priori* un bien indépendamment de toute réflexion éthique préalable. Nous voulons éviter ce piège dans notre réflexion et adopter une définition qui soit pré-morale et considère la solidarité sous le seul aspect d'un avantage ontique, d'une chose qu'il est *de facto* possible pour qui que ce soit de vouloir la désirer. Telle est la définition que nous proposons : « la solidarité est le rapport que des personnes (ou organisations de personnes) créent entre elles pour rechercher ensemble un avantage qui leur est ou qu'elles estiment leur être commun et qui, pour ce faire, choisissent de répartir entre elles la (ou les) charge(s) que cette recherche requiert. »

Ainsi définie, la solidarité est un rapport qu'il est *de facto* possible pour qui que ce soit de vouloir le désirer. C'est un avantage qui est *pré-moral* car il peut être recherché tant par les salariés pour bénéficier de la

---

1 Teilhard de Chardin, P., *Le Phénomène humain*, Paris, Le Seuil, 1955, p. 291. La majuscule et l'italique sont de Teilhard de Chardin.

couverture de la sécurité sociale généralisée que par des mafieux pour bénéficier de la protection contre le risque de délation par un membre de leur bande ou contre les assauts des gendarmes.

Sous cet angle purement pré-moral, la solidarité revêt quatre caractéristiques :

Seuls des êtres humains peuvent être solidaires.

Être solidaire est un acte d'autodétermination.

A priori, être solidaire n'est ni bon ni mauvais.

Être solidaire est la combinaison de deux actions distinctes.

1.1. Seul l'être humain peut être solidaire

Le sens premier de l'épithète « solidaire » vient du langage juridique de la Rome antique dans lequel il caractérisait « ceux qui, à l'égard d'une obligation qu'ils partagent, ont néanmoins chacun individuellement à répondre de son entièreté » dans le contexte d'une dette contractée, d'une caution consentie ou d'une faute commise[2]. On remarquera que, dans cette signification, c'est nécessairement un *être humain* qui est solidaire – et non pas une *chose* ! En effet, seul un être humain est capable de répondre d'une chose, et non pas l'inverse !

C'est, à notre avis, une première caractéristique essentielle de la solidarité : *seuls des êtres humains* – et non pas des choses ou des animaux – *peuvent être solidaires*. Dire que, sur le cadran d'une montre, l'aiguille des heures est « solidaire » de l'aiguille des minutes, est un usage abusif de l'épithète « solidaire ». Il faut, dans ce cas, lui préférer les épithètes « dépendant » ou « asservi ». Et lorsqu'on dit d'une dette, d'une faute ou d'une caution qu'elles sont solidaires, c'est un raccourci de langage pour signifier que, à l'égard de l'obligation de rembourser cette dette, ou de réparer cette faute ou de se porter caution auprès d'un créancier donné, il existe des êtres humains qui choisissent la solidarité.

Certains observeront qu'il existe une sorte de lien de solidarité entre animaux de même espèce et qu'il serait par conséquent plus exact de dire que seuls les vivants peuvent être solidaires. Mais cette sorte de lien ne résulte pas de la *Réflexion*, c'est-à-dire du « pouvoir acquis par une conscience de se replier sur soi, et de prendre possession d'elle-même *comme d'un objet* doué de sa consistance et de sa valeur particulière ; non plus seulement savoir, mais savoir que l'on sait. »[3]

---

2 Melkevik, B., Faculté de droit, Université Laval (Canada), Conférence du 16 mars 1999 à la Chaire UNESCO d'étude des fondements philosophiques de la justice et de la société démocratique, Université du Québec à Montréal.

3 Teilhard de Chardin, P., *op. cit.*, p. 181.

1.2. Être solidaire est un acte d'autodétermination

C'est essentiellement au cours du XIXe siècle que le concept de solidarité a pris une nouvelle importance et qu'il a, en particulier, été transposé du domaine juridique vers le domaine sociologique et plus largement vers le social pour dénoter la cohésion sociale, au sens fort du mot. Rainer Zoll[4] rappelle quelques-uns des sociologues et philosophes français qui ont été parmi les principaux acteurs de cette transposition. Il remarque aussi que, dans sa sixième édition de 1835, le *Dictionnaire* de l'Académie française ajoute à la définition juridique – usuelle à l'époque – du mot « solidarité » : « *Il se dit quelquefois, dans le langage ordinaire, de la responsabilité mutuelle qui s'établit entre deux ou plusieurs personnes* ».

La transposition, vers le domaine social, du concept de solidarité a généré deux nouveaux concepts : la « solidarité-fait[5] » et la « solidarité-devoir[6] ». Le premier concept conçoit la solidarité comme un fait social qui crée le lien permettant au tissu social de se maintenir, de se renouveler et de fonctionner. Quant au second, il se réfère à une forme de pensée qui a voulu remplacer la notion de charité, issue du christianisme, par la notion laïque de solidarité dont le fondement est l'humanité, supposée se former et s'améliorer dans une morale de solidarité entre ses membres, sinon dans l'humanité tout entière[7]. Vu la connotation morale implicitement présente dans la définition de la solidarité-devoir, nous ne pouvons pas l'adopter pour signifier l'avantage pré-moral que nous examinons dans ce chapitre.

En ce qui concerne la « solidarité-fait », on peut s'étonner de la grande importance accordée au poids contraignant de la réalité factuelle et au peu d'importance accordée à la question de savoir si, bien qu'étant *de facto* contraignants, les liens de solidarité s'établissent en vertu d'une autodétermination par des êtres humains ou en vertu d'une réalité qui leur est inéluctablement imposée. En d'autres mots, le rapport existant entre des personnes solidaires, est-il le résultat d'un choix conscient et volontaire ou leur est-il inéluctable ? De même l'obligation qu'elles auraient de se répartir des charges entre elles, résulte-t-elle d'un choix conscient et volontaire ou d'un commandement auxquelles elles sont asservies ?

---

4 Zoll, R., « Le défi de la solidarité organique », in *Sociologie et sociétés*, vol. XXX, n° 2, automne 1998.

5 Réalité factuelle d'une contrainte commune s'exerçant sur les membres d'une collectivité donnée de personnes, ou dépendance communément reconnue vis-à-vis d'un facteur extérieur à cette collectivité.

6 Obligation morale édictée en vertu d'un principe organisateur donné.

7 Melkevik, B., *loc. cit.*

Depuis le « Pas élémentaire de l'Hominisation » identifié par Teilhard de Chardin, l'être humain est en mesure de choisir consciemment ses solidarités. Il est, depuis lors, doté de la faculté d'autodétermination et donc invité à en faire usage pour sélectionner, parmi les contraintes supportées par ses semblables sur Terre, celles auxquelles *il se déclare* également et communément soumis et à l'égard de la suppression ou de l'atténuation desquelles *il choisit* de vouloir en supporter tout ou partie de la charge. Pour ne prendre que deux exemples, c'est de cette faculté d'autodétermination dont ont fait preuve Raoul Follereau et le Père Damien face au fléau de la lèpre. C'est de cette même faculté dont nous faisons preuve si, face à la tragédie subie par les habitants de Port-au-Prince, nous choisissons de leur venir en aide bien que nous ne soyons pas *de facto* les victimes de leur tragédie. Et c'est encore de cette même faculté dont ferait preuve un citoyen de Port-au-Prince qui, bien qu'étant victime de cette tragédie, choisirait de se sauver seul et de ne pas aller au secours des autres.

Il y a là une deuxième caractéristique essentielle de la solidarité, vue sous le seul angle d'un avantage pré-moral : outre le fait que seules des personnes – et non pas des choses ou des animaux – peuvent être solidaires, *la solidarité est un état de dépendance résultant d'une autodétermination par des personnes qui, ce faisant, se contraignent elles-mêmes*. Toutes autres dépendances qui ne sont pas le résultat d'une telle autodétermination, ne sont pas des solidarités. Ce sont des asservissements, c'est-à-dire des contraintes que l'être humain n'a pas encore décidé de combattre et/ou d'en atténuer les effets. Jusqu'au milieu du XXe siècle, l'être humain est resté asservi à son ignorance quasi complète de ce qu'était l'astre lunaire. Il est moins asservi à cette ignorance depuis le 21 juillet 1969 parce que – préalablement à cette date – il a fait usage de sa faculté d'autodétermination en décidant de progressivement s'en affranchir et de développer un plan d'action pour ce faire.

1.3. A priori, *être solidaire n'est ni bon ni mauvais*

Si toutes les solidarités résultent d'un choix conscient et volontaire (autodétermination), elles n'en sont pas pour autant automatiquement bonnes sur le plan moral. Comment les distinguer ?

La réponse à cette question relève de la morale[8] et nécessite que l'on identifie *les trois éléments constitutifs* d'une solidarité considérée sous le seul angle d'un avantage pré-moral, à savoir :

[8] La distinction entre éthique et morale, quoiqu'indispensable, n'est pas toujours très claire d'un auteur à l'autre. Nous suivons ici Peter Knauer en adoptant la distinction qu'il établit au chapitre 1.

Qui sont les personnes qui créent entre elles un lien de solidarité ?

Quel est l'avantage qui leur est ou qu'elles estiment leur être commun ?

Quel est l'acte solidarisant (ou les actes) qu'elles vont exercer pour répartir entre elles la charge que requiert la poursuite de cet avantage commun ?

Ces trois éléments constitutifs sont, en effet, présents tant dans la solidarité que constitue la sécurité sociale généralisée que dans celle qui lie les membres d'une bande mafieuse. Mais le jugement moral que l'on fera à propos de l'une est loin d'être semblable à celui que l'on formulera à propos de l'autre.

1.4. Combinaison de deux actions distinctes

La définition de la solidarité proposée ci-dessus[9] fait apparaître sa nature particulière. Être solidaire est, en effet, la combinaison de deux actions distinctes : une première action qui a pour raison – proportionnée ou non – « rechercher ensemble un avantage commun » et une seconde action qui a pour raison – proportionnée ou non – « supporter une partie des charges » que requiert la recherche de l'avantage commun. Ces actions sont toutes deux pleinement constituées car leur raison à chacune est suffisante pour qu'on veuille les réaliser toutes les deux. *Mais la première action est ordonnée à la seconde* car c'est elle qui rend possible l'exécution de la deuxième action[10].

On observera que ces deux actions sont distinctes non seulement parce qu'elles ont chacune leur propre raison, mais également parce que les auteurs de ces deux actions ne sont pas nécessairement les mêmes. En effet, s'il est évident que les auteurs de la première action sont l'ensemble des personnes qui s'assemblent pour rechercher ensemble un avantage commun, il n'est pas automatique que chacune d'elles choisit d'exécuter le *même acte solidarisant* (la deuxième action). Si nous reprenons l'exemple de la bande maffieuse, il est évident que tous les membres de la bande maffieuse sont les auteurs de la première action : ils créent ensemble un lien de solidarité pour, notamment, se protéger

---

9 Voir p. 183.

10 *Exemple d'actions combinées et ordonnées* : Je veux faire un voyage en Chine pour assister aux Jeux olympiques. Cette action est pleinement constituée par la définition de sa raison. Cette raison, en effet, suffit pour qu'on veuille réaliser cette action. – Si je décide, en outre, de chercher à m'informer de-visu, à l'occasion de mon voyage, de la situation politique et sociale existant au Tibet, cette deuxième action est également pleinement constituée par sa propre raison mais il est impossible de la réaliser sans réaliser le voyage en Chine. Les deux actions sont dites « combinées » et la 1re – le voyage en Chine – est une action dite « ordonnée » à la 2e action d'information au Tibet.

l'un l'autre contre les assauts des gendarmes. C'est leur avantage commun. Mais pour poursuivre ensemble la recherche de cet avantage lors d'un assaut des gendarmes, il se peut que l'un des membres choisisse d'ouvrir le feu contre les gendarmes tandis qu'un autre choisira de protéger le chef de la bande dans sa fuite.

Lorsqu'il s'agira d'examiner la qualité morale d'une action de solidarité bien précise, il faudra donc l'examiner comme étant composée de deux actions distinctes dont la première (rechercher ensemble un avantage commun) est ordonnée à la seconde (supporter une partie de la charge que requiert cette recherche). C'est typiquement un cas d'application de l'adage selon lequel la fin bonne ne justifie pas le moyen mauvais, ou de son inverse selon lequel un bon moyen ne justifie pas une fin mauvaise.

2. Le principe de proportionnalité

Dans le premier chapitre de cet ouvrage, Peter Knauer propose d'adopter le principe de proportionnalité dans sa forme universalisée comme le fondement de toute l'éthique : une action est mauvaise si – sous un regard universalisant – elle s'avère être non proportionnée à sa propre raison, si elle s'avère être contre-productive. Il affirme que ce principe constitue le critère universel dont relèvent les normes et jugements dans l'ordre du bien et du mal et que, si la morale est fondée sur ce principe universel, elle *n'est pas anthropocentrique, mais plutôt cosmocentrique : elle se réfère à toute la réalité, la réalité dans toute son universalité en ce compris celle de l'homme lui-même.*

Cette affirmation peut paraître révolutionnaire. Et elle l'est à un point tel que certains – même parmi les co-auteurs de cet ouvrage – se refusent à l'admettre.

En ce qui concerne le présent chapitre sur la solidarité, l'auteur a cependant choisi de raisonner en acceptant cette affirmation comme un postulat. Même si le caractère de principe premier, indémontrable et indémontré[11], de cette affirmation est contesté par certains, il a choisi de la considérer comme un postulat suffisamment riche pour vouloir l'appliquer et mesurer, à l'aune du principe de proportionnalité dans sa forme universalisée, les solidarités de et/ou au sein de l'Union européenne.

Une première partie de ce chapitre est consacrée à l'examen des solidarités explicitement mentionnées ou implicitement présentes dans le Traité de Lisbonne.

---

[11] D'après Peter Knauer, ce principe est démontrable car sa négation implique des contradictions.

Quant à la seconde partie, elle est consacrée à l'examen d'une solidarité « balbutiante » et qui n'est donc pas explicitée dans ce même traité mais dont nous pensons qu'elle est celle qu'il convient d'examiner si l'on veut dénouer le nœud gordien de l'avenir de l'Union européenne. Il s'agit de la solidarité que les États membres peinent à instaurer pour mieux exercer *ensemble* leur souveraineté nationale.

3. La solidarité dans le Traité de Lisbonne

La lecture attentive du Traité sur l'Union européenne (TUE) et du Traité sur le fonctionnement de l'Union européenne (TFUE) révèle plusieurs appels et/ou références à la solidarité. Malheureusement, ces appels sont trop souvent imprécis parce qu'ils ne permettent pas d'identifier avec précision ni le ou les avantages recherchés ni le ou les moyens proposés pour les atteindre.

3.1. La solidarité dans le TUE

Dans tout le texte du Traité sur l'Union européenne (TUE), le mot « solidarité » est présent très exactement dix fois et l'épithète « solidaire » est présente une seule fois à l'article 32, par. 1. Mais aucune de ces dix occurrences du mot « solidarité » ne permet de discerner précisément ce dont il s'agit.

Si certaines de ces occurrences désignent bien les personnes et/ou les institutions entre lesquelles la solidarité est ou devrait être instaurée, il faut cependant observer que ces personnes et/ou institutions ne sont pas systématiquement les mêmes au travers du traité. Ainsi, le préambule affirme que le désir des chefs d'État est *d'approfondir la solidarité entre leurs peuples*, tandis qu'un des objectifs de l'Union – précisé à l'article 3, par. 3, 2e alinéa – est de promouvoir *la solidarité entre les générations* et qu'un autre objectif – précisé au 3e alinéa – est de promouvoir *la solidarité entre les États membres.*

Le moins qu'on puisse dire est donc qu'il y a trois solidarités distinctes que le TUE dit vouloir instaurer ; elles se différencient par l'identité des personnes et/ou institutions entre lesquelles chacune est ou devrait être instaurée, à savoir : une solidarité entre les 27 peuples européens, une autre solidarité entre les générations successives et, enfin, une troisième solidarité entre les 27 États membres de l'Union.

En outre, il est des plus malaisés d'identifier avec précision, l'avantage commun que recherchent les peuples européens, les générations successives ou les États membres et dont ils sont désireux de se répartir les charges. Cet avantage commun n'étant pas explicité, il est donc *a fortiori* impossible d'identifier la manière par laquelle chacune des personnes et/ou des institutions « solidaires » s'obligent, les unes vis-à-vis des autres, à s'entraider pour supporter les charges correspondantes. On verra ci-après si, en bonne logique, ces précisions figurent dans le Traité sur le fonctionnement de l'Union (TFUE).

Il est, cependant, un domaine dans lequel le TUE est plus explicite en matière de solidarité. Ce domaine concerne uniquement la solidarité *entre les États membres* et est couvert par les dispositions du Titre V relatives à l'action extérieure de l'Union et à la politique étrangère et de sécurité commune.

3.1.1. La solidarité entre les États membres

Le Titre V du TUE comprend deux chapitres : le premier comprend les dispositions générales relatives à l'action extérieure de l'Union tandis que le second concerne la politique étrangère et de sécurité commune.

En ce qui concerne *le premier chapitre*, le mot « solidarité » y apparaît une seule fois (Art. 21, par. 1) pour signifier l'une des valeurs morales que l'Union entend promouvoir dans son action extérieure. Tout louables que puissent être les objectifs généraux de l'action extérieure de l'Union (par. 2 du même article), rien dans ce premier chapitre ne précise comment les États membres répondront de leurs actes dans la poursuite de ces objectifs. Ils s'y déclarent solidaires mais n'y précisent aucun acte solidarisant qu'ils entendent mettre en œuvre.

Il n'en est pas de même en ce qui concerne *le second chapitre* relatif à la politique étrangère et de sécurité commune. Ce chapitre est, à son tour, subdivisé en deux sections.

La première section concerne les dispositions communes et stipule, en particulier, que dans ce domaine *l'adoption d'actes législatifs est exclue* et que *la Cour de justice de l'Union européenne n'est pas compétente* (Art. 24, par. 1, 2e alinéa). Ce domaine est donc exclu de tout contrôle par la Cour de justice ou par le Parlement. Il est le domaine « réservé » des chefs d'État ou de gouvernements qui décident à l'unanimité et qui n'en sont comptables que devant leur parlement national.

Dans cette seule section des dispositions communes à la politique étrangère et de sécurité commune, le mot « solidarité » apparaît à quatre reprises. Tout d'abord à l'article 24, par. 2, qui stipule que *dans le cadre des principes et objectifs de son action extérieure, l'Union conduit, définit et met en œuvre une politique étrangère et de sécurité commune fondée sur un développement de la solidarité politique mutuelle*[12] *des États membres [...].* Il est ensuite repris deux fois au par. 3 du même article 24 pour insister sur l'obligation des États membres *d'appuyer activement et sans réserve la politique extérieure et de sécurité de*

[12] Cette épithète n'est-elle pas pléonastique ?

l'Union et d'*œuvrer de concert au renforcement et au développement de leur solidarité politique mutuelle.* Enfin, il figure une quatrième fois à l'article 31, par. 1, 2e alinéa, où est précisée l'obligation de tout État membre de *s'abstenir de toute action susceptible d'entrer en conflit avec l'action de l'Union* dans l'hypothèse où cet État membre s'en serait préalablement désolidarisé.

Ainsi donc, il est manifeste que, contrairement au domaine de la seule action extérieure de l'Union (Titre V, chapitre 1), le domaine plus restrictif de la politique étrangère et de sécurité commune (Titre V, chapitre 2) comprend une obligation explicite des États membres de s'entraider même si, tout comme en matière d'action extérieure, le TUE reste muet quant au « *comment ?* » chaque État membre doit en répondre.

La seconde section relative à la politique étrangère et de sécurité commune couvre le domaine très précis de la politique de sécurité et de défense commune. Si le mot « solidarité » y est totalement absent, c'est cependant le seul endroit du TUE où est explicitement défini un des dangers auxquels les États membres se reconnaissent communément exposés et vis-à-vis desquels ils sont désireux de se protéger ensemble, à savoir : une agression armée (Art. 42, par. 7).

3.1.2. Première Conclusion

Le texte du seul Traité sur l'Union européenne (TUE) ne permet pas de formuler un jugement moral sur les solidarités dont il y est fait mention (entre les peuples, entre les générations successives et entre les États membres) *car elles n'y sont pas complètement identifiées sur le seul plan de l'avantage pré-moral qu'elles constituent.* Les réponses aux trois questions nécessaires pour identifier ces solidarités en tant qu'avantage pré-moral, ne sont pas précisées :

Qui sont les personnes (ou les organisations) qui se déclarent solidaires ?

Quel est l'avantage commun recherché ?

Quelle est la nature de l'acte ou des actes solidarisant(s) ?

Ces trois réponses sont absentes du TUE. Voyons donc si elles sont plus clairement précisées dans le Traité sur le fonctionnement de l'Union européenne (TFUE).

3.2. La solidarité dans le TFUE

Dans le texte du Traité sur le fonctionnement de l'Union européenne (TFUE), le mot « solidarité » apparaît très exactement à huit reprises et l'une d'entre elles compose l'intitulé du Titre VII de la cinquième partie du TFUE, à savoir la « Clause de solidarité ».

3.2.1. *La Clause de solidarité*

Si, dans le cadre de cette clause, on examine les trois éléments définis ci-avant, il n'y a aucun doute possible sur l'identité de ceux qui se déclarent solidaires : ce sont les États membres. Quant à l'avantage commun recherché c'est très clair : il s'agit de la protection contre les dangers définis sans ambiguïté à l'article 222, par. 1, qui stipule :

> L'Union et ses États membres agissent conjointement et dans un esprit de solidarité si un État membre est l'objet d'une attaque terroriste ou la victime d'une catastrophe naturelle ou d'origine humaine. L'Union mobilise tous les instruments à sa disposition, y compris les moyens militaires mis à sa disposition par les États membres, pour :
>
> – prévenir la menace terroriste sur le territoire des États membres ;
>
> – protéger les institutions démocratiques et la population civile d'une éventuelle attaque terroriste ;
>
> – porter assistance à un État membre sur son territoire, à la demande de ses autorités politiques, dans le cas d'une attaque terroriste ;
>
> – porter assistance à un État membre sur son territoire, à la demande de ses autorités politiques, en cas de catastrophe naturelle ou d'origine humaine.

Les attaques terroristes et les catastrophes naturelles ou d'origine humaine sont clairement identifiées comme étant les dangers auxquels les États membres se reconnaissent également et communément exposés et dont ils sont désireux de se protéger ensemble. C'est l'avantage commun recherché par les États et sa nature est telle qu'il constitue une raison suffisante pour vouloir créer un rapport de solidarité entre les États membres. Cette action est, de ce fait, pleinement constituée. De plus, rien *a priori* n'indique que cette raison ne soit pas proportionnée à son action dans la mesure où la protection contre les dangers définis au 1er alinéa du par. 1 de l'article 222 du TFUE y est voulue dans toute son universalité. La *première action* de la solidarité constitue donc une action moralement sans problème si bien que son objet peut sembler identique à sa raison proportionnée.

Qu'en est-il de l'acte ou des actes solidarisant mis en œuvre par les États membres pour répartir entre eux les charges de la poursuite de l'avantage commun ? La réponse à cette question est discrètement précisée à deux reprises par les mots « *à la demande de ses autorités politiques* » dans les alinéas suivants du 1er paragraphe et confirmée explicitement au 2e paragraphe de l'article 222 :

> Si un État membre est l'objet d'une attaque terroriste ou la victime d'une catastrophe naturelle ou d'origine humaine, les États membres lui apportent assistance à la demande de ses autorités politiques. À cette fin, les États membres se coordonnent au sein du Conseil.

Autrement dit, l'acte solidarisant auquel l'Union et les États membres se sont engagés, n'est concrètement réalisé qu'à la condition qu'il y ait une demande expresse des autorités politiques de l'État membre en danger. Ceci revient à dire que ni l'Union ni aucun des États membres ne serait tenu de venir au secours de l'un d'entre eux si, pour un motif quelconque, l'État membre en danger n'en faisait pas la demande expresse ou n'était plus en mesure d'en faire explicitement la demande.

Si, en général, il est de bon ton de préalablement solliciter l'accord d'un accidenté avant de lui porter secours, il est cependant des cas où cette politesse serait totalement incongrue et inefficace. Que l'on songe aux sapeurs-pompiers ou aux sauveteurs d'une catastrophe aérienne ! Qui serait donc aveugle au point de ne pas voir, dans l'imposition de cette condition préalable, la prépondérance donnée au principe westphalien de la souveraineté sur un territoire géographique délimité ?

Il en résulte que la raison de l'acte solidarisant (apporter une assistance) constitue un avantage qui n'est pas recherché dans toute son universalité, ni dans l'ensemble de toute la réalité présente et future et moins encore sans restriction aucune vis-à-vis de qui ou de quoi que ce soit. Les États membres qui ne font pas formellement appel à l'assistance promise, ne peuvent en effet en bénéficier. Le principe westphalien de la souveraineté de chaque État membre restreint l'avantage recherché par l'acte solidarisant aux seuls États qui l'ont préalablement sollicité. Cette seconde action n'est donc pas proportionnée à sa raison et son objet n'est pas identique à sa raison. Son objet est de préserver la souveraineté des États membres ; il n'est pas uniquement de venir au secours d'un État membre exposé à une attaque terroriste ou une catastrophe naturelle ou d'origine humaine.

À l'aune du principe de proportionnalité, c'est l'objet de cet acte solidarisant qui forme l'intention réelle des deux actions combinées de la solidarité décrite à l'article 222 du TFUE. Et la détermination qualitative, dans l'ordre du bien et du mal (ou du bien et du moins bien, ou du mal et du moins mal), de l'ensemble de ces deux actions dépend donc de l'évaluation de la proportion entre l'acte solidarisant et sa raison. À notre avis, l'article 222 n'est pas une clause de solidarité qui respecte le principe de proportionnalité, car l'acte solidarisant (apporter une assistance *préalablement sollicitée*) est insuffisamment proportionné à sa raison (se protéger contre les attaques terroristes et/ou les catastrophes naturelles). Cet acte solidarisant déguise une volonté de préserver la prépondérance de la souveraineté des États membres dans la droite ligne des bons principes « moraux » westphaliens.

Cette conclusion est d'ailleurs des plus claires dans l'esprit des signataires du Traité de Lisbonne si l'on observe qu'ils ont tous cru nécessaire de joindre à ce traité la *Déclaration ad article 222 du TFUE (n° 37)* qui stipule :

> [...] aucune des dispositions de l'article 222 ne vise à porter atteinte au droit d'un autre État membre de choisir les moyens les plus appropriés[13] pour s'acquitter de son obligation de solidarité à l'égard dudit État membre.

Est-il façon moins ambiguë de dire qu'on se réserve le droit de fixer unilatéralement la manière par laquelle, et les moyens avec lesquels on compte venir au secours ? Si, de surcroît, on prend la peine d'examiner également la déclaration (n° 48) concernant le protocole (n° 22) sur la position du Danemark, il n'y a plus aucun doute à avoir sur l'intention réelle de la clause de solidarité du TFUE.

Nous pensons que cette clause de solidarité n'en a que le nom mais pas la substance ! Prenons, à titre d'exemple, la solidarité instaurée, dans nombre de nos pays européens, en matière de sécurité sociale généralisée. Et imaginons que le paiement de la cotisation (c'est-à-dire l'acte solidarisant) de solidarité en matière de pension, de maladie et/ou de chômage involontaire soit conditionné, au nom du droit de propriété sur les revenus du travail, par l'acceptation expresse et préalable de chaque citoyen-travailleur du montant de sa cotisation individuelle ! En quoi serait-ce encore un système de sécurité sociale généralisée si chacun pouvait décider *à sa guise* de sa quote-part dans la prise en charge de l'avantage commun recherché ? C'est précisément l'universalité[14] inconditionnelle de la méthode de calcul de cette quote-part qui donne au système de sécurité sociale généralisée toute la valeur éthique d'une réelle solidarité[15].

C'est pourquoi la cause est sans appel possible. À l'aune du principe éthique de proportionnalité, l'article 222 du TFUE n'est pas une vraie clause de solidarité entre les États membres. C'est tout au plus une clause de bienveillance réciproque des uns vis-à-vis des autres, qui reste strictement enfermée dans le cadre étroit de la « morale westphalienne ». Cela ne lui confère certes pas un caractère immoral mais bien celui d'une rétrogradation de ce qu'Ulrich Beck et Edgar Grande appellent l'européisation, c'est-à-dire la progression vers l'exercice mutualisé de leur souveraineté par les États-membres.

---

13 C'est-à-dire la nature, l'efficacité et l'importance de l'acte solidarisant.

14 Universalité à l'intérieur d'un État membre !

15 Et qui différencie la sécurité sociale généralisée des systèmes d'assurances sociales privées et lucratives !

3.2.2. Les autres occurrences du mot « solidarité »

Outre les trois occurrences de ce mot dans l'article 222, le mot « solidarité » est encore cité à cinq reprises dans l'ensemble du TFUE[16]. Il est une première fois cité dans le préambule pour *confirmer la solidarité qui lie l'Europe et les pays d'outre-mer.* Cette confirmation n'apporte rien de substantiellement neuf en matière d'obligation qui serait souscrite par l'Union et/ou les États membres, et ce d'autant plus que la suite de l'alinéa fait explicitement référence aux obligations découlant de la charte des Nations unies. Elle est de surcroît assez ambiguë car il est malaisé de discerner si « Europe » y signifie le continent géographique européen, l'Union européenne ou – qui sait ? – le rêve lointain poursuivi par l'européisation.

Quant aux quatre autres citations du mot « solidarité », elles figurent toutes au sein de la troisième partie du TFUE (Les politiques et actions internes de l'Union) : elle est faite à deux reprises au Titre V, articles 67 et 80, relatif à l'espace de liberté, de sécurité et de justice, une troisième fois à l'article 122 au Titre VIII, chapitre 2, relatif à la politique économique et, enfin, une dernière fois à l'article 194 au Titre XXI relatif à l'énergie.

Ces quatre citations ont toutes des points communs. Tout d'abord, chacun des articles où ce concept apparaît, concerne une politique et/ou une action interne ne faisant évidemment pas partie des domaines de compétence exclusive de l'Union (Art. 3 du TFUE). Ensuite, la solidarité n'y est chaque fois qu'invoquée, c'est-à-dire appelée à la rescousse comme on invoque une puissance surnaturelle ou une vertu exceptionnelle par des prières, pour que ces politiques et/ou actions internes soient menées dans un « esprit de solidarité » entre États membres. Enfin, jamais ces invocations à la solidarité entre États membres ne font explicitement référence à la clause de solidarité figurant à l'article 222 et examinée ci-avant.

3.3. La Charte des droits fondamentaux

Le mot « solidarité » forme le titre du chapitre IV de la Charte des droits fondamentaux[17]. C'est la seule et unique mention de ce mot dans l'ensemble d'une charte qui énonce des droits, des libertés et des prin-

[16] L'épithète « solidaire » et l'adverbe « solidairement » ne sont cités nulle part dans l'ensemble du TFUE.

[17] Voir http://www.europarl.europa.eu/charter/pdf/textfr.pdf le document (2000/C 364/01) de l'Union européenne.

cipes que l'Union reconnaît et qui a la même valeur juridique que les traités[18].

Compte tenu de la structuration du document, on comprend que le titre d'un chapitre indique un des principes reconnus par l'Union et que le contenu d'un chapitre énonce les libertés et/ou les droits relevant du principe correspondant. La solidarité serait donc un principe reconnu par l'Union. En quoi cette reconnaissance implique-t-elle une précision quelconque par rapport à la liste des valeurs énoncées à l'article 2 du TUE ? Nous n'en voyons aucune. Et ce d'autant plus que, comme expliqué ci-avant, l'instauration d'un lien de solidarité est une action qui, sur le plan moral ou éthique, n'est *a priori* ni bonne ni mauvaise.

Quant au contenu du chapitre IV de la Charte, il ne fait qu'énoncer un ensemble de droits déjà reconnus dans tous les États membres. Certes, ces droits se réfèrent à des mécanismes de solidarité existant dans ces États, mais la réaffirmation de ces solidarités dans la Charte ne nous semble pas leur conférer une dimension nouvelle. En effet, elles ne sont, pour la plupart, énoncées qu'en tant que reconnues « *conformément au droit de l'Union et aux législations et pratiques nationales* ».

De plus, la Charte est assortie de nombreuses réserves[19] qui en édulcorent le caractère contraignant. Et l'une de ces réserves est formulée avec une toute particulière insistance en ce qui concerne le chapitre IV sur le principe de solidarité au Royaume-Uni et en Pologne : *En particulier, et pour dissiper tout doute, rien dans le titre*[20] *IV de la Charte ne crée des droits justiciables applicables à la Pologne ou au Royaume-Uni, sauf dans la mesure où la Pologne ou le Royaume-Uni a prévu de tels droits dans sa législation nationale*[21].

3.4. Les solidarités implicites

L'examen des solidarités présentes dans le Traité de Lisbonne ne peut évidemment être limité aux seuls endroits où la solidarité y est explicitement évoquée. La table des matières du TFUE, et plus particulièrement les intitulés des titres de la troisième et de la cinquième parties, constituent un ensemble de politiques et d'actions internes ou externes de l'Union à propos desquelles d'aucuns diront qu'il s'agit bien de solidarités telles que définies ci-dessus[22]. Et ce serait tout particulièrement probable en ce qui concerne l'emploi (Titre IX), la politique

---

18 Article 6 du TUE.

19 Voir le protocole n° 30 sur l'application de la Charte des droits fondamentaux.

20 Titre ou chapitre ? Le document officiel (2000/C 364/01) contient des « chapitres » et non pas des « titres ».

21 Article 2, par. 2 du protocole n° 30. C'est nous qui soulignons.

22 Voir p. 183.

sociale (Titre X), le fonds social européen (Titre XI), la santé publique (Titre XIV) et la cohésion économique, sociale et territoriale (Titre XVII) pour ne citer que ceux-là.

Qu'en est-il exactement ?

3.4.1. Les compétences exclusives de l'Union

Certaines parmi ces politiques et actions de l'Union relèvent de sa compétence exclusive comme, par exemple, le marché intérieur (Titre I), la libre circulation des marchandises (Titre II) ainsi que l'agriculture et la pêche (Titre III). Il est évident que chacune de ces actions implique l'existence d'un rapport que les États membres créent entre eux pour rechercher ensemble un avantage qui leur est ou qu'ils estiment leur être commun. Cet avantage commun est chaque fois précisé. Ainsi en ce qui concerne, par exemple, *l'instauration d'un marché intérieur*, l'avantage commun recherché est défini par l'article 26 du TFUE. Quant aux actes solidarisant, ils sont définis par les diverses mesures adoptées par l'Union conformément aux dispositions pertinentes des traités, en l'occurrence, par la procédure législative ordinaire puisqu'il s'agit d'une compétence exclusive de l'Union. Il en est de même pour chacune des politiques ou actions relevant de la compétence exclusive de l'Union.

Ces solidarités sont illustratives de la phase initiale du processus évoqué dans l'introduction de cet ouvrage, à savoir « l'européisation », l'invention d'un nouvel ordre international régissant la souveraineté des États. Leur caractéristique commune est d'être des solidarités, entre États, de l'exercice *segmenté* de leur souveraineté sur la *gestion d'instruments* avec lesquels ils se sont fait la guerre ou sur la *résolution des causes* pour lesquelles ils se sont fait la guerre. Cet ordre – dit « post-westphalien » – est examiné dans la deuxième partie de ce chapitre.

Quel jugement moral peut-on formuler sur ces solidarités à l'aune du principe de proportionnalité ? Sont-ce des actions qui – sous un regard universalisant – s'avèrent être non proportionnées à leur propre raison ? S'avèrent-elles contre-productives ? Et, lorsqu'après une période d'incubation, une action de solidarité s'avère être effectivement contre-productive, lorsqu'elle n'est plus proportionnée à sa raison, comment est-elle corrigée ? Y a-t-il une boucle de rétroaction qui permet de s'en rendre compte ?

Prenons, à titre d'exemple, la *Politique agricole commune* (PAC).

L'avantage commun recherché par les États membres est défini à l'article 39 du TFUE. L'Union constitue le lien de solidarité que les États créent pour rechercher cet avantage ensemble et la PAC constitue l'acte global solidarisant par lequel ils se répartissent la charge que requiert cette recherche.

En mai 1992, Edgard Pisani, ex-commissaire européen, publiait dans *Le Monde*[23] le jugement ci-après :

> Les fondateurs de la Politique agricole commune ont commis trois erreurs :
>
> Ils ont séparé le marché des céréales de celui des aliments du bétail, conduisant la Communauté à importer aujourd'hui 50 millions de tonnes de nourriture pour animaux et subventionner de ce fait l'exportation de maïs et de blé que ses veaux, vaches, cochons, poulets pourraient consommer.
>
> Ils ont rendu automatique et ont proportionné l'aide accordée aux agriculteurs à la quantité produite, aidant plus les grandes exploitations et les régions riches et favorisant le développement artificiel de productions excédentaires.
>
> Ils ont négligé l'outil de production, les structures, ce qui a privé la Commission des moyens d'orientation et d'aménagement dont elle aurait pourtant eu le plus puissant besoin. Les fondateurs n'ont, de surcroît, pas pu prendre la mesure du développement de la capacité productive rendu possible par les progrès de la génétique animale et végétale, de l'art vétérinaire, de la phytopharmacie, de la nutrition des animaux, de la fertilisation et du travail des sols : en trente ans, le rendement moyen s'est accru de plus d'un quintal de blé par hectare et par an et la quantité d'aliments nécessaire à un porc pour gagner un kilo de poids a diminué de moitié ou presque.

D'aucuns diront que ces trois erreurs n'étaient pas prévisibles en 1961 et que, par conséquent, elles ne peuvent être invoquées – *a posteriori* – pour justifier une insuffisance de proportionnalité de ces trois dispositions de l'acte solidarisant avec la raison de cet acte. Ce n'est pas notre opinion.

En effet, Edgard Pisani ajoute :

> Erreurs et imprévisions prises en compte, l'Europe, gravement déficitaire en 1961, était excédentaire dix ans plus tard dans les principales productions agricoles. Il aurait fallu alors changer de politique. On ne l'a pas pu à cause de la règle de l'unanimité.

Ces excédents ont été à l'origine des « montagnes de beurre » et autres produits agricoles stockés à grands frais et finalement écoulés au titre de générosités et d'aides aux pays en voie de développement aux dépens de leur propre développement agricole. N'était-il pas évident, en 1961, qu'encourager uniquement le rendement et la production sans en mesurer les effets sur l'objectif recherché et sans une boucle de rétroaction négative pour en corriger les excès et les charges induites sur les épaules d'autrui, constituait une politique (un acte solidarisant) non proportionnée à sa raison ? De surcroît, la règle de l'unanimité alors exigée

---

23 Pisani, E., « De quelle agriculture avons-nous besoin ? », in *Le Monde* du 27 mai 1992.

pour modifier les dispositions de la PAC n'était-elle pas un élément justifiant son manque de proportionnalité – sous un regard universalisant – par rapport à sa raison ?

Quant à la nouvelle Politique agricole commune décidée en 2003, elle a été

> incapable d'assumer l'un des premiers objectifs de la PAC, à savoir garantir des revenus aux producteurs. [...] La PAC, réforme après réforme, a perdu de sa légitimité. Cette dernière sera d'autant plus assurée que les aides européennes seront évaluées sur les fonctions qu'elles remplissent. Toutes les politiques européennes sont évaluées. Toutes, sauf la PAC[24].

Pourquoi donc ?

Ce que Nicolas-Jean Brehon désigne par « légitimité » de la PAC, n'est autre que le résultat de l'évaluation morale de cette politique à l'aune du principe de proportionnalité. En effet, cette évaluation morale sera d'autant plus favorable que « les aides seront évaluées sur les fonctions qu'elles remplissent », c'est-à-dire si l'aide (l'acte solidarisant) est – sous un regard universalisant – proportionnée à sa raison.

3.4.2. Les autres compétences de l'Union

Les autres politiques et actions de l'Union relèvent des compétences dites « partagées » ou « d'appui » aux États membres. Leur caractéristique commune est d'être – non pas des solidarités – mais des coordinations entre États. Si l'on adopte la définition de la solidarité proposée au début de ce chapitre, la coordination se distingue de la solidarité par le mécanisme de répartition des charges que requiert la recherche de l'avantage commun. Dans une coordination, la répartition des charges se fait sur la base du « chacun pour soi » : chacun assume la part des charges qu'il encourt, quelle qu'en soit la proportion.

Qu'il s'agisse du domaine des compétences partagées (l'Union et les États ont le pouvoir de légiférer) ou des compétences d'appui (seuls les États peuvent légiférer), ce sont les États qui conduisent, par exemple, leur politique économique et monétaire (Titre VIII), leur politique de l'emploi (Titre IX), leur politique sociale (Titre X) ou leur politique de cohésion économique, sociale et territoriale (Titre XVIII), etc. Chacun des articles du TFUE définissant le contenu de l'avantage commun recherché par ces politiques, est formulé d'une manière telle qu'il soit bien clair que ce sont les « États membres qui coordonnent *leur* politique, etc. » ou que « L'Union et les États membres ont pour objectifs de [...] et à cette fin, ils mettent en œuvre des mesures qui [...] ». En admettant

---

24 Brehon, N.-J., *L'Europe et la crise du lait : quelles régulations pour le secteur laitier ?*, Fondation Robert Schuman, Questions d'Europe, n° 144, 27 juillet 2009.

que toutes ces mesures soient correctement coordonnées dans la réalité – ce qui est loin d'être évident – les charges individuelles correspondantes n'en sont pas moins supportées par chaque État indépendamment les uns des autres. Et si, le cas échéant, ces charges peuvent être imputées au budget de l'Union, chacun veille prioritairement à réaliser un solde net qui lui est le plus favorable.

À titre d'exemple, on observera qu'en matière de politique sociale (Titre X) dont les objectifs sont définis à l'article 151, les domaines d'intervention de l'Union sont très précisément définis à l'article 153. Et si, pour atteindre ces objectifs, l'Union est invitée à « encourager la coopération entre les États membres » dans certaines matières définies à l'article 156, les États membres ont néanmoins éprouvé la nécessité d'ajouter la « déclaration n° 31 ad article 156 » qui stipule :

> La Conférence confirme que les politiques décrites à l'article 156 relèvent essentiellement de la compétence des États membres. Les mesures d'encouragement et de coordination à prendre au niveau de l'Union conformément aux dispositions de cet article revêtent un caractère complémentaire. Elles servent à renforcer la coopération entre États membres et non pas à harmoniser des systèmes nationaux. Les garanties et usages existant dans chaque État membre eu égard à la responsabilité des partenaires sociaux n'en sont pas affectés.

On ne peut mieux dire ! Il ne s'agit pas d'une solidarité mais d'une simple coordination en matière de politique sociale.

Deux exceptions doivent cependant être notées. Il s'agit du *Fonds social européen* (FSE – Titre XI) et du *Fonds européen de développement régional* (FEDER – Titre XVIII). Ces deux fonds sont d'authentiques solidarités dont, cependant, les ressources restent confinées dans les limites – trop étroites – du budget de l'Union défini par les États membres.

3.5. Conclusion sur le Traité de Lisbonne

On ne peut que conclure au silence bruyant du Traité de Lisbonne en ce qui concerne l'affirmation *explicite* d'une réelle solidarité entre quiconque et, en particulier, entre les États membres de l'Union. La seule exception est la clause dite « de solidarité » (Art. 222 du TFUE) et l'application du principe de proportionnalité révèle que cette solidarité est entachée d'une intention qui édulcore l'avantage commun qu'elle prétend rechercher. Partout ailleurs, la désignation *explicite* d'une solidarité n'est tout au plus qu'une invocation sans qu'on puisse en identifier les trois éléments constitutifs qui permettent de la définir sur le seul plan de l'avantage pré-moral.

D'autre part, il est incontestable que le Traité de Lisbonne instaure, *implicitement*, des solidarités dans divers domaines et tout particulièrement dans ceux qui relèvent de la compétence exclusive de l'Union. Chacune d'elles gagnerait à être régulièrement examinée à l'aune du principe de proportionnalité et, le cas échéant, améliorée sur la base de ce principe.

Ce manque de clarté sur la solidarité dans le Traité de Lisbonne résulte d'un exercice diplomatique habile des États membres qui se sont entendus pour occulter l'avancée que représentait le Traité constitutionnel issu de la Convention sur l'avenir de l'Europe (2002-2004). Car le Traité de Lisbonne n'est pas le fruit de cette convention ; il est le fruit d'une négociation strictement intergouvernementale qui a eu pour effet de retarder – voire d'anesthésier – le processus d'européisation auquel il est fait allusion dans l'introduction de cet ouvrage et qu'il nous faut maintenant examiner de plus près.

4. Solidarité balbutiante des souverainetés

À propos de l'Europe et de l'Union européenne, Ulrich Beck et Edgar Grande observent judicieusement que « l'Europe n'existe pas, seule existe l'*européisation*, comprise comme un processus institutionnalisé de transformation sur le long terme », que « l'Europe ne peut pas être *trouvée* : il faut l'*inventer* », et – remarque essentielle – que « l'Europe ne doit pas être assimilée à cette forme institutionnelle précise qu'est l'Union européenne (auparavant la Communauté européenne) »[25]. Ces deux auteurs expliquent dans leur livre déjà cité que, depuis 1950, les États membres ont petit à petit « européisé » l'exercice de leur souveraineté nationale et qu'ils ne s'en sont que très rarement rendu vraiment compte, tout comme Monsieur Jourdain, chez Molière, qui faisait de la prose sans le savoir. Depuis le Traité de Lisbonne, il est devenu évident que les États membres en sont devenus pleinement conscients et qu'ils ont délibérément – et en catimini – décidé d'affaiblir – voire même d'anesthésier – ce processus. C'est en cela que réside, aujourd'hui, le nœud gordien de l'avenir de l'Union européenne.

4.1. Qu'est-ce que l'européisation ?

L'européisation est un processus qui vise à inventer un nouvel ordre international régissant la souveraineté des États et leurs relations réciproques. Ce processus vise à inventer un ordre « post-westphalien ».

En dépit des transformations considérables qui ont affecté la vie politique des pays européens durant ces deux derniers siècles, y compris le

---

[25] Beck, U., Grande, E., *loc. cit.*

processus plus ou moins rapide et plus ou moins fondamental de démocratisation interne de tous les régimes, les principes de base qui régissent encore la conception que l'on se fait des États et de leur pouvoir reposent sur ce que l'on a appelé l'ordre « westphalien ». Celui-ci a facilité la « Paix de Westphalie » de 1648 qui a mis fin aux interminables guerres de religion qui ont ensanglanté l'Europe pendant près de deux siècles. Le paradigme fondamental de cet ordre sur lequel se sont ensuite appuyées les conceptions politiques du pouvoir et les relations entre États, repose sur cinq piliers qu'on peut résumer de la façon suivante[26] :

- les gouvernements des États, héritiers du pouvoir des princes, sont les seuls détenteurs de la souveraineté[27] ;
- la souveraineté s'exerce sur un territoire physique limité ;
- les gouvernements des États sont les acteurs exclusifs les plus puissants et les seuls autorisés à remplir un rôle officiel sur le plan international et mondial ;
- il n'y a pas de droit supranational en soi ; le seul droit international est celui qui est issu de traités signés par des nations souveraines ;
- la guerre entre États souverains est un moyen légal pour résoudre les différends.

Dans la perspective d'un tel système et selon la logique qu'il implique, tout ce qui constitue la réalité identitaire et spécifique d'une société étatique demeure strictement du domaine de la politique intérieure. Cette conception était d'ailleurs liée au but poursuivi par la Paix de Westphalie elle-même qui, après les expériences malheureuses des guerres antérieures, excluait définitivement le problème religieux de la politique internationale. Le principe *cujus regio ejus religio* l'exprime. Certes, les États continueront encore à se faire la guerre, mais ils ne le feront pratiquement plus pour des questions religieuses. Celles-ci font dès lors partie des affaires exclusivement intérieures à l'État. La culture qui – en simplifiant quelque peu les éléments sociaux et culturels qui expliquent l'évolution des sociétés, – remplacera progressivement la religion comme instrument d'identification des individus et des groupes auxquels ils appartiennent, fera l'objet d'un emprisonnement territorial similaire à celui de la religion : elle connaîtra son espace, ses structures de pouvoir, son passeport, ses frontières, etc. C'est à une telle philoso-

[26] Valaskis, K., « Westphalie II : Pour un nouvel ordre mondial », in *Futuribles*, n° 265, juin 2001.

[27] En particulier en décidant que les traités entre États ne devront plus être approuvés par le pape à Rome.

phie qu'il faut faire remonter la notion même de « frontière linguistique ». En effet, si la culture est liée à une nation, celle-ci étant par définition liée à un État, et celui-ci n'existant que par le territoire qu'il domine, la culture doit pouvoir être identifiable à partir d'une frontière. Quand on ramène la prise de conscience de cette culture à la langue courante des populations impliquées, la notion de « frontière linguistique » devient dès lors tout à fait logique.

Si l'on examine attentivement le processus d'européisation depuis le Traité de la CECA en 1951, il apparaît de plus en plus clairement que sa nature intrinsèque fondamentale est d'être une lente, difficile et graduelle remise en question des principes westphaliens. En effet, la caractéristique commune des étapes les plus marquantes de ce processus nous semble être d'avoir chacune consisté en une *mutualisation*[28], entre des États, *de l'exercice de leur souveraineté* sur des *instruments* avec lesquels ils se sont fait la guerre ou sur *la résolution des causes* pour lesquelles ils se sont fait la guerre.

1951, Traité CECA : mutualisation de la souveraineté sur l'utilisation du charbon et de l'acier,

1957, Traité de Rome : mutualisation de la souveraineté sur l'organisation du commerce et, plus particulièrement dès 1962, en vue d'assurer ensemble une commune autonomie alimentaire (Politique agricole commune),

1985, Acte unique : mutualisation de la souveraineté sur l'organisation d'un marché unique,

1992, Traité de Maastricht : mutualisation de la souveraineté sur une monnaie unique,

2007, Traité de Lisbonne : c'est l'exception du genre que nous examinons plus en détail dans ce chapitre.

Mutualiser la souveraineté d'un État c'est exercer le pouvoir suprême en *solidarité* avec d'autres États. C'est reconnaître que *tous* les États rencontrent, dans l'exercice de leur souveraineté, des défis jadis inexistants mais auxquels tous se reconnaissent aujourd'hui également et communément exposés et qu'il devient dès lors légitime[29] que chacun d'eux s'oblige, vis-à-vis des autres, à poser des actes individuels – et à les justifier – pour que tous puissent s'en protéger ensemble. Or, pour un État souverain, s'obliger à répondre de ses actes vis-à-vis des autres c'est mettre fin aux cinq principes westphaliens :

---

[28] Mutualiser : faire passer un risque, une dépense à la charge d'un système de solidarité entre les membres d'un groupe. *Larousse encyclopédique universel en 16 volumes*, Paris, 2002.

[29] « Il *devient* légitime ». Voir la note de bas de p. 16.

- la souveraineté devient partagée,
- l'exercice de la souveraineté a des répercussions en dehors des limites géographiques de l'État et chaque État est tenu de s'en justifier,
- il devient nécessaire d'établir un droit qui s'impose à chacun ainsi qu'une autorité de justice qui en fasse respecter les règles sous peine de sanctions,
- la guerre n'est plus un moyen légalement et communément reconnu pour résoudre les différends,
- le gouvernement national n'est plus le « seul maître chez lui » ni comptable devant ses seuls citoyens nationaux car il devient nécessaire d'instaurer des règles devant être démocratiquement approuvées par les « autres » citoyens. D'où la naissance du concept de « citoyens transnationaux ».

Certes, mutualiser l'exercice de la souveraineté est une contradiction dans les termes si l'on s'en tient à la définition « westphalienne » de la souveraineté, à savoir « le pouvoir suprême reconnu à l'État, qui implique l'*exclusivité de sa compétence sur le territoire national* et son *indépendance* dans l'ordre international où il n'est limité que par ses propres engagements »[30]. C'est précisément cette contradiction que l'européisation veut surmonter sur le long terme. Il s'agit de revisiter les principes westphaliens sans forcer un choix binaire entre « européisation » ou « État-nation », toute autre possibilité étant exclue ! Au contraire, il s'agit d'inventer un type nouveau de relations *coalescentes*[31] entre des États qui, parce que l'*Union différencie*[32], conservent leur identité et leur souveraineté « nationales ».

4.2. *Solidarité* segmentée *des souverainetés*

« L'Europe ne peut pas être *trouvée* : il faut l'*inventer* ; [... elle] ne doit pas être assimilée à cette forme institutionnelle précise qu'est l'Union européenne (auparavant la Communauté européenne) »[33].

Dans le cours de cette invention progressive, l'Union européenne d'aujourd'hui est toujours établie par les *seuls* États membres[34] et non

[30] Larousse encyclopédique universel en 16 volumes, Paris, Larousse, 2002.

[31] Coalescence : Réunion, dans une unité nouvelle, d'éléments compatibles quoique de soi disjoints. Voir le *Trésor de la Langue Française informatisé (TLFi)* http://atilf.atilf.fr/. Il s'agit d'un concept propre aux sciences de la nature qui est utilisé ici, par extension de langage, dans le sens que lui donne Teilhard de Chardin.

[32] Teilhard de Chardin, P., *Le Phénomène humain*, Paris, Le Seuil, 1955, p. 291.

[33] Beck, U., Grande, E., *loc. cit.*

[34] Article 1 du TUE.

pas – nous l'avons profondément regretté à l'époque – une « Union inspirée par la volonté des citoyens *et* des États d'Europe » comme le stipulait explicitement le premier article de feu le Traité constitutionnel d'octobre 2004 (TCE). Les auteurs de l'action « créer une union » sont donc des États. Cette action, pour être pleinement constituée, doit avoir une (ou des) raison(s) suffisante(s) pour qu'on veuille la réaliser. L'avantage commun que veulent rechercher ensemble les États membres constitue la (ou les) raison(s) de leur action. Quelle est ou quelles sont ces raisons ?

4.2.1. Les raisons de l'Union européenne

On notera tout d'abord que, suivant que l'on se réfère au Traité constitutionnel (TCE, octobre 2004) ou au Traité de Lisbonne (TL, octobre 2007), les raisons ne sont pas identiques. Dans le TCE, la raison était explicitement exprimée dans son article I-1 : [...] *la volonté des citoyens* et *des États d'Europe de bâtir leur avenir commun, etc.* Cet article affirmait explicitement que la raison de l'action « instaurer une Union » reposait sur la volonté des citoyens et des États de « construire *ensemble* leur avenir commun. »

Cette clarté ne se retrouve malheureusement plus dans le Traité de Lisbonne. Car pour identifier la raison (ou les raisons) de l'action « instaurer une Union », il faut procéder à deux examens distincts : l'examen du préambule du TUE, d'une part, et des objectifs définis en son article 3, d'autre part.

Le préambule du TUE donne une première indication de la « raison » de l'action voulue par les « Hautes Parties contractantes ». Il n'y a pas un seul et unique avantage recherché, mais plusieurs avantages qu'il faut identifier dans chacun des paragraphes du préambule commençant soit par « RÉSOLUS à » ou par « DÉSIREUX de ». Ces éléments sont repris ci-après :

> RÉSOLUS à franchir une nouvelle étape dans le processus d'intégration européenne engagé par la création des Communautés européennes,
>
> RAPPELANT l'importance historique de la fin de la division du continent européen et la nécessité d'établir des bases solides pour l'architecture de l'Europe future,
>
> [...]
>
> DÉSIREUX d'approfondir la solidarité entre leurs peuples dans le respect de leur histoire, de leur culture et de leurs traditions,
>
> DÉSIREUX de renforcer le caractère démocratique et l'efficacité du fonctionnement des institutions, afin de leur permettre de mieux remplir, dans un cadre institutionnel unique, les missions qui leur sont confiées,

> RÉSOLUS à renforcer leurs économies ainsi qu'à en assurer la convergence, et à établir une union économique et monétaire, comportant, conformément aux dispositions du présent traité, une monnaie unique et stable,
>
> DÉTERMINÉS à promouvoir le progrès économique et social de leurs peuples, compte tenu du principe du développement durable et dans le cadre de l'achèvement du marché intérieur, et du renforcement de la cohésion et de la protection de l'environnement, et à mettre en œuvre des politiques assurant des progrès parallèles dans l'intégration économique et dans les autres domaines,
>
> RÉSOLUS à établir une citoyenneté commune aux ressortissants de leurs pays,
>
> RÉSOLUS à mettre en œuvre une politique étrangère et de sécurité commune, y compris la définition progressive d'une politique de défense commune, qui pourrait conduire à une défense commune, conformément aux dispositions de l'article 17, renforçant ainsi l'identité de l'Europe et son indépendance afin de promouvoir la paix, la sécurité et le progrès en Europe et dans le monde,
>
> RÉSOLUS à faciliter la libre circulation des personnes, tout en assurant la sûreté et la sécurité de leurs peuples, en établissant un espace de liberté, de sécurité et de justice, conformément aux dispositions du présent traité,
>
> RÉSOLUS à poursuivre le processus créant une union sans cesse plus étroite entre les peuples de l'Europe, dans laquelle les décisions sont prises le plus près possible des citoyens, conformément au principe de subsidiarité,
>
> DANS LA PERSPECTIVE des étapes ultérieures à franchir pour faire progresser l'intégration européenne,

De l'examen de ce préambule, il résulte que l'instauration d'une Union européenne par les Hautes Parties contractantes (les États seulement) est une action ayant un ensemble de plusieurs raisons.

Quant à l'article 3 du TUE, il définit les raisons (les avantages recherchés) comme suit :

> L'Union a pour but de promouvoir la paix, ses valeurs et le bien-être de ses peuples.
>
> L'Union offre à ses citoyens un espace de liberté, de sécurité et de justice sans frontières intérieures, au sein duquel est assurée la libre circulation des personnes, en liaison avec des mesures appropriées en matière de contrôle des frontières extérieures, d'asile, d'immigration ainsi que de prévention de la criminalité et de lutte contre ce phénomène.
>
> L'Union établit un marché intérieur. Elle œuvre pour le développement durable de l'Europe fondé sur une croissance économique équilibrée et sur la stabilité des prix, une économie sociale de marché hautement compétitive, qui tend au plein emploi et au progrès social, et un niveau élevé de protection et d'amélioration de la qualité de l'environnement. Elle promeut le progrès scientifique et technique.

> Elle combat l'exclusion sociale et les discriminations, et promeut la justice et la protection sociales, l'égalité entre les femmes et les hommes, la solidarité entre les générations et la protection des droits de l'enfant.
>
> Elle promeut la cohésion économique, sociale et territoriale, et la solidarité entre les États membres.
>
> Elle respecte la richesse de sa diversité culturelle et linguistique, et veille à la sauvegarde et au développement du patrimoine culturel européen.
>
> L'Union établit une union économique et monétaire dont la monnaie est l'euro.

Tout comme le préambule, l'article 3 du TUE définit un ensemble d'« avantages recherchés en commun », et parmi ceux-ci le plus important nous semble être le premier : *L'Union a pour but de promouvoir la paix, ses valeurs (morales) et le bien-être de ses peuples.* Cet avantage constitue une raison qui suffit amplement à vouloir instaurer une Union européenne. On peut donc penser que les autres « raisons » définies à l'article 3 constituent les raisons d'un ensemble d'exercices formant les parties d'une seule action pleinement constituée et qui est ordonnée[35] aux autres actions.

Cependant, au vu de l'ensemble des raisons définies tant au *préambule* qu'à l'*article 3 du TUE*, il en est une qui mérite d'être tout particulièrement mise en évidence. C'est la volonté affichée par les États membres de constituer une union pour *franchir une nouvelle étape dans le processus d'intégration européenne engagé par la création des Communautés européennes.*

Nous pensons, en effet, que ce processus d'intégration européenne n'est autre que le processus qu'Ulrich Beck et Edgar Grande désignent par « européisation ». Poursuivre ce processus constitue, à notre avis, l'avantage commun recherché par tous les États membres : c'est la raison « première » de l'instauration de l'Union européenne. Poursuivre l'européisation est l'action qui est ordonnée à l'ensemble de toutes les autres actions dont les raisons sont détaillées au préambule et à l'article 3 du TUE car c'est cette poursuite qui les rend toutes possibles. Et, si l'européisation est un processus qui vise à inventer un nouvel ordre international régissant la souveraineté des États et leurs relations réciproques, l'instauration de l'Union européenne doit être examinée comme une action dont la raison est de *mutualiser*, entre les États membres, *l'exercice de leur souveraineté.*

Si l'on reprend la définition proposée de la solidarité en tant qu'avantage pré-moral[36], l'Union européenne constitue bien un nouveau

---

35 Voir la note 10 en bas de p. 187.

36 Voir p. 183.

rapport que des États établissent entre eux pour mutualiser plus avant l'exercice de leur souveraineté. Il s'agit donc d'un système de solidarité dont les deux premiers éléments constitutifs sont clairement identifiés. Qu'en est-il du troisième élément constitutif de cette solidarité ? Par quels actes solidarisant les États membres vont-ils répartir entre eux les charges que requiert l'avantage commun qu'ils recherchent ensemble ? C'est ici qu'il faut aborder la question de la *mutualisation* de ces charges.

4.2.2. Les quatre principes de la mutualisation

Mutualiser c'est adopter une manière bien particulière de répartir les charges que requiert la recherche de l'avantage commun d'un système de solidarité. C'est un « acte solidarisant » qui a ses caractéristiques propres et qui n'est pas nécessairement mis en œuvre dans tous les systèmes de solidarité. Ainsi, par exemple, le don que je fais à une fondation caritative pour la recherche sur le cancer est certes un acte solidarisant par lequel je participe aux charges que requièrent ces recherches, mais ma participation ne se fait pas dans le cadre d'une mutualisation de ces charges.

Le concept de mutualisation est un concept bien connu en technique d'assurance. Qui dit assurance, dit assuré, assureur et risque. Le risque désigne un évènement dont l'occurrence est à la fois indésirable et incertaine au sens où sa probabilité subjective d'occurrence est strictement comprise entre 0 et 1. Le contrat d'assurance lie un assuré, qui paie une prime régulière à l'assureur, et un assureur qui paie une indemnité à l'assuré en cas de sinistre, ou de réalisation du risque. Quant à l'assureur, il est capable de se mettre largement à l'abri des coups du sort par une mise en commun des risques d'une population plus ou moins nombreuse[37].

Une assurance *mutualisée* est un type d'assurance particulier qui est fondé sur les *quatre principes* suivants :

- l'assureur n'est autre que le regroupement associatif des assurés,
- les ressources convenues et apportées individuellement par les assurés constituent un avoir dont la propriété est frappée d'une indivision particulière. Conformément à la définition générale de cette modalité du droit de propriété, chaque assuré en a la propriété d'une partie et tous l'ont tout entière, mais ils ne peuvent sortir de cette indivision aussi aisément que ne le peuvent habituellement des propriétaires indivis,

[37] Van Parijs, Ph., *Refonder la solidarité*, Paris, Le Cerf, 1996, p. 17.

- chaque assuré accepte trois dispositions essentielles :
  - il s'oblige à contribuer, conformément aux règles convenues de commun accord, aux ressources nécessaires en fonction de ses capacités contributives aussi longtemps qu'il ne subit aucun sinistre,
  - il bénéficie d'une aide déterminée, préalablement convenue de commun accord, en fonction de ses besoins en cas d'occurrence d'un sinistre, et
  - il renonce, consciemment et volontairement, à ses droits sur les ressources qu'il a fournies s'il n'a subi aucun sinistre,
- la « non-lucrativité » : le regroupement associatif des assurés ne poursuit aucun but de « lucre » mais s'efforce, par une bonne gouvernance, de maximiser le rapport coût/efficience de la couverture des risques. Le cas échéant, les excédents de ressources sont mis au service des objectifs poursuivis par l'ensemble des assurés et réinvestis dans l'amélioration permanente de l'assistance qui peut leur être fournie.

4.2.3. Mutualiser l'exercice de la souveraineté

Examinons maintenant, à la lumière de ces quatre principes, ce que peut bien signifier la mutualisation de l'exercice de la souveraineté. En quoi ce concept assurantiel est-il extensif à l'exercice du « pouvoir suprême reconnu à l'État, qui implique l'exclusivité de sa compétence sur le territoire national et son indépendance dans l'ordre international où il n'est limité que par ses propres engagements »[38] ?

Nous avons déjà observé que, depuis le Traité de la CECA en 1951, la mutualisation, entre États membres, de leur souveraineté (européisation) a principalement concerné l'exercice de leur pouvoir sur la *gestion d'instruments* (charbon et acier, par exemple) avec lesquels ils se sont jadis fait la guerre ou sur la *résolution de causes* pour lesquelles ils se sont fait la guerre (autosuffisance alimentaire, commerce, marché, monnaie, etc.). Ce sont donc seulement des domaines minutieusement délimités au sein des compétences suprêmes reconnues à l'État qui ont été mutualisés. Et le Traité de Lisbonne n'innove pas sur ce point puisque, même si ces domaines sont aujourd'hui largement plus nombreux qu'en 1951, ce sont les seuls États membres qui *attribuent* [à leur Union] *des compétences*[39] *pour atteindre leurs objectifs communs* (Art. 1 du TUE). On reste toujours dans une logique de découpage du

---

38 *Larousse encyclopédique universel* en 16 volumes, Paris, Larousse, 2002.

39 Ce qui, répétons le, est profondément regrettable par rapport à ce que prévoyait feu le Traité constitutionnel d'octobre 2004.

pouvoir suprême de l'État en segments distincts dont certains sont exercés en solidarité. L'européisation, en tant qu'invention d'un modèle « post-westphalien » de relation entre États souverains, reste fondée sur une *segmentation* de leur pouvoir suprême en de multiples domaines distincts. Nous verrons ci-après les conséquences de cette segmentation et examinons tout d'abord ce que peut bien signifier la mutualisation d'un segment particulier du pouvoir suprême.

Pour ce faire, *prenons l'exemple du budget de l'Union.* Le budget, en effet, est par excellence l'instrument qui définit, pour une période donnée, d'une part la nature précise des avantages communs (c'est-à-dire les politiques qui devront être mises en œuvre) recherchés par les États membres de l'Union dans les domaines précis où celle-ci est compétente et, d'autre part, l'ensemble des recettes et des charges que requiert la recherche de ces avantages et que les États membres doivent se répartir entre eux. L'exécution du budget est donc, par excellence, l'acte solidarisant du système de solidarité que les États membres ont créé entre eux pour atteindre les avantages attendus des politiques relevant de la compétence attribuée à leur Union et préalablement décidées en commun.

Si l'on reprend les quatre principes de la mutualisation, l'exécution « mutualisée » du budget signifie que :

- « L'assureur » – c'est-à-dire l'exécuteur du budget – n'est autre que l'Union[40] des États (le regroupement associatif des « assurés »), chacun d'eux agissant d'ordre et pour compte de ses propres citoyens.
- Les ressources, préalablement convenues et apportées individuellement par les États, constituent un avoir dont la propriété est frappée d'une indivision particulière. Chaque État en a la propriété d'une partie et tous l'ont tout entière, mais ils ne peuvent sortir de cette indivision aussi aisément que ne le peuvent habituellement des propriétaires indivis.
- Chaque État accepte trois dispositions essentielles :
  - il s'oblige à contribuer, conformément aux règles convenues de commun accord et en fonction de ses capacités contributives, aux ressources nécessaires à la poursuite des politiques définies au budget même si, parmi ces politiques, certaines ne lui sont pas pertinentes ou applicables (exemple : une aide accordée au secteur de la pêche qui ne concernerait que les États ayant une frontière maritime),
  - il bénéficie d'une aide déterminée, préalablement convenue de commun accord, en fonction de critères d'attribution également préalablement convenus en commun, et

40 L'Union agissant par le biais de la Commission.

- il renonce, consciemment et volontairement, à ses droits sur les ressources qu'il a fournies s'il n'a subi aucun « sinistre », c'est-à-dire si aucun des critères d'attribution d'une aide ne lui a été applicable.

- La « non-lucrativité » : l'Union des États ne poursuit aucun but de « lucre » mais s'efforce, par une bonne gouvernance, de maximiser le rapport coût/efficience de la couverture des « risques », c'est-à-dire la couverture des aides. Le cas échéant, les excédents de ressources sont mis au service des objectifs poursuivis par l'Union des États et réinvestis dans l'amélioration permanente de l'assistance qui peut leur être fournie.

Voilà ce que signifierait la mutualisation de l'exécution du budget. Cet exemple a été choisi parce que, à lui seul, il permet d'illustrer ce que pourrait être la mutualisation des recettes et des charges spécifiques à chacune des diverses actions confiées à l'Union dans le cadre des segments de souveraineté que les États membres ont acceptés de solidariser. Qu'il s'agisse du fonds de développement régional (FEDER), de la Politique agricole commune (PAC) et du FEOGA, et des diverses actions politiques conduites par la Commission européenne, le mécanisme de mutualisation des recettes et des charges peut être décliné de manière similaire.

Au vu du fameux « *I want my money back !* » des années 1980 et de la priorité accordée, par de nombreux États membres, à la balance positive de leur contribution nette au budget de l'Union, point n'est besoin d'insister sur l'absence actuelle d'une *exécution mutualisée* du budget de l'Union européenne.

C'est très regrettable et les États membres devraient méditer ces excellentes conclusions de Jacques Le Cacheux :

> la logique des contributions nettes est contraire aux conclusions de l'analyse économique, qui établissent que les charges financières et les bénéfices économiques effectifs des prélèvements et des transferts ne sont jamais ceux que révèlent les simples apparences. [...] Elle repose, implicitement, sur le postulat, erroné, selon lequel l'intégration européenne, en général, et les politiques communes financées par le budget européen, en particulier, sont des « jeux à somme nulle », au terme desquels les gains des uns sont nécessairement les pertes des autres. Or le fondement du processus d'intégration réside précisément dans la reconnaissance de son caractère de « jeu à somme positive », tant dans la libéralisation des échanges et la réalisation d'un grand marché intérieur, dont les bénéfices globaux sont bien établis par l'analyse économique – mais qui peuvent engendrer, pour certains, des pertes qu'il convient, collectivement, de compenser – que dans la mise en œuvre de politiques communes procurant des gains pour tous, qu'il s'agisse de politiques économiques favorables à la croissance de l'Union tout entière

ou de politiques d'offre de « biens collectifs européens », dans des domaines tels que la politique commerciale, la politique extérieure et de sécurité, ou tout autre champ que les Européens souhaiteraient, à l'avenir, inclure dans le domaine des compétences de l'Union[41].

4.3. Solidarité **complète** *des souverainetés*

Au vu des transformations planétaires de ce nouveau siècle, les méthodes de gouvernance utilisées jusqu'ici par les États nous semblent avoir atteint leurs limites et l'Union européenne qu'ils instituent par le Traité de Lisbonne (Art. 1 du TUE) ne leur fournit pas encore les moyens adéquats pour y faire face. Pourquoi ? Parce que les États membres se contentent de segmenter les domaines de compétences dans lesquels ils acceptent de mutualiser l'exercice de leur souveraineté (articles 2 à 6 du TFUE), et parce qu'ils ne s'autorisent à accroître le nombre de ces domaines qu'avec leur accord unanime. À notre avis, ces deux dispositions ont pour effet d'affaiblir – voire d'anesthésier – le processus d'européisation, l'invention progressive d'un nouveau type de relations *coalescentes* entre des États qui, parce que *l'Union différencie*[42], conservent leur identité et leur souveraineté nationale.

Si, comme nous le pensons, l'action d'instaurer une Union entre les États d'Europe a pour raison première[43] de *franchir une nouvelle étape dans le processus d'intégration européenne engagé par la création des Communautés européennes*, et si, comme nous le pensons également, cette nouvelle étape s'inscrit dans le processus d'européisation, ces deux dispositions nous paraissent de nature à contrecarrer l'avantage recherché en commun.

Examinons chacune de ces deux dispositions.

4.3.1. Catégories et domaines de compétences de l'Union

Admettons, tout d'abord et en toute bonne foi, que l'action d'exercer la souveraineté, la raison de l'exercice du pouvoir suprême, soit de promouvoir la paix et le bien-être du peuple[44], même si l'histoire de notre planète est riche d'exemples illustratifs du contraire.

---

[41] Le Cacheux, J., « Contributions nationales au budget européen : marchandages sur de mauvaises bases », Étude pour la Fondation Notre Europe, 25 mai 2005.

[42] Teilhard de Chardin, P., voir *supra*.

[43] La raison « première » est la raison de l'action qui est ordonnée à toutes les autres actions. Voir note 10, p. 187.

[44] Cette formulation générale nous semble pouvoir rassembler les multiples formulations diverses rencontrées dans les textes constitutionnels de la très large majorité des États.

S'agissant d'une Union établie par les seuls États membres[45], il peut sembler logique qu'en vertu de l'article 1 du TUE ce soient ces mêmes États qui lui *attribuent* des *compétences pour atteindre leurs objectifs communs.*

La *première question* que l'on est en droit de se poser est : pourquoi *des* compétences et non pas *les* compétences pour atteindre ces objectifs communs ?

En effet, comme nous en avons convenu ci-avant, l'instauration de la solidarité est la combinaison de deux actions distinctes : la création d'un nouveau lien en vue de rechercher ensemble un avantage commun, d'une part, et l'exécution d'un ou de plusieurs actes solidarisant en vue de répartir la charge que requiert la recherche de cet avantage, d'autre part. L'action de solidariser l'exercice *complet* de la souveraineté pourrait être décrite comme suit :

- plusieurs États créent entre eux un rapport nouveau, au sein d'une Union qu'ils instituent, pour mieux exercer ensemble l'obligation qu'ils ont de promouvoir la paix et le bien-être de leurs peuples, et
- pour ce faire, ils conviennent d'un ou de plusieurs actes solidarisant possibles ayant pour avantage :
  - soit de simplement *répartir* entre eux la charge que requiert la promotion de la paix et du bien-être de leurs peuples,
  - soit de *mutualiser* cette même charge, en adoptant les quatre principes de la mutualisation.

Le fait d'instituer une Union à qui l'on assigne un objectif *identique* à celui poursuivi par chacun des États membres mais sans lui conférer les mêmes compétences que celles détenues par chacun d'eux, n'est pas sans conséquence.

Car il est une *deuxième question* que l'on est également en droit de se poser. Elle concerne le fait d'établir trois catégories de compétences attribuées à l'Union : les compétences dites « exclusives », « partagées » et « coordonnées » (articles 2 à 6 du TFUE). Ces trois catégories de compétences se distinguent par l'identité de *l'autorité qui détient le droit de légiférer et d'adopter des actes juridiquement contraignants* dans le cadre de différents domaines de compétence. La première catégorie comprend des domaines dans le cadre desquels seule l'Union détient ce droit, les États membres ne le détenant que s'ils en sont habilités par l'Union. Dans la seconde catégorie sont regroupés les domaines

[45] Et non pas une « Union inspirée par la volonté des citoyens *et* des États d'Europe » comme le stipulait explicitement le premier article de feu le Traité constitutionnel d'octobre 2004.

dans le cadre desquels ce droit est détenu *et* par l'Union *et* par les États membres, ces derniers ne pouvant cependant l'exercer que dans la mesure où l'Union n'exerce pas ou cesse d'exercer le sien. Enfin, dans la troisième catégorie sont regroupés les domaines dans le cadre desquels l'Union ne peut user de ce droit que pour mener des actions d'appui, de coordination ou de complément et sans pour autant remplacer la compétence des États membres dans ces domaines.

Cette manière d'organiser le droit de légiférer et d'adopter des actes juridiquement contraignants, est à son tour lourde de conséquences. Car *le droit de légiférer est, en réalité, le droit de définir la nature et les modalités des actes solidarisant.*

Dans la longue, difficile et graduelle remise en question des principes westphaliens qu'est l'européisation, le Traité de Lisbonne instaure donc un type de relations entre États au sein d'une Union qui est, non seulement forcée de segmenter sa vision de la paix et du bien-être des peuples qu'elle rassemble, mais également empêchée de légiférer dans tous les domaines de compétences recouvrant la paix et le bien-être de chacun de ces mêmes peuples. Comment ne pas continuer à voir dans ce type d'Union la persistance d'une conception westphalienne des relations entre États ?

Illustrons cela par un seul exemple : *la crise de financement de la Grèce*, pays membre de l'Union monétaire européenne.

Jean Pisani-Ferry, directeur du *think-tank Bruegel*, interviewé par Chloé Mahier et Guillaume Duval[46] relève à propos de la crédibilité de la promesse européenne d'aide à la Grèce, que

> le débat politique sur ce sujet est très difficile en Allemagne. Au-delà des problèmes politiques, se posent aussi des problèmes juridiques. Pour la Cour constitutionnelle allemande, l'union monétaire n'est conforme à la Constitution [allemande] que pour autant qu'elle garantit la stabilité monétaire. Si les pays européens accordent une aide à la Grèce, il y aura à coup sûr un recours devant cette Cour, au nom du fait que les bases de la stabilité sont compromises.

L'objectif principal du Système européen de banques centrales (SEBC) est de maintenir la stabilité des prix[47]. C'est ce seul segment de compétence relevant de leur souveraineté que les États membres ont accepté d'attribuer au SEBC au sein d'une Union monétaire appelée maintenant « Eurosystème ». Et c'est sur la base de cette segmentation précisément limitée que le Traité de Lisbonne a été reconnu compatible avec le prescrit de la Constitution, plus exactement la Loi fondamen-

---

46 *Alternatives économiques*, 25 mars 2010.

47 Article 127, par. 1 du TFUE.

tale[48], allemande. Ceci illustre combien le transfert de « segments » de souveraineté est toujours scrupuleusement examiné par la Cour constitutionnelle dans tous les États membres et que, même si la volonté politique était présente, l'acte solidarisant qui consisterait en une aide financière à la Grèce – quelle qu'en soit la nature ou la forme – dans le cadre de l'Union monétaire, serait toujours l'objet d'âpres débats solidement fondés sur les principes westphaliens !

Par contre, vis-à-vis de la Hongrie, de la Lettonie ou de la Roumanie – qui ne sont pas membres de l'Eurosystème – *les mécanismes de prêt ont été mobilisés*, ajoute Jean Pisani-Ferry ! Il est donc plus aisé d'entraider un État qui ne fait pas partie de l'Eurosystème qu'un État qui en fait partie. La segmentation des compétences relevant de la souveraineté des États conduit à cette aberration !

4.3.2. La règle de l'unanimité

Si seuls les États membres ont le pouvoir d'attribuer des compétences à l'Union européenne et si celles-ci sont très précisément catégorisées, il reste une *troisième question* que l'on est en droit de se poser. Pourquoi la panoplie de ces compétences ne peut-elle être modifiée que par l'accord unanime des États membres ? En effet, qu'il s'agisse de la procédure de révision ordinaire ou simplifiée du Traité de Lisbonne, elles requièrent l'une et l'autre l'accord préalable de l'unanimité des États membres (Art. 48 du TUE). Et pourquoi reste-t-il certains domaines de compétences dans lequel même des politiques[49] (c'est-à-dire des actes solidarisant) ne peuvent être modifiées qu'à l'unanimité des États membres ?

Reprenons l'exemple de la solidarité instaurée, dans nombre de nos pays européens, en matière de sécurité sociale généralisée. Et imaginons maintenant que l'acte solidarisant de cette solidarité (c'est-à-dire la mutualisation des charges) soit conditionné, au nom du droit de propriété sur les revenus du travail, par un accord *unanime* de tous les citoyens-travailleurs sur les maladies pouvant être prises en considération, ou sur les catégories de personnes dont la pension serait prise en charge, ou encore sur les motifs ayant causé un chômage involontaire ! En quoi serait-il justifié que les modalités de l'acte ou des actes solidarisant, au sein de cette solidarité, exigent l'approbation *unanime* des citoyens-travailleurs ?

---

48 *Das Grundgesetz.*

49 Voir à titre d'exemples : non-discrimination et citoyenneté (Art. 19 TFUE), contrôle aux frontières (Art. 77, par. 3 TFUE), coopération judiciaire (Art. 82, par. 2 TFUE), taxation (Art.113 TFUE), politique économique (Art. 126 TFUE), politique sociale (Art.153 et suivants du TFUE), etc.

Il nous paraît évident que l'acte (ou les actes) solidarisant soi(en)t convenu(s) démocratiquement entre toutes les personnes voulant ensemble rechercher le même avantage. Mais imposer que ses modalités précises soient convenues à l'unanimité revient à donner à chacun le pouvoir de s'exclure, à sa guise et en fonction de son seul intérêt, du lien de solidarité auquel il a cependant adhéré.

Instaurer un système de solidarité implique évidemment la définition des dispositions relatives à la « gouvernance » du système de solidarité, c'est-à-dire relatives à l'organisation et à la gestion de l'acte ou des actes solidarisant. Ces règles de gouvernance font partie intégrante de l'acte solidarisant. Si ces règles de gouvernance se révèlent être, dans leur définition ou, par après, dans leur mise en œuvre régulière, contre-productives par rapport à la raison de l'acte ou des actes solidarisant, elles doivent évidemment être modifiées mais de façon démocratique, c'est-à-dire sans donner la possibilité à quiconque d'en empêcher seul les modifications.

C'est en cela aussi que la règle de l'unanimité confère à l'Union européenne le caractère d'une étape qui affaiblit le processus d'européisation.

4.3.3. Explorer les vertus du principe de subsidiarité

Ulrich Beck et Gérard Grande ont amplement raison. L'Europe n'existe pas, seule existe l'européisation, comprise comme un processus institutionnalisé de transformation sur le long terme. Il consiste en une invention progressive d'un nouveau type de relations coalescentes entre des États qui, parce que *l'Union différencie*, conservent leur identité et leur souveraineté nationale. Si la Déclaration Schuman du 9 mai 1950 a initié ce processus, le Traité de Lisbonne en est aujourd'hui un néfaste retardateur. Avec le Traité de Lisbonne, les États membres ont accepté, en catimini, en dehors de tout débat avec les citoyennes et les citoyens européens, de cristalliser l'européisation dans un état dangereusement incompatible avec les défis qu'il va falloir surmonter en ce début de XXIe siècle.

Exercer la souveraineté est une action qui a pour raison de promouvoir la paix et le bien-être de son peuple. Les avantages que constituent la paix et le bien-être du peuple doivent, en vertu du principe de proportionnalité, être vus dans l'ensemble de la réalité, sans restriction à qui que ce soit. C'est pourquoi l'État est, par définition, *le* détenteur du pouvoir suprême pour piloter la recherche de ces avantages et dispose de l'intégralité des compétences nécessaires pour ce faire.

Si l'Union de plusieurs États est voulue pour mieux exercer ensemble le pouvoir suprême et, pour ce faire, d'en répartir entre eux la charge qui en découle, il nous semble *nécessaire que cette Union soit également détentrice du même pouvoir suprême.* Car si, dans l'intégralité des domaines relatifs à la promotion de la paix et du bien-être des peuples, certains sont totalement ou partiellement exclus du pouvoir détenu par cette Union, celle-ci n'est pas en mesure d'améliorer l'exercice de la souveraineté prise de manière universelle et dans l'ensemble de toute la réalité. L'instauration d'une telle Union est, à notre avis, une action qui va à l'encontre de l'avantage « améliorer l'exercice de la souveraineté ».

C'est, à notre avis, en cela que réside le nœud gordien que les États membres ont tant de difficultés à dénouer et la source du ressentiment que tant de citoyennes et de citoyens européens cultivent vis-à-vis des « institutions de Bruxelles ». Et d'ailleurs l'examen, un tant soit peu critique, de la table des matières du Traité de Lisbonne[50], et plus particulièrement de la longue succession des intitulés des Titres de la troisième et de la cinquième parties du TFUE, est assez surprenant. Le fait que les politiques et actions internes de l'Union nécessaires à la poursuite de la paix et du bien-être des peuples, aient été segmentées en autant de domaines distincts et disjoints pour lesquels chaque fois il a fallu préciser des dispositions spécifiques différentes, indique combien parcellaire et segmentée est la vision de ce que sont la paix et le bien-être des peuples. Les États membres ne sont pas perçus comme voulant mieux promouvoir *ensemble* une commune vision de la paix et du bien-être des peuples. Ils n'ont consenti qu'à découper la promotion de la paix et du bien-être en autant d'éléments épars et disjoints que possible et de n'en confier le pouvoir de gestion à l'Union que le plus parcimonieusement possible. La multiplicité des domaines dans lesquels s'exprime la frustration des citoyens et des citoyennes (« Europe sociale », services d'intérêt général, environnement, Politique agricole commune, emploi, politique sociale, culture, contrôle et régulation du système financier, etc.) et la variété de leurs revendications sectorielles, traduisent combien l'Union européenne d'aujourd'hui manque non seulement d'une vision « systémique[51] » commune de ce que sont la paix et le bien-être, mais également d'une authentique volonté politique de solidariser l'exercice complet du pouvoir suprême des États membres pour mieux progresser ensemble vers une telle vision.

Cette perception de l'Union européenne est d'autant plus prégnante que se déploient les effets de la mondialisation. La mondialisation crée des liens entre les êtres humains et entre les États d'un niveau et d'une ampleur sans précédent. Qui que nous soyons sur cette planète, quoi que

---

[50] *Journal officiel de l'Union européenne*, n° C 115 du 9 mai 2008.

[51] C'est-à-dire qui est plus que la simple sommation de ses éléments constitutifs.

nous y fassions et quel qu'en soit le lieu, nos actions sont de plus en plus susceptibles d'affecter – pour le meilleur ou pour le pire – les conditions de vie des autres humains et la durabilité de notre planète. *Cette interdépendance de fait* crée des problèmes d'une acuité aiguë en ce début de XXIe siècle. Depuis la Paix de Westphalie (1648), c'est surtout l'indépendance des individus et celle des États qui ont été considérées comme essentielles au « vivre ensemble ». Aujourd'hui, la mondialisation nous oblige à revisiter cette notion. La solidarité doit prédominer sur la concurrence non seulement entre les individus mais également et surtout entre les États. *Tous* les États rencontrent aujourd'hui dans l'exercice de leur souveraineté, des défis jadis inexistants mais auxquels tous se doivent de reconnaître qu'ils y sont également et communément exposés. Il devient dès lors légitime qu'ils solidarisent l'exercice complet de leur souveraineté. Car chacun est, en effet, amené à devoir répondre vis-à-vis des autres de l'exercice de sa souveraineté parce que :

- cet exercice a des répercussions en dehors des limites géographiques de l'État,
- le gouvernement national n'est plus le « seul maître chez lui » ni comptable devant ses seuls citoyens nationaux puisqu'il devient de plus en plus nécessaire d'instaurer des règles devant être démocratiquement approuvées également par les « autres » citoyens,
- il devient donc nécessaire d'établir un droit qui s'impose à chacun ainsi qu'une autorité de justice qui en fasse respecter les règles sous peine de sanctions.

L'européisation a précisément comme objectif d'innover l'exercice de la souveraineté tout en veillant à ce que la souveraineté de chaque État soit non seulement respectée mais également revisitée et enrichie. Il s'agit d'inventer une nouvelle manière de l'exercer dans tous ses domaines de compétences – et non plus seulement dans certains de ses domaines artificiellement segmentés – en l'exerçant de manière « coalescente ». La coalescence est, certes, un concept propre aux sciences de la nature. Cependant utilisé ici, par extension de langage, dans le sens que lui donne Teilhard de Chardin, il indique une manière innovante d'unir des « grains de souveraineté par laquelle ils ne tendent pas à perdre leurs contours et à se mélanger mais accentuent au contraire la profondeur et l'incommunicabilité de leur *ego*[52] ».

Pour solidariser l'exercice de leur souveraineté au sein d'une Union coalescente dans laquelle chacun des États membres se perfectionne et s'achève, les États membres – et la société civile – devraient, nous

[52] Teilhard de Chardin, P., *loc. cit.* Nous substituons « grains de souveraineté » aux de grains de conscience dont parle Teilhard.

semble-t-il, explorer plus avant les possibilités qu'offre la mise en œuvre du *principe de subsidiarité*.

Ce principe est défini comme suit : En vertu du principe de subsidiarité, dans les domaines qui ne relèvent pas de sa compétence exclusive, l'Union intervient seulement si, et dans la mesure où, les objectifs de l'action envisagée ne peuvent pas être atteints de manière suffisante par les États membres, tant au niveau central qu'au niveau régional et local, mais peuvent l'être mieux, en raison des dimensions ou des effets de l'action envisagée, au niveau de l'Union[53].

Les mots « dans les domaines qui ne relèvent pas de sa compétence exclusive » devraient bien évidemment être supprimés si l'on accepte que l'Union intervienne dans tous les domaines de compétences qu'implique l'exercice de la souveraineté. Mais si ce préalable était accepté, cette définition du principe de subsidiarité offre des possibilités d'interprétation qui sont riches de renouveau.

En effet, les objectifs d'une action envisagée par l'Union seraient alors des objectifs de même nature que ceux que tout État membre envisagerait lui-même dans l'exercice de sa propre souveraineté pour promouvoir la paix et le bien-être de son propre peuple. Dès lors que l'Union serait investie du même pouvoir suprême que les États qui la composent, *il lui reviendrait systématiquement de justifier*, non seulement les motifs pour lesquels ces objectifs devraient être poursuivis pour *tous* les peuples de l'Union, mais également l'avantage précis qu'il y aurait, pour chacun des États, à les rechercher ensemble par un acte solidarisant.

Reprenons l'exemple de la sécurité sociale généralisée. Aujourd'hui, vu que l'instauration d'un tel système pour *tous* les citoyens européens ne relève pas d'une quelconque compétence de l'Union, celle-ci ne peut agir dans ce domaine même si, dans certains États membres, un tel système devait se révéler inexistant ou insuffisant « pour le bien-être du peuple ». Si, par contre, l'Union était investie du même pouvoir suprême que les États membres, elle pourrait proposer un acte législatif ayant pour objectif d'instaurer un tel système pour le bien-être de tous les peuples de l'Union. Mais en vertu du principe de subsidiarité, il lui appartiendrait de justifier, d'une part pourquoi cet objectif devrait être recherché pour *tous* et, d'autre part pourquoi il serait plus avantageux pour tous de le rechercher *ensemble*.

Subsidiarité et interdépendance sont trop souvent comprises comme étant opposées l'une à l'autre. Il nous faut éclaircir cette apparente opposition si l'on veut « européiser » plus avant. Le principe de subsi-

---

[53] Article 5 du TUE.

diarité devrait être étudié et expérimenté de plus en plus afin de l'appliquer de façon constructive, et non pas restrictive. Il devrait être graduellement appliqué dans tous les domaines de compétence d'un État afin que l'Union soit en mesure d'identifier ceux pour lesquels une action solidarisée, au niveau de l'UE, pourrait apporter une plus-value dans la cohésion et l'harmonie sociétales. Les États membres y auront toujours un rôle propre à jouer pour veiller à ce que les interdépendances de fait ne forcent pas la réunion, dans une unité nouvelle, d'éléments compatibles d'identité et de souveraineté nationales devant cependant rester de soi disjoints[54].

Constater l'existence d'une interdépendance de fait n'oblige absolument pas que l'on homogénéise les modalités de l'acte solidarisant adopté pour y faire face. C'est ce qu'affirme le principe de subsidiarité. Dès lors qu'il est perçu comme tel, ce ne sont plus que la nature et les modalités de l'acte solidarisant qui restent susceptibles de préjudicier les identités et souverainetés nationales, et non plus l'exercice solidaire de la souveraineté en tant que nouveau type de relations entre États.

Il nous semble donc particulièrement judicieux que l'article 6 du protocole sur l'application des principes de proportionnalité et de subsidiarité autorise

> tout parlement national ou toute chambre de l'un de ces parlements [à] adresser aux présidents du Parlement européen, du Conseil et de la Commission un avis motivé exposant les raisons pour lesquelles il estime que le projet en cause n'est pas conforme au principe de subsidiarité.

Car c'est, en effet, le rôle que doivent exercer les parlements nationaux ou toute chambre de l'un de ces parlements pour veiller à ce qu'un avantage commun recherché pour tous ensemble ne fasse pas l'objet d'un moyen pour l'atteindre qui puisse être préjudiciable aux identités nationales ou aux souverainetés coalescentes.

Et il est également des plus judicieux que, de surcroît,

> la Cour de justice de l'Union européenne est compétente pour se prononcer sur les recours pour violation, par un acte législatif, du principe de subsidiarité formés, conformément aux modalités prévues à l'article 263 du Traité sur le fonctionnement de l'Union européenne, par un État membre ou transmis par celui-ci conformément à son ordre juridique au nom de son parlement national ou d'une chambre de celui-ci[55].

---

54 La coalescence est souvent illustrée par la réunion de différents brins en un seul cordage. Celui-ci est d'autant plus efficace que chaque brin y est maintenu en soi disjoint.

55 Article 8 du même protocole.

Car il est, en effet, nécessaire qu'une autorité de justice, s'imposant à tous les États, soit appelée à faire respecter le principe de subsidiarité et, le cas échéant, à en imposer l'exécution correcte.

5. Un projet politique que l'éthique interpelle

Aujourd'hui, les relations internationales sont toujours basées sur la Paix de Westphalie de 1648. Elle a fait faillite en 1914. Par après, ni la création de la Société des Nations (SDN) après la Première Guerre mondiale, ni la création de l'Organisation des Nations unies (ONU) n'ont réglé le problème des relations internationales. Il est très rapidement apparu, avant même la fin de la guerre et la création de l'ONU, que les nations n'étaient pas unies et que deux blocs allaient s'affronter.

Face à un ordre « westphalien » qui nous semble être à bout de souffle[56], le processus d'européisation ne peut plus se fonder sur la simple proclamation – comme à l'article 2 du TUE – de valeurs morales que l'on s'engage à respecter. Il nécessite que l'on remette en chantier une réflexion portant sur les critères ultimes dont devront relever ces valeurs morales, c'est-à-dire que l'on procède à une réflexion éthique portant à la fois sur l'Homme lui-même et sur ses rapports au cosmos et sur les sciences, leur histoire, leurs méthodes et leurs principes. Dès lors qu'on se refuse au choix binaire et simpliste (européisation *ou* État-nation) et que l'on opte délibérément pour une vision inclusive (européisation *et* État-nation), les normes « westphaliennes » utilisées pour juger de ce qui est bien ou mal dans les relations entre États ne sont plus adaptées aux circonstances de ce siècle.

Aujourd'hui, en effet, existent entre tous les États des interdépendances de fait qui ont atteint un niveau et une ampleur jamais rencontrés au cours de leurs propres histoires nationales. Cette situation est révélatrice d'une ère fondamentalement nouvelle pour l'humanité et constitue l'enjeu essentiel de la mondialisation pour la survie de l'humanité. Aussi l'invention d'un nouvel ordre « moral » devant régir la relation entre États nécessite que l'on se repenche sur la définition des critères ultimes dont devront relever, à l'avenir, les jugements moraux sur la conduite de tel ou tel État.

Que l'européisation soit un projet politique, c'est l'évidence même. Mais que l'éthique interpelle ce projet politique, est loin d'être évident

---

[56] Voir par exemple l'article de Urquhart, B., « *Finding the Hidden UN* », in *The New York Review of Books*, Vol. LVII, No. 9, May 27-June 9, 2010, et plus particulièrement cette citation de Weiss, Th. G. : « The concept of sovereignty established by the Treaty of Westphalia in 1648 is 360 years old. This venerable institution remains a hearty enough virus. It is a chronic ailment for the United Nations, and perhaps a lethal one for the planet [...] ».

pour tout le monde d'autant plus que cette interpellation s'adresse à la fois *aux États et aux citoyens*. En effet, les niveaux et l'ampleur des nouveaux liens d'interdépendance générés par la mondialisation imposent, tant aux uns qu'aux autres, qu'ils instaurent ensemble de nouveaux mécanismes de solidarité qui ne ressortissent uniquement ni à l'exercice de la *souveraineté* des États ni à l'exercice de la *citoyenneté* des Européens, voire de tous les habitants de la planète. C'est la raison essentielle pour laquelle *l'Union européenne se doit d'être une union des citoyens et des États européens*, comme le proclamait feu le Traité constitutionnel d'octobre 2004 (TCE).

Si l'Union européenne du Traité de Lisbonne n'est qu'une des étapes de ce projet politique, elle répond très insuffisamment à cette double interpellation de l'éthique.

En ce qui concerne l'exercice de la citoyenneté, trop peu d'entre nous ont mesuré à sa juste importance l'altération essentielle apportée – en catimini – par les négociateurs de ce Traité à l'article premier du Traité constitutionnel rédigé par les conventionnels. Ce Traité, en effet, proclamait dès l'abord de sa lecture que c'était la volonté conjointe des citoyens et des États d'Europe d'instaurer une Union (un système de solidarité) pour construire ensemble leur avenir commun ! Derrière cette volonté explicitement proclamée, c'était la citoyenneté européenne qui était en jeu. Car la citoyenneté est le fruit d'une recherche de « vivre ensemble » et cette recherche impose le choix d'un projet commun dans le cadre duquel on peut s'identifier à un groupe humain. Comment se sent-on citoyen européen sinon parce que l'Union offre des ressources à cette citoyenneté qui ne sont pas seulement des institutions ou un budget, mais bien plus un sens, une sécurité et une raison d'identité ?

Sur ce plan de la citoyenneté, l'interpellation de l'éthique – malheureusement ignorée – appelle à ce que le citoyen soit perçu comme un acteur essentiel du « vivre ensemble », une personne capable de se donner des règles, d'adhérer à un projet politique et habilitée à en délibérer efficacement au travers des organisations de la société civile. Cette interpellation de l'éthique appelle à *une manière de gouverner qui restitue du pouvoir aux citoyens*. À défaut d'y avoir répondu en conférant le même pouvoir de codécision à l'assemblée des citoyens (Parlement européen) et à l'assemblée des États (Conseil européen et Conseil des ministres) dans tous les domaines de compétence, le slogan *Empowering People* risque de rester creux et trompeur encore longtemps.

En ce qui concerne l'exercice de la souveraineté, l'interpellation de l'éthique – également ignorée – appelle à ce que les États membres formulent leur volonté commune de parvenir – graduellement sans doute, mais dans un délai défini – à *solidariser l'exercice complet de leur souveraineté* et, pour ce faire, d'explorer les potentialités offertes par les principes de proportionnalité et de subsidiarité qu'ils ont eu la sagesse d'inscrire dans le traité en vigueur.

Ce sont les réponses données à cette double interpellation de l'*éthique* qui pourront conférer à l'européisation les attributs d'un projet *politique* susceptible de construire le « vivre ensemble un avenir commun » au sein d'une Union coalescente dans laquelle chaque membre, *État et citoyen*, ne perd pas son contour et ne se mélange pas dans un « grand tout » mais accentue au contraire la profondeur et l'incommunicabilité de son *ego*.

***

Conclusions

LES AUTEURS

1. L'Union européenne est interpellée par l'éthique

> La politique étant une activité humaine, l'homme étant un être vivant, pourquoi un biologiste, qui par définition s'intéresse aux choses de la vie, n'aurait-il pas une vue particulière de la chose politique ?
>
> Henri Laborit, *Pour un homme imaginant*[1]

Comme nous l'avons souligné dans l'introduction « *De guerre lasse, une partie de l'Europe vit depuis plus de soixante ans sans guerre* », mais vivre sans guerre est devenu aujourd'hui insuffisant et les jeunes générations ne comprennent plus ce qui motivait les générations issues de la Seconde Guerre mondiale et qui avaient vécu l'horreur. Pour ces jeunes, la paix semble être une situation acquise sans qu'ils n'en aient véritablement compris les fondements et les difficultés pour en arriver là.

Henri Laborit, nous engageait, il y a déjà presque trente ans, à avoir de l'imagination en utilisant au maximum notre capacité à comprendre la complexité du monde et de l'homme, et à rentrer dans une réflexion appropriée à celles-ci sans abandonner l'essence de ce que peut être l'homme dans sa connaissance biologique, y compris le fonctionnement de son propre cerveau, et tout en conservant la distance nécessaire à sa capacité de synthèse, qui devrait le caractériser en tant qu'*Homo sapiens.*

Nous avons écrit aussi que le projet d'intégration européenne – ou, plus exactement, le projet *d'européisation*, comme le définit Ulrich Beck[2] – doit être perçu comme un projet non seulement politique mais également et essentiellement *un projet qui est interpellé par l'éthique* : l'abandon de la violence pour régler certains problèmes de cohabitation entre les humains en Europe. C'est la thèse que cet ouvrage ambitionne de montrer et nous avons tenté avec nos moyens de montrer les limites actuelles de sa réalisation. Ces limites, s'il en était besoin, ont été largement mises en évidence par les crises successives et en particulier par

1 Laborit, H., *Pour un homme imaginant*, Paris, Union générale d'édition, 1981, p. 11.

2 Beck, U., Grande, E., *Pour un empire européen*, déjà cité.

la crise de 2008-2009 qui se poursuit. Nous avons abondamment souligné que la violence interétatique dans l'Europe de l'Union a certes reculé, mais n'a pas été éradiquée. Elle a, au contraire, été remplacée par une violence cachée, soit sous la forme de compétition fiscale et sociale entre les États-membres, faute de règles appropriées pour les éviter, et de violences sociales et de dysfonctionnement par rapport aux défis environnementaux causés par un productivisme sauvage soutenu par une idéologie de la croissance et du développement économique complètement déconnectés des besoins et mêmes des aspirations humaines fondamentales, ... si on veut bien y réfléchir.

Nous avons défendu qu'un projet éthique relève à la fois de l'ontologie et de l'épistémologie. Car, si la morale est un ensemble de normes et de jugements dans l'ordre du bien et du mal, l'éthique concerne la réflexion sur les critères dont relèvent ces normes et jugements.

L'européisation ne saurait uniquement être basée sur l'absence de guerre. Les défis du futur nous obligent à une réflexion éthique sur ceux que les hommes ont créés eux-mêmes par la surexploitation des ressources naturelles, l'appropriation des biens communs par une minorité d'humains, le développement des techniques et des modes de production et la conception de ce qu'est l'économie parce que ces éléments sont en complète contradiction avec un monde fini et détruisent le monde, c'est-à-dire l'humanité, le biotope, la nature. Il ne s'agit plus uniquement de se garder des violences engendrées par des affrontements militaires entre les hommes, mais aussi des affrontements entre les acteurs économiques. Notre antique rapport économique au monde est arrivé à un terme que la crise a mis en lumière : il est indispensable de mettre un terme au règne de l'économique et du militaire.

Tout cela est écrit dans l'introduction et nous n'avons pas l'intention d'y revenir. Il faut en venir maintenant aux conclusions et propositions.

Le Traité de Lisbonne, énumère une série de *valeurs morales* sur lesquelles *cette Union est fondée* et qui sont déclarées *communes aux États membres*. Mais ces valeurs morales restent purement incantatoires et inopérantes parce que, faute d'une nouvelle réflexion éthique, elles sont trop souvent incompatibles les unes avec les autres et la source de conflits d'interprétations qui, en dernier ressort, doivent être tranchées par la Cour de justice européenne vu que les responsables politiques ne veulent pas véritablement trancher sur la signification précise des valeurs auxquelles ils font référence.

Il est évident, aux yeux des auteurs, que les responsables politiques ont oblitéré la réflexion éthique préalable à l'affirmation des valeurs qu'ils ont énumérées dans le Traité de Lisbonne tout comme dans les autres traités auparavant. C'est le sens que nous donnons à la lettre adressée par Guy Verhofstadt le 4 février 2010 à Herman Van Rompuy[3], nouveau président du Conseil de l'Union européenne. Le désarroi de Monsieur Verhofstadt n'est qu'une manifestation parmi bien d'autres du constat que le « *système* » ne fonctionne pas !

Nous avons vu que la question primordiale qui se pose en éthique est de fixer un critère permettant de juger si l'on rend vraiment justice ou non à l'avantage que l'on désire. L'« *universalisation* » éthique vise ce qui est vrai dans la durée et dans l'ensemble de la réalité, « sans acception de personne », sans restriction de l'horizon à quelque personne que ce soit. Ce critère universel est le « *principe de proportionnalité* ». Le principe de proportionnalité existe dans le Traité de Lisbonne : *En vertu du principe de proportionnalité, le contenu et la forme de l'action de l'Union n'excèdent pas ce qui est nécessaire pour atteindre les objectifs de la Constitution* (Art. 5 § 4 du TUE).

Le concept de « responsabilité » de la personne humaine présuppose que ses actions lui sont imputables : elle a pu en décider par un acte conscient et volontaire, elle a la « liberté de choix » et la « raison » de l'action est « proportionnée ». Les auteurs de ces actions ont toujours besoin d'une boucle de rétroaction (*feedback*) de la réalité pour savoir si elles ont été proportionnées. Dans la réalité, plusieurs actions *différentes* peuvent être *combinées* dans un ensemble ce qui implique de devoir gérer la complexité.

En plus de devoir gérer la complexité, il faut aussi tenir compte du temps, des conséquences à court, moyen et plus long terme. Rechercher la prospérité pour toute l'humanité actuellement existante est insuffisant si cette prospérité en vient à saper la prospérité future des générations ultérieures. En ce sens, l'éthique n'est pas anthropocentrique, mais plutôt cosmocentrique : elle se réfère à toute la réalité, la réalité dans toute son universalité en ce compris celle de l'homme lui-même.

2. L'économie

Le problème de la complexité et du temps sont abordés à l'article 3,3 du TUE[4], le temps est pris en compte dans les expressions *développe-*

---

[3] Voir en annexe de cet ouvrage.

[4] « L'Union établit un marché intérieur. Elle œuvre pour le développement durable de l'Europe fondé sur une croissance économique équilibrée et sur la stabilité des prix, une économie sociale de marché hautement compétitive, qui tend au plein emploi et au progrès social, et un niveau élevé de protection et d'amélioration de la qualité de l'environnement. Elle promeut le progrès scientifique et technique. Elle combat l'exclusion sociale et les discriminations, et promeut la justice et la protection sociales, l'égalité entre les femmes et les hommes, la solidarité entre les générations et la protection des droits de l'enfant. Elle promeut la cohésion économique, sociale et

ment durable et *croissance*, mais la complexité est transformée en oxymore dans

> une économie sociale de marché hautement compétitive, qui tend au plein emploi et au progrès social, et un niveau élevé de protection et d'amélioration de la qualité de l'environnement. Elle promeut le progrès scientifique et technique. Elle combat l'exclusion sociale et les discriminations, et promeut la justice et la protection sociales, l'égalité entre les femmes et les hommes, la solidarité entre les générations et la protection des droits de l'enfant. Elle promeut la cohésion économique, sociale et territoriale, et la solidarité entre les États membres.

Les incompatibilités entre tous ces objectifs recherchés en même temps sautent aux yeux.

L'économie est étudiée par les sciences économiques qui prennent appui sur des théories. Nous avons contesté partiellement cette façon de faire, parce que le *contexte* est inadapté et que les théories économiques ont largement montré leur *inadaptation* aux conditions réelles de la vie des humains (mais pas rien qu'eux) sur la planète Terre. Pour reprendre les termes employés par J. K. Galbraith, grand économiste hétérodoxe :

> J'en ai conclu que la réalité est bien plus brouillée par les inclinations sociales ou individuelles, ou par les intérêts financiers de tel ou tel groupe, dans le domaine économique ou politique que dans tout autre domaine.

Des questions essentielles se posent quant à la conception de l'*économie* telle que développée dans le Traité de Lisbonne.

Initialement, l'économie était la conduite du bien-être de la communauté. Toutefois, la chrématistique, qui est l'accumulation de la monnaie par la monnaie, c'est-à-dire l'accaparement des richesses monétaires pour elles-mêmes, a détourné l'économie de sa fonction première. Les activités de la finance sont devenues hautement monopolistiques annulant toute possibilité de concurrence posée comme un fondement de l'Union européenne dans tous les traités. *La chrématistique est le cancer de l'économie réelle* ; mais aucune mesure n'a été prise pour en contrôler les méfaits. Il faudrait un retour de mesures du type *Glass-Steagall Act*, pour séparer clairement les banques de dépôt et de crédit aux particuliers et aux entreprises d'une part, et les institutions financières agissant sur les marchés où la spéculation est possible d'autre part. Sur les marchés de la spéculation, les risques pris sont excessifs et il y règne une asymétrie de l'information quant à la nature des risques ainsi qu'un mimétisme des acteurs qui les fait réagir tous de la même manière et qui

---

territoriale, et la solidarité entre les États membres. Elle respecte la richesse de sa diversité culturelle et linguistique, et veille à la sauvegarde et au développement du patrimoine culturel européen. »

introduisent des boucles de rétroaction positive qui mettent les banques elles-mêmes en danger, et avec elles tout le système.

Nous avons montré que longtemps le travail a été destiné à créer des valeurs d'usage non échangeables. Mais le progrès technologique a été mis à contribution pour réaliser des outils destinés à produire du *vendable*. La grande illusion moderne est l'idée que les citoyens sont nés pour être des consommateurs et qu'ils peuvent atteindre n'importe quel but en achetant des biens et des services. Cet aveuglement a transformé le *prix*, qui représente la *valeur d'usage*, en une *valeur d'échange*. La rationalisation économique commence donc avec le calcul comptable et avec la production pour le marché *des échanges* et non plus pour le marché *des usages*. Cette altération détruit tout fondement éthique si des limites ne sont pas mises à la marchandisation : tout ne doit pas être monnayable ni devenir échangeable.

La rationalité économique est donc entravée lorsque l'individu n'est plus *libre* de déterminer lui-même le niveau de ses besoins et l'effort qu'il fait pour les satisfaire. La catégorie du *suffisant* n'est pas de l'ordre économique tel que l'économie est comprise aujourd'hui, mais plutôt de l'ordre culturel ou existentiel qui est conforme à la réalité du principe de proportionnalité.

L'économie se mêle aussi de *prévoir l'avenir* sans tenir compte des différentes formes de hasard. Nous avons montré qu'il faut distinguer le *hasard bénin*, qui est le seul prédictible (distribution normale ou gaussienne des probabilités), du *hasard sauvage* et du *hasard lent*. Presque tous les outils prédictifs économiques, y compris ceux qui servent à la spéculation, ne prennent en compte que le *hasard bénin*. On pourrait toutefois *filtrer* les marchés financiers si on introduisait de la *régulation empêchant ou ralentissant les spéculations* (c'est-à-dire la chrématistique) et supprimant les transits par les paradis fiscaux et juridiques. Les États laissent faire ou sont impuissants, pris individuellement. L'Union européenne pourrait introduire une régulation pour éviter la spéculation sur toutes les monnaies et le faire dans la zone euro. Ce serait une mesure conforme à l'éthique.

Les *prix de transfert* correspondent aux prix auxquels s'effectuent les échanges de biens (y compris la rémunération de produits sous brevet) ou de services (prestations informatiques, marketing, comptables, etc.) entre la maison mère d'une multinationale ou un centre de coordination et ses multiples filiales de par le monde, en transitant éventuellement par des paradis fiscaux et juridiques. Ces prix de transfert ne correspondent pas à un prix de marché, on est loin d'un *marché où la concurrence est libre et non faussée*.

L'économie ne tient pas compte du bilan de consommation complète, elle ne comptabilise pas et ne paye pas ce qu'on appelle les externalités, ni les externalités positives (eau, air, certaines matières premières, etc.), ni les externalités négatives (pollutions, déchets, rejets d'eau chaude ou d'air chaud, atteintes à la santé, etc.). Souvent l'économie *libérale* ne paye même pas les infrastructures qui sont financées par les collectivités.

L'économie ne comptabilise pas la consommation d'externalités parce qu'elle ne les paye pas. Pour lutter contre la pollution, contre la consommation des biens communs, il faudrait faire payer la consommation des externalités. Les comptabilités nationales basées sur le Produit national brut (PNB) ou sur le Produit national net ne le font pas ; bien au contraire, les nuisances sont comptabilisées en positif comme une production de richesse. Nous proposons d'adopter le terme de *disvaleur* pour caractériser ces consommations qui sont comptabilisées en positif et qui sont en réalité des valeurs négatives ou des dommages en vertu du principe de proportionnalité et donc de l'éthique bien comprise.

La forme la plus organisée de vie, l'*Homo sapiens*, est contrôlée par le cerveau, qui n'est pas *rationnel* ; l'homme peut-il dès lors être complètement rationnel ? Sans doute pas et ses pulsions (irrationnelles) sont largement utilisées par les techniques de stimulation des marchés comme le marketing et la publicité. D'autres rejettent cette notion de rationnel jusque dans l'idée de justice, de justice idéale ou parfaite, pour faire des comparaisons de degré de justice et d'injustices relatives dans des sociétés existantes de cultures différentes. C'est le cas de l'économiste Amartya Sen, qui critique à la fois la rationalité de certaines théories économiques telles que l'optimalité de l'allocation des ressources et la rationalité de la justice. Si on prend en compte ce que la science nous apprend sur le fonctionnement du cerveau, on est loin de la rationalité intégrale, de la liberté complète et égale pour tous, et on est encore plus loin de la rationalité en observant l'*Homo economicus* qui ne prend que rarement des décisions proportionnées.

Nous avons montré que la croyance économique est devenue dogmatique : elle est incapable de sortir des dogmes fondateurs qui n'ont plus lieu de l'être. L'économie basée sur la croissance du PIB (Produit intérieur brut) telle que calculée aujourd'hui ne peut conduire qu'à la catastrophe. D'une part, elle présuppose une compétition entre États, *ce qui est déjà une aberration. Organiser la compétition entre États est une forme de violence qui montre que* l'humanité *ne peut pas trouver d'avantage dans cette conception. Et d'autre part que l'ensemble des critères ne sont plus du tout adaptés à une* économie de l'humain : *les indicateurs ne sont pas appropriés pour prendre en compte l'essence même de* l'humain.

Tout démontre que le Traité de Lisbonne est dépassé, qu'il ne répond plus aux exigences de régulation des marchés financiers, de bon fonc-

tionnement de l'économie réelle. Il ne répond pas à la nécessaire mise en œuvre du principe de proportionnalité, de principes éthiques.

Une quantité de théories économiques ont la prétention de faire partie d'une science exacte. Cette prétention est infondée pour beaucoup d'entre elles, comme nous l'avons vu ci-dessus, car beaucoup de ces hypothèses et de ces théories sont simplistes, fausses ou approximatives. L'économie continue à propager des mensonges ; les décisions qui sont prises par les acteurs ne sont pas rationnelles parce que les acteurs agissent en fonction de leurs propres intérêts et qu'ils influencent les mécanismes par leurs décisions. L'économie mise au service des multinationales organise ses propres systèmes de détournement de richesses, elle organise systématiquement un mode de fonctionnement des marchés qui sont en contradiction avec le *marché où la concurrence est libre et non faussée.*

Le Traité de Lisbonne fait la part belle aux marchés sans faire la distinction entre les différentes sortes de marchés et de droits : les marchés des besoins individuels, les marchés des besoins collectifs, les marchés financiers, les marchés du travail, les biens privés, les biens publics, les biens communs, les droits individuels, les droits collectifs, etc.

L'économie basée sur la consommation, l'utilisation à outrance des ressources non renouvelables et le gaspillage, devra être transformée en *économie positive*, dont les cinq enjeux sont :

- la stabilisation du climat,
- le remplacement des énergies fossiles par des énergies renouvelables, et surtout l'indépendance énergétique des habitations, des bâtiments privés et publics et leur mise en réseau,
- la restauration des ressources par un recyclage intégral, l'utilisation de ressources renouvelables, la restauration de l'eau (y compris la mer), de l'air et des sols,
- la régénération de la santé (alimentation, hygiène de vie, environnement sain, prévention, etc.),
- la recréation de la diversité (biodiversité, diversité des produits, des cultures, etc.).

Il ne faudrait pas permettre à l'économie de créer de la *disvaleur* dissimulée dans la comptabilisation du PNB ou du PIB ou de la *croissance* ou du *développement*. Nous avons besoin d'autres indicateurs que les indicateurs actuels pour éclairer nos dirigeants et nos responsables politiques.

L'économie positive sera encadrée par une régulation *cybernéthique* sur la base de ces nouveaux indicateurs. Comme nous l'avons montré auparavant, toute régulation ou contrôle *cybernéthique* devra introduire trois types de fonctions correctrices :

- une fonction proportionnelle pour s'occuper des écarts dus au *hasard bénin*,
- une fonction dérivée, qui s'occupe du hasard chaotique et des accélérations que ce hasard peut imprimer au système,
- une fonction intégrante, qui s'occupe du *hasard lent* et des dérives lentes mais opiniâtres du système.

Pour se libérer du capitalisme spéculateur, l'Union devrait contrôler durablement les systèmes boursiers, les banques et toutes les institutions spéculatives, mettre fin aux fluctuations incohérentes et erratiques du prix de l'argent selon la déraison des arbitrages internationaux, supprimer les paradis fiscaux et juridiques qui permettent la montée du pouvoir et de la puissance des organisations mafieuses.

Pour se libérer des contraintes de la globalisation, l'Union devrait réintroduire la préférence communautaire sur les marchés intracommunautaires (à concurrence de 80 % au moins de la consommation communautaire par une production communautaire dans tous les secteurs d'activité) et elle devrait sortir de l'OMC.

3. Paix, sécurité et défense

En matière de politique étrangère, s'il y a quelque chose à faire valoir, c'est qu'il faudrait qu'il y ait un sens. Or, il n'y a pas de consensus sur le type de société qu'il s'agit de promouvoir par cet instrument qu'est l'Union européenne, et d'autre part, il n'y a pas cohérence institutionnelle entre les valeurs déclarées – en particulier celles de solidarité, de progrès social et de coopération – et les principes décisionnels, ceux-ci accordant un privilège démesuré aux règles du marché et de la concurrence par rapport aux exigences sociales ou de solidarité internationale. Il y a aussi des obstacles externes à un projet européen autonome : la pression de la mondialisation, les règles de l'OMC, le poids de l'OTAN, mais aussi la prédominance de la politique des États-Unis, à laquelle l'Union est plus ou moins fortement liée. Si l'Union européenne veut défendre un projet autonome, elle devrait accroître sa capacité d'autonomie dans le domaine de la défense et préparer, à plus long terme, la dissolution de l'OTAN.

Le cadre de la PESC est défini par les traités. Dans ce monde fait de rapports de force, l'idée de puissance juste peut être pensée comme un impératif catégorique, un axe de référence, une exigence permanente, qui devrait animer l'Union européenne dans la définition de sa PESC.

Il ne faut pas confondre sécurité et défense. Il y a la sécurité interne (contre les risques de violences, de déstabilisation, de terrorisme, etc.) et la sécurité externe qui concerne les possibles agressions extérieures, elle devrait être à la fois dissuasive et non agressive.

La Russie ne représente pas à l'heure actuelle une menace militaire pour l'Union européenne. Le voisinage, la dépendance énergétique, le caractère autoritaire du système peu respectueux des droits de l'homme et de l'État de droit sont des faits. C'est dire que la politique étrangère doit viser à la fois la stabilité du continent, la négociation des relations commerciales comportant des engagements réciproques clairs, le soutien à une transition vers plus de démocratie, en évitant une rupture des relations et en évitant surtout toute menace ou attitude pouvant être interprétée comme une menace.

L'Union européenne déclare que la paix est l'une de ses valeurs fondamentales et que la sécurité et la stabilité en Europe font partie de ses objectifs. De ces valeurs et objectifs devraient se dégager un certain nombre d'orientations déterminantes guidées par un principe de proportionnalité. L'UE pourrait faire référence à ce principe pour promouvoir une dénucléarisation généralisée, à commencer par une dénucléarisation de tout le territoire européen et du Caucase jusqu'à la frontière russe, et éviter de ce fait la possibilité d'un anéantissement généralisé d'une partie ou de la totalité de l'humanité.

4. Environnement

En matière d'environnement, il y a une nécessité urgente pour une action internationale concertée. L'UE est véritablement en prises avec ce défi, il faut le reconnaître, mais comme le progrès devra être le résultat d'un consensus de vingt-sept États membres, cela demandera des manœuvres politiques sans fin. Le paquet accepté lors du sommet de décembre 2008 semble avoir été marqué moins par une réponse scrupuleuse aux besoins et aux objectifs que par la nécessité de formuler un paquet acceptable par les médias, donc :

- une réduction de 20 % dans les émissions de gaz à effet de serre, avec comme référence le niveau de 1990,
- une augmentation de 20 % de la consommation d'énergie renouvelable d'ici 2020,
- une coupe de 20 % dans la consommation d'énergie par des améliorations de l'efficacité énergétique d'ici 2020.

Après la déconvenue de Copenhague, les parlementaires ont appelé l'Union européenne à surmonter ses divisions et à parler d'une seule voix dans les négociations sur le climat à l'ONU, critiquant de manière évidente les stratégies de communication personnelle des chefs d'États. La révision à la hausse de l'objectif de réduction des émissions européenne est un premier pas, indispensable pour redonner crédibilité, légitimité et *leadership* à l'Union européenne dans les négociations. Les eurodéputés ont à nouveau demandé à l'UE de passer à un objectif de 30 % de réduction des émissions d'ici 2020, en faisant remarquer qu'avec la récession économique et les politiques déjà mises en place, ce chiffre est d'autant plus facile à atteindre.

5. Citoyenneté européenne

Toute discussion philosophique ou éthique sur le problème de la démocratie part généralement et immanquablement de l'affirmation qu'il ne peut exister de démocratie sans *demos*, en d'autres termes, que l'existence d'un peuple est la première condition pour qu'une démocratie puisse se développer. C'est à partir de cette conviction que beaucoup pensent qu'il sera pratiquement impossible de développer l'idée d'une démocratie réellement européenne ; les habitants actuels de l'Union s'identifient eux-mêmes avant tout par rapport à leur appartenance nationale, c'est-à-dire à leur nationalité, niveau auquel ces peuples ont vécu historiquement leur propre expérience démocratique. Nous devons admettre que notre réflexion se développe, au niveau européen, dans le cadre d'un certain nombre de modes de pensée qui révèlent une grande diversité des cultures politiques. Le processus de démocratisation ne peut donc se développer pour l'Union européenne selon des critères préexistants.

On peut donc en conclure que ce que les analystes de la situation européenne actuelle appellent le *déficit démocratique* de l'Union n'est que la conséquence logique des paradigmes dans lesquels s'est développé le caractère démocratique des régimes politiques des États nations. La nouvelle façon de *penser européen* ne peut donc être accomplie que par des êtres qui pensent un devenir. Or seuls des êtres humains peuvent accomplir ce processus dans l'ordre de leur subjectivité. Si le devenir européen, la construction d'une Europe nouvelle est un projet essentiellement éthique, comme l'Introduction l'a souligné, c'est parce qu'il ne peut le *devenir* que par l'intention et la responsabilité d'êtres individuels. C'est aux citoyens eux-mêmes de construire leur propre démocratie dans ce nouveau contexte social-historique. L'avenir doit vraiment être *voulu*, et pour être voulu, il doit être *pensé*.

La notion de *citoyenneté* ouvre d'autres perspectives dans la construction des entités politiques. Elle fait référence à la participation *active* et *responsable* des individus à la « gouvernance » de la société dans laquelle ils vivent et qu'ils contribuent à construire. Le citoyen ne subit pas, il participe ; il ou elle n'a pas que des droits, mais aussi des obligations et des devoirs ; la citoyenneté implique une coopération directe entre le pouvoir et les personnes qui en dépendent ; le pouvoir lui-même ne peut exister sans son soutien.

En acquérant la citoyenneté de l'Europe, les individus allaient pouvoir commencer à « penser européen ». C'est là la grande révolution. La citoyenneté européenne « transcende » la réalité des États nations qui composent l'Union. Ce fait met dès lors en question la notion même de la souveraineté étatique traditionnelle, et ouvre la voie à une réflexion politique qui doit accompagner une nouvelle action citoyenne qui va se développer bien au-delà des doctrines communément admises. Un des premiers problèmes qu'il faut soulever concerne la façon dont les citoyens européens vont pouvoir agir.

Cette évolution devrait conduire à ce que l'article I-47 du projet de Traité constitutionnel prévoyait, à savoir que le principe de la « démocratie participative » soit réellement mis en œuvre. Toute revendication pour plus de démocratie en Europe, contre le danger antidémocratique de l'interétatisme actuel est donc légitime et historiquement créateur.

La première démarche, qu'il faut préciser, est que le « sujet politique » que doit devenir l'Europe va bien au-delà de ce que l'on appelle une « société civile ». Celle-ci se définit en fait par l'autonomie qu'elle manifeste vis-à-vis de la société politique, et qui s'incarne dans des organisations indépendantes privées, des ONG et autres mouvements qui se distinguent des pouvoirs étatiques.

Cette vérité, qui consiste à reconnaître que seuls les citoyens seront légitimement habilités à construire la « Cité européenne », et non les États[5], se manifeste plus ou moins ouvertement ici et là dans des déclarations, des manifestes, les programmes de certaines organisations militantes. Le texte de la « Déclaration d'Interdépendance des citoyennes et citoyens européens » proposé en 2006 par le *Forum permanent de la société civile européenne* l'illustre quand il dit :

> Nous, les citoyennes et les citoyens européens, nous déclarons :
>
> [...] Que nous n'acceptons plus de laisser aux seuls États membres le droit de décider des compétences attribuées à l'Union européenne, des objectifs qui lui sont assignés et des ressources qui lui sont allouées et de n'être autorisés qu'à approuver ou refuser ces décisions *a posteriori*. Nous exigeons de pouvoir assumer pleinement nos responsabilités de citoyennes et de citoyens dans la préparation de ces décisions ainsi que dans l'élaboration des choix politiques de l'Union et le suivi de ses actions.
>
> Et que pour cette raison, nous voulons que le pouvoir au sein de l'Union soit exercé dans le respect des principes de proportionnalité et de subsidiarité, principes nécessaires dans un monde de plus en plus global et interdépen-

5 Les États continuent à défendre les frontières et les intérêts nationaux qui vont parfois à l'encontre des intérêts collectifs des citoyens de l'Union. C'est particulièrement visible dans les infrastructures en réseau comme la production et la distribution d'énergie, les transports, l'accès à l'eau, etc.

dant, et que la démocratie y soit exercée sur la base des principes de la démocratie représentative, participative et paritaire.

L'avenir de la démocratie en Europe, dépend donc directement de la capacité de l'Union à abandonner le plus rapidement possible, ou du moins à en limiter considérablement, l'importance de l'interétatisme exclusif qui domine actuellement son système de prise de décision. La démocratie exige également que l'on passe à une loi commune de type *constitutionnel* adoptée à la double majorité, d'une part celle des voix de citoyens ou de leurs représentants, d'autre part celle des États membres constituant l'entité politique commune, et que l'on mette fin à cette loi dangereuse des traités exigeant l'unanimité des participants. Une saine éthique de la vie humaine l'exige.

6. Solidarité

Nous avons souligné dans le chapitre consacré à l'économie combien la solidarité est absente dans les parties du traité consacrées à la politique économique à l'intérieur de l'Union comme dans celles consacrées à la politique extérieure de l'Union. L'article 3 du TUE, consacré aux objectifs de l'Union, comprend le *plein emploi*, mesure de solidarité et de défense de la dignité humaine, s'il en est. Cet objectif disparaît des parties du traité consacrées à la politique économique ou commerciale.

Une première analyse des solidarités qui sont explicitement mentionnées dans le Traité de Lisbonne, amène à conclure au silence bruyant de ce traité en ce qui concerne l'affirmation explicite d'une réelle solidarité entre quiconque et, en particulier, entre les États membres de l'Union. La seule exception est la clause dite « de solidarité » (Art. 222 du TFUE) et l'application du principe de proportionnalité révèle que cette solidarité est entachée d'une intention qui sape – ou du moins édulcore – l'avantage commun qu'elle prétend rechercher. Partout ailleurs, la solidarité n'est tout au plus qu'invoquée par-ci par-là sans qu'on puisse en identifier les trois éléments constitutifs qui permettent de la définir sur le seul plan de l'avantage pré-moral à savoir :

- Qui sont les personnes ou les associations qui créent entre elles un lien de solidarité ?
- Quel est l'avantage qui leur est ou qu'elles estiment leur être commun ?
- Quel est l'acte solidarisant (ou les actes) qu'elles vont exercer pour répartir entre elles la charge que requiert la poursuite de cet avantage commun ?

Cette imprécision diplomatiquement habile à propos de la solidarité dans le Traité de Lisbonne indique combien l'Union instaurée par ce traité se révèle être une étape qui affaiblit dangereusement le cours du processus d'européisation débuté en 1951 auquel il est fait allusion dans l'introduction de cet ouvrage.

Il est par contre une solidarité – que nous qualifions de « balbutiante » parce qu'elle est en gestation mais fâcheusement freinée par les États membres. Il s'agit de la solidarité que les États membres peinent à instaurer *pour mieux exercer ensemble* leur souveraineté nationale. Cette solidarité est, à notre avis, celle qu'il convient d'examiner par priorité si l'on veut dénouer le nœud gordien de l'avenir de l'Union européenne et prendre toute la mesure de l'interpellation *éthique* qui s'adresse à tous les acteurs – tant aux États qu'aux citoyens – de ce projet *politique*.

En effet, c'est une évidence – voire même une lapalissade – que l'européisation est un projet politique. Mais que l'éthique interpelle ce projet politique, est loin d'être évident pour tout le monde d'autant plus que cette interpellation s'adresse à la fois *aux États et aux citoyens*. Les niveaux et l'ampleur des nouveaux liens d'interdépendance de fait générés par la mondialisation imposent, tant aux uns qu'aux autres, qu'ils instaurent ensemble de nouveaux mécanismes de solidarité qui ne ressortissent uniquement ni à l'exercice de la *souveraineté* des États ni à l'exercice de la *citoyenneté* des Européens, voire de tous les habitants de la planète.

Si l'Union européenne du Traité de Lisbonne n'est qu'une des étapes de ce projet politique, elle répond très insuffisamment à cette double interpellation de l'éthique.

D'une part, c'est en effet *la citoyenneté européenne* qui est en jeu. Car la citoyenneté est le fruit d'une recherche de « vivre ensemble » et cette recherche impose le choix d'un projet commun dans le cadre duquel on peut s'identifier à un groupe humain. Sur ce plan de la citoyenneté, l'interpellation de l'éthique – malheureusement ignorée – appelle à ce que le citoyen – en général, et non pas seulement le citoyen européen – soit perçu comme un acteur essentiel du « vivre ensemble », une personne capable de se donner des règles, d'adhérer à un projet politique et habilitée à en délibérer efficacement au travers des organisations de la société civile. Cette interpellation de l'éthique appelle à *une manière de gouverner qui restitue du pouvoir aux citoyens*. À défaut d'y répondre, le slogan *Empowering People* risque de rester creux et trompeur encore longtemps.

D'autre part, c'est *l'exercice de la souveraineté* qui est en jeu. Et sur ce plan, l'interpellation de l'éthique – également ignorée – appelle à ce que *les États membres formulent leur volonté commune de parvenir* – graduellement sans doute, mais dans un délai défini – *à solidariser l'exercice complet de leur souveraineté* et, pour ce faire, d'explorer toutes les potentialités offertes par les principes de proportionnalité et de subsidiarité qu'ils ont eu la sagesse d'inscrire dans le traité en vigueur.

Ce sont les réponses données à cette double interpellation de l'*éthique* qui pourront conférer à l'européisation les attributs d'un projet *politique* susceptible de construire le « vivre ensemble un avenir commun » au sein d'une Union coalescente dans laquelle chaque membre, État et citoyen, ne perd pas son contour et ne se mélange pas dans un « grand machin[6] » mais accentue au contraire la profondeur et l'incommunicabilité de son *ego*.

***

6 En référence à l'expression utilisée par le général Charles de Gaulle, dans les années 1960, pour qualifier l'Organisation des Nations unies et reprise ici pour bien préciser *ce que l'Union ne sera pas* si elle se fonde sur la solidarité des États dans l'exercice complet de leur souveraineté nationale. Quant à l'ONU, de plus en plus de voix s'élèvent aujourd'hui pour la critiquer et craindre qu'elle ne devienne ce que Charles de Gaulle en pensait si elle n'évolue pas également vers ce type de solidarité.

ANNEXES

ANNEXE I

Déclaration d'Interdépendance des citoyennes et citoyens européens[1]

Lorsque, dans le cours des évènements humains, il devient nécessaire pour des peuples, jadis séparés et antagonistes, de créer entre eux de nouveaux liens politiques et de prendre ensemble, parmi les puissances de la Terre, une place nouvelle et distincte qu'ils estiment devoir instaurer et à laquelle ils estiment avoir droit, le respect dû à l'opinion universelle oblige à déclarer les causes qui les déterminent à vouloir ce faire.

CONSCIENTS de ce que l'Europe est un continent qui, par deux fois au cours du XXe siècle, a causé un embrasement guerrier mondial ; que ses rivalités multiséculaires internes – quelle qu'en soit la nature – doivent être surmontées en leur substituant la fusion des intérêts essentiels de ses habitants et la conjugaison de leurs génies nationaux en vue de forger, de manière de plus en plus étroite, leur destin commun ;

CONVAINCUS qu'en ce début de XXIe siècle, existent entre tous les êtres humains des interdépendances qui ont atteint un niveau et une ampleur jamais rencontrés auparavant ; que cette situation est révélatrice d'une ère fondamentalement nouvelle pour l'humanité et constitue l'enjeu essentiel de la mondialisation dont il est impératif de prendre la pleine mesure pour la survie de l'humanité ;

ÉGALEMENT CONVAINCUS que, pour confronter cet enjeu, il est nécessaire de développer une organisation du monde telle qu'aucune puissance ne puisse, seule, le dominer ni l'instrumentaliser à son seul profit et que, pour ce faire, la contribution d'une Europe organisée et parlant d'une seule voix, devient indispensable ;

CONSCIENTS de ce que, dans la civilisation dont l'Europe est porteuse, aucune référence religieuse, aucune référence philosophique ou tradition ne saurait être mise au centre et de ce que la liberté de conscience est une valeur partagée ;

DÉTERMINÉS à promouvoir l'éthique de la réconciliation et à faire mémoire de toutes les références philosophiques ou traditions en les confrontant et les réinventant sans cesse à partir de leurs apports ;

DÉTERMINÉS ÉGALEMENT à assumer notre responsabilité de citoyennes et de citoyens européens dans la poursuite des idéaux de paix et de civilisation qui ont animé les fondateurs des Communautés européennes

1 Extrait de Boual, J. Cl., Grosjean, P. D., Rabier, J.-R., Spoel, D., Van Ermen, R., *PLAN B : Changer la gouvernance européenne*, Loverval, Labor, 2006.

au siècle dernier, et à tirer pleinement parti de l'expérience acquise au travers des initiatives déployées depuis lors en vue d'unifier le continent européen ;

CONVAINCUS que la poursuite de ces idéaux exige la création d'une citoyenneté européenne fondée sur la dignité inhérente à la personne humaine et la solidarité effective entre ses peuples nationaux dans le respect de leur diversité, et par l'établissement de bases communes de développement d'un modèle européen de société ;

DÉCIDÉS pour ce faire à créer une communauté politique nouvelle, porteuse de notre avenir désormais partagé, garante de la quête de notre bonheur commun, soucieuse de léguer aux générations futures un environnement sauvegardé, un héritage culturel enrichi, et des conditions de vie et d'emploi les meilleures, et dotée d'institutions capables d'exercer des responsabilités majeures sur le plan mondial au service de la paix, du respect du droit international, du règlement pacifique des différends et d'un développement durable équitablement partagé ;

CONSCIENTS des visions contradictoires susceptibles d'être adoptées quant au devenir de cette communauté politique nouvelle et, en particulier, quant à son projet politique et au contour exact de ses frontières ;
MAIS DÉTERMINÉS à refuser la vision d'une Europe-Empire, puissance quasi coloniale qui imposerait ses valeurs et ses institutions par cercles concentriques de plus en plus larges, et à privilégier, au contraire, le modèle d'« anneaux olympiques », décentrés mais entrelacés, représentant chacun une communauté politique « *ad hoc* » poursuivant ses objectifs spécifiques et disposant de ses propres institutions mais néanmoins engagée à faire progresser les droits fondamentaux et la sécurité de tous les êtres humains.

DÉSIREUX enfin de mettre en pratique, au sein de cette communauté politique nouvelle, les principes de la démocratie représentative, participative et paritaire visant à accroître notre responsabilité de citoyennes et de citoyens dans l'élaboration de ses décisions et le suivi de ses actions ;

Nous, les citoyennes et les citoyens européens, nous déclarons :

Qu'il existe maintenant entre nous des liens d'interdépendance qui ont atteint un niveau et une ampleur jamais rencontrés au cours de nos histoires nationales respectives ;

Que notre avenir est désormais partagé et que, pour le forger ensemble, il faut fusionner nos intérêts de manière de plus en plus étroite et non plus seulement en maintenir le simple équilibre ;

Que, pour confronter cet enjeu, il faut nous réunir au sein d'une communauté politique nouvelle fondée, non pas sur l'autorité suprême d'un peuple unique, mais bien sur la pluralité persistante des peuples qui la composent, qui adhèrent à des valeurs communes et qui se reconnaissent mutuellement les mêmes droits fondamentaux ;

Que nous sommes déterminés à assumer, au sein de cette communauté politique nouvelle, nos responsabilités de citoyennes et de citoyens dans l'élaboration de ses choix politiques et le suivi de ses actions ;

Et que, pour ce faire, il est impératif qu'y soient mis en pratique les principes de la démocratie représentative, participative et paritaire.

ANNEXE II

Lettre ouverte de M. Guy Verhofstadt à M. Herman Van Rompuy, président du Conseil européen (4 février 2010)

Alliance of Liberals and Democrats for **Europe**
Alliance des Démocrates et des Libéraux pour l'**Europe**

Guy Verhofstadt
President

European Parliament
Rue Wiertz
B-1047 Bruxelles
Tel: + 32 2 284 55 66
Fax: + 32 2 284 95 66
guy.verhofstadt@europarl.europa.eu
www.alde.eu / www.adle.eu

Bruxelles, 4 Février 2010

Lettre Ouverte à Herman Van Rompuy, Président du Conseil européen

Monsieur le Président,

Cher Herman,

A votre initiative, les chefs d'Etat et de gouvernement tiennent un sommet informel le 11 février sur ce que l'on pourrait appeler, en résumant, "l'état de l'Union". Je pense qu'il s'agit d'une bonne initiative qui ne vient pas trop tôt. Car entretemps le nouveau Traité de Lisbonne est déjà entré en vigueur depuis plus de deux mois.

Le moins que l'on puisse dire est que l'Union ne va pas bien. Coups manqués et revers s'accumulent. Pensons seulement au résultat dramatique de Copenhague où un accord a été conclu sans l'Union européenne, au manque de coordination dans l'aide apportée à Haïti, ou à la spirale descendante dans laquelle l'Eurozone est entrée suite aux difficultés rencontrées par la Grèce. Il est aussi significatif que le Président américain Obama ne juge pas utile d'assister au Sommet UE-US à Madrid.

Nous savons tous les deux que ces revers ne sont pas accidentels. Il suffit de prendre une fois l'avion pour Pékin ou Shanghai pour être convaincu qu'il y a plus en jeu et qu'un nouveau monde multipolaire est en train de naître, dans lequel le pouvoir et l'influence des pays européens sont en déclin. Depuis les attentats du 11 septembre 2001 et la crise financière de septembre 2008, un nouvel ordre mondial est né, qui est impitoyable pour les illusions nationales (dépassées) de la plupart des Etats membres européens. La croissance dans l'Eurozone attendue pour 2010 s'élève à 0,9% du PIB seulement, alors que celle de la Chine s'élève à 10%, celle de l'Inde à 7%, celle du Brésil à 4,8% et celle des Etats-Unis à 4,4%. Finalement, en

Skupina Aliance liberálů a demokratů pro Evropu - Gruppen Alliancen af Liberale og Demokrater for Europa - Fraktion der Allianz der Liberalen und Demokraten für Europa - Ομάδα της Συμμαχίας Φιλελευθέρων και Δημοκρατών για την Ευρώπη - Group of the Alliance of Liberals and Democrats for Europe - Grupo de la Alianza de los Demócratas y Liberales por Europa - Euroopa demokraatide ja liberaalide liidu fraktsioon - Euroopan liberaalidemokraattien liiton ryhmä - Groupe Alliance des démocrates et des libéraux pour l'Europe - Liberálisok és Demokraták Szövetsége Európáért Képviselőcsoport - Gruppo dell'Alleanza dei Democratici e dei Liberali per l'Europa - Liberalų ir demokratų aljanso už Europą frakcija - Eiropas Liberāļu un demokrātu apvienības grupa - Alliantie van Liberalen en Democraten voor Europa fractie - Grupa Porozumienia Liberałów i Demokratów na rzecz Europy - Grupo da Aliança dos Democratas e Liberais pela Europa - Skupina Aliancie liberálov a demokratov za Európu - Skupina zavezništva liberalcev in demokratov za Evropo - Gruppen Alliansen liberaler och demokrater för Europa

2050, le G7 ne sera plus composé des Etats Unis, de la France, du Royaume Uni, de l'Allemagne, de l'Italie, du Japon et du Canada, mais bien des Etats-Unis, de la Chine, de l'Inde, du Brésil, de la Russie, du Mexique et de l'Indonésie.

La stratégie que l'Europe a développée en 2000 a à tout le moins déçu les attentes. La dénommée Stratégie de Lisbonne devait transformer l'économie de l'Union en "l'économie de la connaissance la plus compétitive de la planète". Cet objectif s'est à peine réalisé. Pour donner un seul exemple, nous n'avons nullement rattrapé notre retard en matière de R&D. L'UE reste bloquée à un insignifiant 1,77% là où le Japon investit 3,39% de son PIB et les Etats-Unis, 2,66%.

La raison de cet échec est aussi facile à découvrir. Depuis des années déjà, les experts martèlent que la méthode utilisée dans la Stratégie de Lisbonne est beaucoup trop peu contraignante. A partir de la méthode ouverte de coordination, il est à peine possible d'exercer une pression sur les Etats membres. Elle réduit le rôle de l'Union d'un moteur de l'économie à celui d'un bureau d'études qui compare les résultats des économies nationales des Etats membres pour, sur la base de ces résultats, formuler des recommandations non contraignantes. Un rôle que l'OCDE remplit déjà aujourd'hui. Mais plus important encore, la Stratégie de Lisbonne continue à s'inspirer des stratégies économiques nationales. Ce sont les Etats membres nationaux qui pilotent, et pas les institutions européennes. En d'autres termes, l'économie européenne n'est pas considérée comme un ensemble qui a à surmonter de graves handicaps en comparaison avec les économies de, *grosso modo,* la Chine, les Etats-Unis et l'Inde, mais comme une collection d'administrations nationales bien distinctes les unes des autres, qui doivent mettre, chacune pour elle-même, leurs affaires en ordre, et en outre doivent décider comment elles procèdent concrètement. Dans l'économie globale mondialisée d'aujourd'hui, c'est un point de départ vraiment absurde et intenable. Même la simple coordination des stratégies économiques nationales serait déjà un pas (bien qu'insuffisant) dans la bonne direction. Quelques exemples pour lesquels une coordination au moins serait nécessaire: le nettoyage des banques pour permettre à nouveau le déblocage de crédit, ou la mise en oeuvre des réformes nécessaires dans le marché du travail ou dans le système des pensions. Bref, seule une gouvernance socio-économique à part entière pour l'Union peut renverser la vapeur et remettre l'économie européenne sur le chemin de la compétitivité et de la croissance.

Naturellement ceci vaut encore davantage pour la zone euro, dont les pays membres sont inextricablement liés par une monnaie commune. Les développements autour de la Grèce, la menace de contamination d'autres pays de la zone euro et l'affaiblissement de la monnaie elle-même qui leur est associé sont un bon exemple. Au lieu d'immédiatement former un front uni avec la Grèce, et donc avec l'euro, les dirigeants européens ont envoyé des signaux indiquant que c'était une question à régler par la Grèce, et que les Grecs eux-mêmes devaient prendre les mesures nécessaires. Que des remèdes radicaux soient nécessaires en

Skupina Aliance liberálů a demokratů pro Evropu - Gruppen Alliancen af Liberale og Demokrater for Europa - Fraktion der Allianz der Liberalen und Demokraten für Europa - Ομάδα της Συμμαχίας Φιλελευθέρων και Δημοκρατών για την Ευρώπη - Group of the Alliance of Liberals and Democrats for Europe - Grupo de la Alianza de los Demócratas y Liberales por Europa - Euroopa demokraatide ja liberaalide fraktsioon - Euroopan liberaalidemokraattien liiton ryhmä - Groupe Alliance des démocrates et des libéraux pour l'Europe - Liberálisok és Demokraták Szövetsége Európáért Képviselőcsoport - Gruppo dell'Alleanza dei Democratici e dei Liberali per l'Europa - Liberalų ir demokratų aljanso už Europą frakcija - Eiropas Liberāļu un demokrātu apvienības grupa - Alliantie van Liberalen en Democraten voor Europa fractie - Grupa Porozumienia Liberałów i Demokratów na rzecz Europy - Grupo da Aliança dos Democratas e Liberais pela Europa - Skupina Aliancie liberálov a demokratov za Európu - Skupina zavezništva liberalcev in demokratov za Evropo - Gruppen Alliansen liberaler och demokrater för Europa

Grèce, nul ne le niera. Mais qu'ils ne soient pas appliqués par la BCE ou la Commission européenne et qu'ils ne soient pas couplés à un moyen de contribuer à recouvrir la dette elle-même (par exemple par l'émission d'euro-obligations), cela signifie qu'on livre la Grèce aux marchés internationaux de capitaux, en termes d'autres, aux spéculateurs et aux investisseurs. Sans se rendre vraiment compte que ceci menace également d'autres pays et, enfin, que l'euro lui-même risque d'être sapé. Il est vrai que les "spreads" (la différence entre le taux d'intérêt sur les obligations d'État d'un pays comparé à l'Allemagne) sont inévitables. Plus encore, ils représentent un encouragement pour les pays qui ne prendraient pas les mesures nécessaires. Ils les obligent à se réformer. Mais les "spreads" en augmentation peuvent également mener une existence propre. En bref, ils peuvent devenir le but des spéculateurs et des investisseurs à la recherche de profits faciles. Dans une telle situation, les différentiels de taux d'intérêt entre les pays de la zone monétaire unique menacent de saper la monnaie commune elle-même.

Quoi qu'il en soit, qu'il s'agisse d'Haïti, de la Grèce ou de l'issue dramatique de Copenhague, la raison de l'échec est toujours la même: c'est parce que les Etats membres continuent à garder les rênes, et parce que l'Europe n'a ni le pouvoir ni les outils nécessaires pour envisager une approche univoque, et encore moins de l'imposer. La tragédie qui a touché Haïti a donné lieu à des réponses très généreuses de la part des Etats. C'est une bonne chose, mais un "UE-Fast", une force d'intervention humanitaire européenne commune aurait agi de façon beaucoup plus rapide et plus efficace. L'idée d'une coordination européenne des forces de protection civile dans les États membres n'est pas nouvelle. Elle a d'abord été suggérée lors du "Sommet des Pralines". En avril 2003, Jacques Chirac, Gerhard Schröder, Jean-Claude Juncker et moi-même avons proposé de mettre en place un EU-Fast (European Union First Aid and Support Team). En 2006, la proposition a été reprise et davantage élaborée par Michel Barnier dans un rapport commandé par la Commission européenne. Mais en 2003 comme en 2006, il y avait des États membres qui ne voulaient pas d'un "EU-Fast" ou d'un «Europe Aid», comme cela a été appelé dans rapport Barnier. Officiellement, parce qu'ils étaient opposés à l'utilisation de ressources militaires à des fins civiles. En réalité, parce qu'en gardant cette aide dans leurs propres mains, ils caressaient l'illusion qu'ils conservent influence et prestige dans les pays touchés et dans les institutions internationales spécialisées.

Copenhague aussi aurait peut-être connu une autre issue si l'Europe avait été représentée par une seule personne, au lieu de huit (les Danois qui organisaient le sommet; un représentant de la Commission européenne; Frederik Reinfeldt, qui représentait la Présidence suédoise; José Luis Zapatero, qui représentait la future Présidence espagnole; Catherine Ashton; Gordon Brown; Nicolas Sarkozy, et Angela Merkel). L'Organisation Mondiale du Commerce est un bon exemple de comment cela peut et devrait se passer. L'Europe se fait entendre au sein de l'OMC parce qu'elle y est représentée par un seul porte- parole, une seule personne qui

Skupina Aliance liberálů a demokratů pro Evropu - Gruppen Alliancen af Liberale og Demokrater for Europa - Fraktion der Allianz der Liberalen und Demokraten für Europa - Ομάδα της Συμμαχίας Φιλελευθέρων και Δημοκρατών για την Ευρώπη - Group of the Alliance of Liberals and Democrats for Europe - Grupo de la Alianza de los Demócratas y Liberales por Europa - Euroopa demokraatide ja liberaalide fraktsioon - Euroopan liberaalidemokraattien liiton ryhmä - Groupe Alliance des démocrates et des libéraux pour l'Europe - Liberálisok és Demokraták Szövetsége Európáért Képviselőcsoport - Gruppo dell'Alleanza dei Democratici e dei Liberali per l'Europa - Liberalų ir demokratų aljanso už Europą frakcija - Eiropas Liberāļu un demokrātu apvienības grupa - Alliantie van Liberalen en Democraten voor Europa fractie - Grupa Porozumienia Liberałów i Demokratów na rzecz Europy - Grupo da Aliança dos Democratas e Liberais pela Europa - Skupina Aliancie liberálov a demokratov za Európu - Skupina zavezništva liberalcev in demokratov za Evropo - Gruppen Alliansen liberaler och demokrater för Europa

peut prendre des décisions au nom des 27 Etats membres. Il faut que ceci devienne le *modus operandi* dans les négociations sur le climat, comme du reste dans tous les forums internationaux (par exemple, le Fonds Monétaire International). Cependant, il faut que l'Europe commence à se montrer réaliste et cesse de prendre ses désirs pour des réalités. Dans le nouveau monde multipolaire, l'Europe n'est plus en mesure d'imposer ses propres volontés aux autres, même pas aux côtés des États Unis. L'Ouest ne représente plus l'autocratie sur cette planète. Pour mettre un frein au réchauffement climatique, un accord trilatéral à tout le moins, entre l'Union européenne, les États Unis et la Chine, sera nécessaire. C'est une bien meilleure approche que de chercher un consensus entre les 192 membres des Nations Unies, comme l'échec de Copenhague l'a malheureusement prouvé.

En bref, Monsieur le Président, si les chefs d'Etat et de gouvernement veulent vraiment analyser les raisons des récents échecs de l'Union européenne, ils doivent, le 11 février, tirer une conclusion logique: l'Europe a besoin de plus d'unité et surtout de beaucoup plus d'intégration, sinon l'Union cessera de jouer un rôle sur l'échiquier mondial. Se référer au Traité de Lisbonne en espérant que le vent tourne est insuffisant. Bien au contraire. Les événements des derniers mois et des dernières semaines l'ont montré. Ce que le Traité de Lisbonne assurera cependant, c'est que le pouvoir du Parlement européen comme émanation de la volonté des citoyens augmentera sensiblement. Le Parlement va faire usage de ce nouveau pouvoir. Ceci d'autant plus si, après le 11 février, les chefs d'Etat et de gouvernement européens ne semblent pas en état ou pas capables de tirer les conclusions qui s'imposent. Mais naturellement, j'espère profondément, tout comme vous, qu'il en sera autrement.

Cordialement,

Guy Verhofstadt
Président du groupe ADLE - Parlement européen

Skupina Aliance liberálů a demokratů pro Evropu - Gruppen Alliancen af Liberale og Demokrater for Europa - Fraktion der Allianz der Liberalen und Demokraten für Europa - Ομάδα της Συμμαχίας Φιλελευθέρων και Δημοκρατών για την Ευρώπη - Group of the Alliance of Liberals and Democrats for Europe - Grupo de la Alianza de los Demócratas y Liberales por Europa - Euroopa demokraatide ja liberaalide liidu fraktsioon - Euroopan liberaalidemokraattien liiton ryhmä - Groupe Alliance des démocrates et des libéraux pour l'Europe - Liberálisok és Demokraták Szövetsége Európáért Képviselőcsoport - Gruppo dell'Alleanza dei Democratici e dei Liberali per l'Europa - Liberalų ir demokratų aljanso už Europą frakcija - Eiropas Liberāļu un demokrātu apvienības grupa - Alliantie van Liberalen en Democraten voor Europa fractie - Grupa Porozumienia Liberałów i Demokratów na rzecz Europy - Grupo da Aliança dos Democratas e Liberais pela Europa - Skupina Aliancie liberálov a demokratov za Európu - Skupina zavezništva liberalcev in demokratov za Evropo - Gruppen Alliansen liberaler och demokrater för Europa

Les auteurs

Ignace Berten

Dominicain, est né le 16 avril 1940 à Bruxelles. De 1969 à 1976, professeur à l'Institut international Lumen Vitae à Bruxelles, où il a exercé les fonctions de directeur adjoint de la section Développement et libération. De 1970 à 1978, cours de théologie fondamentale au CETEP, Centre d'études théologiques et pastorales, du diocèse de Malines-Bruxelles. De 1976 à 1993, animateur au Séminaire cardinal Cardijn (SCC), devenu ensuite Centre de formation Cardijn (CEFOC), travail de formation en milieux populaires. De 1976 à 1995, nombreux de séjours de formation au Brésil, et différentes missions de Justice et Paix en Uruguay, en Argentine, au Nicaragua, au Guatemala et au Salvador. À partir de 1991, il travaille au sein d'Espaces – Spiritualités, cultures et sociétés en Europe. De 1998 à 2001, président de la section belge francophone de l'AETC (Association européenne de théologie catholique).

Publications principales : *Histoire révélation et foi* (1969), *Christ pour les pauvres* (1989), *Travail et solidarité* (1996), *Pour une Europe forte et puissante* (2001) et *Croire en un Dieu Trinitaire* (2008).

Gabriel Fragnière

Né à Lausanne (Suisse) en 1934. Études de philosophie et lettres à l'université de Lausanne, puis études de science politiques et de sociologie au Collège d'Europe de Bruges, docteur en philosophie de l'université de Maastricht. Il a connu une carrière de recherche et d'action dans les domaines de l'éducation, de la coopération universitaire, de la réflexion philosophique et des politiques sociales. Ancien recteur du Collège d'Europe (Bruges), il a enseigné la sociologie de la religion au Centre d'études sociales de la *Central European University* (Varsovie).

Publications : Président honoraire de l'association européenne Forum Europe des Cultures, il est l'auteur, entre autres de *Le Royaume de l'homme* (1973), *L'éducation créatrice* (1975), *L'homme et la vie, Biologie contemporaine et éthique* (1978), *Formation et condition humaine au XXIe siècle* (1991), *L'obligation morale et l'éthique de la prospérité* (1993), *La religion et le pouvoir* (2005).

Philippe D. Grosjean

Né à Ixelles (Belgique) en 1943. Ingénieur civil des constructions (1967, Université de Louvain) et Docteur de 3e cycle en Mécanique des sols (1969, Université de Grenoble), postgradué en gestion des entreprises (École de commerce Solvay, Bruxelles, 1983). Conseil en ingénierie des patrimoines de compétences et de la qualité totale dans les entreprises et les administrations publiques. Conception, administration et planification de vastes programmes de formation en Europe, Moyen-Orient et Asie.

Publications : *L'engagement pour les travailleurs. De l'aporie du salariat vers l'investariat* (2008), *Les systèmes nationaux d'Enseignement Supérieur des Sciences et Techniques de l'Ingénieur en Europe* (1995). Observateur indépendant de la construction européenne, il publie avec quatre autres membres du Forum permanent de la société civile européenne une analyse critique de la politique de l'Union intitulée « *Plan B : changer la gouvernance européenne* », mai 2006.

Peter Knauer

Né en 1935 à Berlin. Jésuite depuis 1953, études de philosophie à Pullach/München et de théologie à Leuven. Dr théol. de la « Westfälische Wilhelms-Universität » de Münster. À partir de 1969 enseignant, puis professeur de théologie fondamentale dans la Faculté de Théologie St. Georgen/Frankfurt am Main. Cours de théologie en Autriche, Colombie, Équateur, au Chili, en Argentine, Mexique, Israël. Émérite 2003. Depuis lors collaborateur au Jesuit European Office à Bruxelles ; chargé de la pastorale hispanophone au Foyer catholique européen.

Publications : *Verantwortung des Glaubens – Ein Gespräch mit Gerhard Ebeling aus katholischer Sicht* (1969) ; *Der Glaube kommt vom Hören – Ökumenische Fundamentaltheologie* (7e éd., 1991), *Handlungsnetze – Über das Grundprinzip der Ethik 2002, Pour l'intelligence de notre foi* (2009) (*Unseren Glauben verstehen,* 7e éd., 2007).

Daniel Spoel

Né à Uccle (Belgique) en 1944. Ingénieur chimiste AIrBr et ingénieur en pétrochimie de l'Université libre de Bruxelles. Il travaille successivement à Belgian Shell, comme analyste économique et industriel des marchés de la pétrochimie, puis à Catalytic dans l'ingénierie des raffineries de pétrole et de l'industrie chimique. En 1973, il crée sa propre société d'études et de conseil. En 1986, il ouvre et dirige la filiale belge d'un réseau international de consultants en études de marchés, marketing et communication. Parallèlement, de 1971 à 1994, il est chargé de cours visiteur aux HEC Liège en Gestion commerciale et anime un séminaire de Marketing. Il publie différents articles dans des revues spécialisées en marketing et communication, ainsi que des articles sur l'évolution de la construction européenne. Observateur indépendant de la construction européenne, il publie avec quatre autres membres du Forum permanent de la société civile européenne une analyse critique de la politique de l'Union intitulée « *Plan B : changer la gouvernance européenne* », mai 2006.

Frank Turner

Jésuite, né à Preston, Angleterre, juin 1946. Travaillait dans le secteur bancaire au Royaume-Uni et au Ghana avant d'entrer à la Compagnie de Jésus, 1974. Études universitaires au Durham & London (Angleterre) et à Berkeley (Californie, États-Unis). Il a reçu son doctorat à l'Université de Leeds (Angleterre), 1990. De 1990 à 1997, il enseigna la théologie sociale et politique dans les universités de Manchester et de London, à temps partiel. De 1997 à 2004, il a été le conseiller et représentant principal sur les affaires internationales pour la Conférence des évêques catholiques d'Angleterre et du Pays de Galles. Depuis 2005, il est directeur général du Service jésuite européen, à Bruxelles.

Collection « Philosophie & Politique »

Ouverte aux penseurs de tous pays et de toutes cultures qui ne se contentent pas d'analyser le fonctionnement des institutions sociales mais s'interrogent sur leur sens et leur but, cette collection se propose de contribuer au renouveau de la philosophie politique.

Par delà les diverses disciplines des sciences sociales, les engagements idéologiques et les préjugés des « écoles nationales », la philosophie se doit de poursuivre une recherche aussi universelle que possible du sens et de la sagesse de la vie humaine dans un monde entraîné chaotiquement vers son unité.

Directeurs de collection :

Gabriel FRAGNIÈRE, Docteur en Philosophie de l'Université de Maastricht (Pays-Bas) et ancien Recteur du Collège d'Europe (Bruges).

Hendrik OPDEBEECK, Président du SPES Forum, Université d'Anvers.

Ouvrages parus

Regards éthiques sur l'Union européenne, Ignace BERTEN, Gabriel FRAGNIÈRE, Philippe D. GROSJEAN, Peter KNAUER, Daniel SPOEL et Frank TURNER, n° 21, 2011, 251 p., ISBN 978-90-5201-737-2

Responsibility and Cultures of the World. Dialogue around a Collective Challenge, Edith SIZOO (ed.), No. 20, 2010, 243 p., ISBN 978-90-5201-670-2

Between Enlightenment and Disaster. Dimensions of the Political Use of Knowledge, Linda SANGOLT (ed.), No. 19, 2010, 171 p., ISBN 978-90-5201-631-3

Variations sur la confiance. Concepts et enjeux au sein des théories de la gouvernance, Claire LOBET-MARIS, Robin LUCAS et Benjamin SIX (dir.), n° 18, 2009, 206 p., ISBN 978-90-5201-525-5

La cosmodémocratie. Un principe de gouvernance pour la société technologique et mondialisée, René NGAMBELE NSASAY, n° 17, 2008, 310 p., ISBN 978-90-5201-463-0

Un droit, des morales. Valoriser l'État laïque, Paul LÖWENTHAL, n° 16, 2008, 156 p., ISBN 978-90-5201-442-5

Robert Schuman: Neo Scholastic Humanism and the Re-Unification of Europe, Alan Paul FIMISTER, No. 15, 2008, ISBN 978-90-5201-439-5

Science and Ethics. The axiological contexts of science, Evandro AGAZZI & Fabio MINAZZI (eds.), No. 14, 2008, ISBN 978-90-5201-426-5

Rôles, action sociale et vie subjective. Recherches à partir de la phénoménologie de Michel Henry, Raphaël GÉLY, n° 13, 2007, 205 p., ISBN 978-90-5201-347-3

Identités et monde commun. Psychologie sociale, philosophie, société, Raphaël GÉLY, n° 12, 2006 (3e tirage 2008), 206 p., ISBN 978-90-5201-416-6

Feminists Contest Politics and Philosophy, Lisa N. GURLEY, Claudia LEEB, Anna Aloisia MOSER (eds.), No. 11, 2005, 272 p., ISBN 978-90-5201-252-0

The Importance of Ideals. Debating Their Relevance in Law, Morality, and Politics, Wibren VAN DER BURG & Sanne TAEKEMA (eds.), No. 10, 2004, 274 p., ISBN 978-90-5201-226-1

Social Sciences and Political Change. Promoting Innovative Research in Post-Socialist Countries, Robin CASSLING & Gabriel FRAGNIÈRE (eds.), No. 9, 2003, 297 p., ISBN 978-90-5201-168-4

Working-Class Women in Elite Academia. A Philosophical Inquiry, Claudia LEEB, No. 8, 2004, 220 p., ISBN 978-90-5201-979-6

L'autonomie éthique. Débat démocratique et vérité, Giuseppe Giacomo NASTRI, n° 7, 2002, 200 p., ISBN 978-90-5201-972-7

Plus est en l'homme. Le personnalisme vécu comme humanisme radical, Vincent TRIEST, n° 6, 2000 (4e tirage 2004), 214 p., ISBN 978-90-5201-922-2

Enlightenment and Genocide, Contradictions of Modernity, James KAYE & Bo STRÅTH (eds.), No. 5, 2000, 278 p., ISBN 978-90-5201-919-2

Les défis du nationalisme moderne. Québec, Catalogne, Écosse, Michael KEATING, n° 4, 1997, 298 p., ISBN 978-90-5201-705-1

Pour une philosophie de l'opinion et de la citoyenneté. Essai européen de mémoire et de stratégie sophistiques, Henri WIBAULT, n° 3, 1996, 389 p., ISBN 978-90-5201-514-9

L'obligation morale et l'éthique de la prospérité. Le retour du sujet responsable, Gabriel FRAGNIÈRE, n° 2, 1993, 270 p., ISBN 978-90-5201-304-6

L'État-providence. Un débat philosophique / The Welfare State. A Philosophical Debate, Guus (A.) J.M. VAN WEERS (ed.), No. 1, 1986, 164 p., ISBN 978-90-7077-612-1

Consultez notre site Internet

www.peterlang.com

Nous nous réjouissons de votre visite !

FSC
www.fsc.org
MIX
Papier | Fördert
gute Waldnutzung
FSC® C083411

Kolibri 360 GmbH
Ferdinand-Jühlke-Straße 7
99095 Erfurt, Deutschland
produktsicherheit@kolibri360.de